LIVE 철학

LIVE 철학

아이돌 연습생 미미와 철학자 24명의 팔딱팔딱 철학 생중계

박희만 지음
김형철 감수

마인드빌딩

감수의 글

질문을 질문하라

이 세상 사람들이 갖기 원하는 것을 다 가진 사람이 있었습니다. 권력이면 권력, 부면 부, 명예면 명예, 무엇 하나 부족한 것이 없었습니다. 남들은 하나도 갖기 힘든 판인데 말이죠. 그런데 이 사람이 갑자기 허무해진 겁니다. “아, 이게 다야. 내가 이거 가지려고 내 청춘 다 보내고, 건강해치면서 살아왔던가?”라고 탄식합니다.

여러분, 이 사람 심정 이해하십니까? 남들은 하나 갖기도 힘든 것을 다 가졌는데 왜 신세타령이냐고요? 아직 그런 단계에 안 가봐서 모르겠다고요? 이 사람도 자기 자신이 왜 그런지 몰라서 도사를 찾아갑니다. 그리고 “인생의 목적이 무엇입니까?”라고 묻습니다. 자신이 허무감에 빠진 이유가 인생의 목적을 상실한 것에 있다고 느낀 것은 대단히 훌륭한 일입니다.

이제 도사가 뭐라고 말해주었을까요? 이거 거의 광고 카피 수준입니다. “한평생 배우러 왔다가 갑니다.” 여러분들 배운다는 말의 의미를 잘 아시죠? “배운다”라고 하는 것은 “이 세상을 새로운 방식으로 쳐다볼 줄 아는 눈을 갖는 겁니다.” 이것이 바로 배우고 나면 세상이 새롭게 보이는 이유입니다.

그래서 옛 어른들께서 "죽을 때까지 배워도 다 못 배운다"라고 강조하시는 겁니다. 강연 나가서 "여러분, 은퇴 후 30년이 걱정되십니까?" 하고 물어보면 두 가지 반응이 나옵니다. 하나는 "네" 하고 이구동성으로 답하는 경우가 열이면 아홉입니다. 그런데 어느 날 강연을 갔더니 거기에서는 아무도 답변을 하지 않는 겁니다. 그래서 "여기 계신 분들은 준비가 끝났습니까?"라고 재차 물었더니 "아닙니다. 저희는 은퇴를 안 합니다"라고 하더군요.

몇 년 전 저도 연세대학교를 퇴임했습니다. 그런데 그보다 얼마 전부터 "아, 이제 곧 퇴임인데, 나는 뭘 하고 살아가나?"라는 생각이 자연스럽게 드는 겁니다. 여러분, 예고된 문제는 문제가 아닌 것 아시죠? 그럼, 무엇입니까? 예고된 문제는 기회입니다. 그런데 얼마 전 운 좋게 대한민국 최고의 라이프 코치를 만나게 되었습니다.

"선생님, 잘 만났습니다. 인생 이모작 기회 어떻게 살리는 겁니까?"라고 물었습니다. 이분이 하시는 말씀을 듣고 저는 깜짝 놀랐습니다. 자신에게 의뢰인이 찾아오면 일단 돌려보낸답니다. "6개월 뒤에 다시 오시오!" 그러고는 수행 프로젝트를 하나 줍니다. 이것을 제대로 해가지고 오면 제자로 받아들이고, 이게 신통치 않으면 돈이고 뭐고 그냥 퇴짜랍니다.

이 6개월짜리 수행 프로젝트가 과연 뭘까요? '6개월 뒤 몸짱 만들어 오시오!' 여러분, 인생 이모작하겠다는 사람이 기초 체력이 방전된 상태에서는 아무것도 할 수 없다는 겁니다. 가끔 저 보고 "김 교수님, 저는 요즘 정신력 하나로 버티고 있습니다"라고 말하는 사람들은 나중에 보면 거의 정신줄을 놓습니다.

그런데 이건 체력 이야기고, 어떻게 하면 인생 이모작 기회를 제대로 살릴 수 있을까요? 얼마 전 그 비결 하나를 찾아냈습니다. 여러분, 그 비결 궁금하세요? "아, 궁금하지 않다고요? 은퇴하려면 아직 멀었다고요? 아니 지금 취준생인데 무슨 은퇴가 궁금할 리가 있냐고요?" 그래요. 그럼 저도 여러분이 궁금해하지 않으면 진짜 말씀 안 드립니다. 그래도 솔직히 궁금하시죠? 그러면 마음속으로 "아, 진짜 궁금합니다. 시간 그만 끄시고 이제 말씀해주세요"라고 속삭여주세요.

자, 들어갑니다. 아침에 눈을 뜨시면 일일 목표를 가지고 이 세상에 나오십니까? 내일부터는 어떤 일일 목표를 가지고 계시든 이것 한 가지를 꼭 추가하셔야 합니다. "오늘 나는 무엇을 배울 것인가?" 이 일일 목표를 가지고 하루를 시작하는 사람은 허무하거나 지루할 틈이 없습니다. 늘 설레는 마음으로 살아갑니다.

아침에 일어나서 집을 나설 때, "내가 오늘도 세상에 나가서 뭘 배우고 집에 돌아올까?" 이 생각을 하면 늘 배움의 열정에 가득 찬 삶을 살게 될 것입니다. "내가 아직도 인생을 살 만한 가치가 있다고 생각되는 때는 지금 이 순간 이후에 무슨 일이 벌어질지가 궁금한 호기심을 가지고 있는, 바로 이 순간이다." 독일의 철학자 니체가 한 말입니다.

2,500년 전 아테네에서 가장 현명한 사람은 소크라테스라는 철학자입니다. 요즘 '테스 형'이라는 별명으로도 불리고 있는 그 사람입니다. 왜 가장 현명하다고 인정받았을까요? 델포이 신전에 가면 이렇게 쓰여 있었기 때문입니다. "이 세상 사람들은 자신이 모른다는 사실을 모르고 있다. 그러나 단 한 사람, 소크라테스는 자신이 모른다는 사실을 알고 있다."

자신이 모른다는 것을 모르는 사람은 배우려고 하지 않습니다. 자신이 모른다는 사실을 알고 있는 사람만이 배우려고 합니다. 배우는 방법은 딱 한 가지입니다. 어떻게 해야 배울 수 있죠? 그렇습니다. 물어보는 것입니다.

답을 원하십니까? 질문을 던지십시오. 물어보지 않고 배울 수 있는 길을 우리는 알지 못합니다. 모르는 것은 죄가 아닙니다. 그러나 모르면서 질문하지 않는 것은 죄입니다. 왜? 아는 척하는 것이니까요. 그런데 사실 물어본다는 것이 쉬운 일은 아닙니다. 자신이 모른다는 사실을 털어놓아야 하기 때문에 여기에는 용기가 필요합니다. 질문하는 용기를 가지십시오. 용기 있는 자만이 지혜를 얻을 수 있습니다.

이제 이 책의 주인공 박미미와 함께 철학이라는 어려운 탐구 영역에 모험 여행을 떠나시기를 권합니다. 사실 미미는 다소 언행이 거칠기는 해도 아주 성실한 학생입니다. 요즘 학생들이 어디 철학처럼 굶어 죽기 딱 알맞은 학문에 관심이라도 있겠습니까? 그런데도 우리의 주인공 미미는 인내심을 가지고 철학 탐험 여행을 계속해나갑니다.

여행 도중 곳곳에서 툴툴거리는 소리를 내지만 그래도 계속 이어가는 자세가 돋보입니다. 더군다나 아이돌을 꿈꾸는 연습생이 철학에 관심을 보인다는 설정 자체가 BTS를 보는 것 같았습니다. 미미가 거친 언행을 할 때는 그것을 좀 순화했으면 하는 마음이 든 것도 사실입니다. 아니면 내가 '너무 올드한가?'라고 자문도 해봤습니다. 어쨌든 미미는 그래도 아주 행복한 편입니다. 왜? 그 유명한 철학자들과 직접 만나서 질문을 던질 수 있는 기회를 가졌으니까요!

여러분들이 이 책에서 배울 수 있는 최대의 선물은 바로 질문을 던지는 자세입니다. 오직 질문을 던지는 자만이 답을 구할 수 있습니다. 그런데 이 질문은 가장 근본적인 질문이어야 합니다. 근본 중에서도 근본에 질문을 던지면 그 답은 자연 철학적일 수밖에 없습니다. 어떤 질문이 가장 근본적이냐고요?

가장 어리석어 보이는 질문이야말로 가장 근본적인 질문입니다. "나는 누구인가?", "나는 어떻게 살아야 하는가?", "이 우주는 무엇으로 구성되어 있는가?", "나는 왜 이 일을 하고 있는가?"와 같은 질문을 던지는 것이 중요합니다. 질문을 제대로 던지면 그 속에 제대로 된 답을 찾을 수 있습니다. 질문하는 용기를 갖는 여러분이 되시기 바랍니다.

김형철(전 연세대학교 철학과 교수)

추천의 글

테스 형, 철학이 뭐예요?

우리에게 가장 친숙했던 한 철학자가 최근 노래로 불리며 다시 우리 삶 가까이에 다가왔습니다. 사람들은 이 철학자를 형이라 부르고, '세상이 왜 이래, 왜 이렇게 힘들어' 하며 그에게 푸념합니다. 우리 이야기를 들어주는 철학자가 꼭 소크라테스일 필요는 없습니다. 라톤 형일 수도, 텔레스 형일 수도 있습니다. 이 노래 가사에서 방점은 뒤에 찍힙니다.

사람들은 '누구 형'보다는 세상이 왜 이런 것인지가 궁금하고, 살기가 힘들다는 말에 공감합니다. 당연히 흘러가는 듯 보이는 세상에 궁금증을 가지고 '세상이 왜 이러냐' 하고 묻는 것, 내가 살아가고 있는 이 순간이 어떠한지 고찰하며 '왜 이렇게 힘드냐' 하고 푸념하는 과정을 그럴듯하게 말하면 철학이고 쉽게 말하면 노래 가사입니다.

이 책은 우리가 철학을 노래 가사로 쉽게 받아들일 수 있었던 것과 같은 체험을 하도록 합니다. 마치 24곡이 담긴 하나의 앨범처럼 느껴집니다. 미미를 통해 경험하는 체험 기계 속 철학자 24명과의 만남은 놀랍게도 이 책의 제목처럼 '라이브'하게 다가옵니다. 그동안 텍스트에 묶여 차가운 이론으로 갇혀 있던 철학자들이 인간미 넘치게 우리 앞에 모습을 드러냅니다. 아저씨가 되기도, 선생님이 되기도, 할아버지가 되기도 합니다.

그리고 그들이 세상에 남긴 철학적 텍스트를 살아 있는 언어로 들려줍니다. 한 편의 드라마와 같이 미미와 철학자의 대화를 감상하다 보면 철학은 더는 딱딱한 이론이 아니라 우리가 살아가는 현실에 대한 질문과 고민이었음을 깨달을 수 있습니다.

이 책의 백미는 바로 각 편의 도입부에 있습니다. 이 책을 통해 우리가 철학자의 생각에 조금이나마 쉽게 다가갈 수 있는 것은 미미가 철학자를 만나기 전에 겪고 있는 현실적인 문제 덕분입니다. 자신의 꿈을 이루기 위해 아이돌 연습생 생활을 하고 있는 미미가 친구, 가족, 회사 식구들로 인해 경험하게 되는 사건들은 우리의 사고를 매끄럽게 각 편의 철학 개념으로 흘러가도록 합니다. 앞에서 언급한 것처럼 철학이 노래가 될 수 있도록 하는 데 큰 역할을 합니다. 바로 이 부분이 다른 철학 도서와의 차별성입니다. 일상의 풍경을 통해 부담 없이 철학을 맞이할 수 있는 마음의 준비를 하도록 합니다.

이 책이 의미 있는 이유 중 하나는 독자를 가르치는 것이 아니라 이야깃거리를 연결고리 삼아 우리에게 친절하게 말을 건넨다는 것입니다. 철학자와의 만남을 테마로 하고 있지만, 사실은 우리 삶 속의 문제와 고민거리를 차례로 던지며 '나'의 생각을 찾아가도록 합니다. 철학은 배우는 것이 아니라 '하는 것'임을 끊임없이 말해줍니다.

각 편은 답을 쉽게 찾을 수 없으며 뜨거운 토론의 대상이 될 만한 질문으로 구성되어 있습니다. 우리에게 질문을 던지며 등장하는 철학자도, 우리를 대신해 철학자를 만나는 미미도 정답을 말하지 않습니다. 이러한 생각이 있는데 당신은 어떻게 생각하느냐며 묻습니다. 이 질문에 답해보려고 입을 뗄 즈음이 되면 아쉽게도 시스템이 종료됩니다. 철학자도 미미도 떠나고 독자 혼자 남게 되는데, 이 외로운 순간 진짜 철학은 시작됩니다.

철학은 고대에서부터 전해 내려온 인간 사유의 과정이자 결과입니다. 객관적으로 평가할 수 없으며 정답과 오답을 가려낼 수 없기에 사람들은 철학이 어렵다고 말합니다. 그간의 세상은 대상에 대해 평가하는 것이 당연시되었고, 인간은 인정 받기 위해 세상이 요구하는 정답을 찾아가는 과정이 익숙했습니다. 모든 존재에는 일정한 흐름이 있듯 우리가 살아가는 세상에도 흐름이 있습니다.

이제 누군가의 삶을 세상의 잣대에 맞추어 평가하고 정답과 오답을 가려내는 것이 어려워지고 있습니다. 세상은 늘 혼란스러웠으나 답이 없는 삶을 인정하는 요즘의 세상은 더욱 혼란스러워지고 있습니다. 이런 상황에서 인간의 중심을 잡아주고 우리가 인간답게 살아갈 수 있도록 든든히 지지해주는 것은 역설적으로 답이 없는 철학입니다.

답이 없는 철학을 우리가 어찌 배울 수 있겠습니까? 철학은 그저 삶으로 하는 것입니다. 맨바닥에서 혼자 철학을 한다는 것은 결코 쉽지 않습니다. 누군가의 도움이 필요합니다. 도움을 주는 사람이 스승일 수도, 멘토일 수도, 부모일 수도 있습니다.

확실한 것은 이 책이, 독자들이 철학을 할 수 있는 물꼬를 터줄 수 있다는 점입니다. 미미를 통해, 세상에 대해 한 번쯤은 가져볼 만한 철학적 물음들이 텍스트가 아닌 이미지처럼 눈앞에 펼쳐집니다. 이 책을 디딤돌 삼아 많은 독자가 철학에 조금 더 가까이 다가가서 '나만의 철학'을 마주할 수 있기를 기대해봅니다.

원치수(문화예술교육 전문가)

Contents

*일러두기
이 책에서 미미와 철학자의 대화는 철학을 좀 더 쉽게 전달하고자 소설적 상상력을 가미해 묘사했으며, 특히 철학자의 성격과 일련의 상황들은 약간의 소설적 허구를 가미해 묘사했습니다.

Meet Philosophers

CHAPTER

탈레스
B.C. 620?~B.C. 546?

만물의 기원은
물이다

1

아직 추위가 풀리지 않은 3월, 교실에 있는 학생들은 하나같이 두툼한 옷을 껴입고 담임선생님의 종례를 기다리고 있다.

「오늘 수업 여기까지. 딴 데 들르지 말고 집에 가라, 애들아.」

담임선생님의 말이 끝나자마자, 학생들이 웃으면서 일사불란하게 가방을 꾸려 교실을 나간다. 그런데 유독 한 아이만 어두운 표정을 짓고 가방을 싸면서 투덜댄다.

「수업 끝나면 뭐해. 오늘도 내일도 연습하러 가야 하는데……. 하, 이 생활이 언제 끝날까?」

아이가 투덜거리며 교실을 나가려는데, 그때 한 여자아이가 슬그머니 다가왔다.

「우리의 톱스타 박미미 씨는 어딜 가시나? 고등학교 들어가기 전에는 데뷔해서 톱스타 된다고 말하고 다녔는데……. 아직도 데뷔를 못 하셨나 보네?」

「이미소, 저걸. 진짜 해보자는 거야? 너 일로 와.」

미미가 소리를 지르자, 담임선생님이 그 둘을 향해 큰소리로 말했다.

「야, 박미미, 이미소. 조용히 해. 미미는 연습실 가고 미소는 학원 가야 한다며. 너희들 싸우지 마라.」

「아니 선생님, 미소가 먼저 와서 시비 건 거라고요.」

미미가 억울한 표정을 지으며 말했다.

「선생님 말씀을 잘 들어야죠, 미래의 톱스타 씨. 저는 대학 가기 위해 열심히 공부하러 학원에 가보겠습니다. 물론 제가 좋은 대학을 갈 확률이 그쪽이 뜰 확률보다 크겠죠? 하하하.」

「저게, 진짜 오늘 해보자는 거야? 이미소, 너 일로 와봐.」

「그만하지 못해.」

미소의 말에 미미가 약이 제대로 올랐는지 주먹을 불끈 쥐고 미소에게 달려들자 담임선생님이 큰소리로 말했다.

「아, 알겠습니다. 선생님, 저는 이만 가보겠습니다. 미래의 톱스타 씨도 내일 봐요.」

미소가 이렇게 말하자 미미는 어금니를 꽉 깨물었다. 그리고 이내 가방을 메고 교실을 나갔다.

「이미소, 저걸 언제 확.」

미미는 아직도 분한지 주먹을 움켜쥐고 투덜거렸다.

「내가 회사까지 몇 번이나 왔다갔는데, 이 정도는 눈 감고도 갈 수 있겠다.」

미미는 구시렁거리면서 한참을 걸어간 후 화려한 건물 앞에서 발걸음을 멈추었다.

「저, 연습하러 왔습니다. 어! 남누리 실장님, 여기 계셨네요.」

미미가 활기차게 인사하고 들어가자 정장 입은 남자가 미미를 보고 성큼성큼 다가와 종이 한 장을 건네주었다.

「미미야, 사장님이 너한테 전해주라고 했어. 한번 읽어봐라.」

미미는 쓱 읽어보고서 정장 입은 남자에게 큰소리로 말했다.

「아니, 저 월말평가 연습하기도 힘든데 철학 공부를 하라고요? 저번에 성교육 한 걸로 모자라요? 이런 쓸데없는 걸 도대체 왜 하는 거예요?」

「너, 이거 안 하면 데뷔 안 시켜준다고 사장님이 그러시더라. 4층에 올라가면 체험실이 있어. 저번에 성교육 받은 곳이야.」

「아, 알겠습니다요. 분부대로 하겠습니다. 남 실장님!」

미미가 실장의 말에 고개를 푹 숙이며 대답했다. 그러고 나서 성큼성큼 계단을 올라갔다.

「이런 거 만들 돈이 있으면 탈의실이나 고쳐주지. 옷 갈아입을 때마다 구역질이 나.」

4층에 올라온 미미는 곧바로 체험실로 들어갔다. 그리고 전원 버튼을 엄지손가락으로 꾹 누르자 기계음이 들렸다.

「안녕하세요. 지금 자동 설정이 되어 있습니다. 자동 설정으로 진행하겠습니까? 예, 아니오로 대답해주시기 바랍니다.」

「예. 뭐 어떻게든 되겠지. 빨리 시작이나 해. 나 굉장히 바쁜 사람이라고.」

미미가 차갑게 대답했다.

「반갑습니다. 그럼 탈레스와의 대화를 시작하겠습니다.」

요란하게 기계음이 울리며 화면이 바뀌자 낯선 건물과 삼삼오오 모여 이야기하는 사람들이 보였다. 그들은 이야기하느라 미미를 보지 못한 것 같았다.

「여기는 어디야?」

미미가 주위를 둘러보면서 말했다.

「아니, 왜 다 가슴을 드러내고 있는 거야? 몸이 좋은 것도 아니면서.」

미미가 눈살을 찌푸리면서 말했다.

「여기서 뭘 하라는 거야. 차라리 연습이나 하는 게 낫지.」

미미가 투덜대고 있는데 한 남자가 다가왔다.

「혼자 여기서 뭐하고 있나? 흠, 옷차림을 보아하니 여기 사람은 아닌 것 같은데. 길을 잃었나?」

백발에 흰 수염이 덥수룩한 남자가 다가와 물었다.

「저도 몰라요. 제가 왜 여기에 있는지.」

「그럼, 내가 여기를 잘 아니 길을 알려주겠네.」

「아니, 그게, 저 사실 사람을 찾고 있는데……. 혹시 탈레스라고 아세요? 제가 그 사람을, 그러니까 그분을 보고 싶어서 멀리서 왔는데…….」

남자가 다가와 묻자 미미가 멋쩍은 웃음을 지었다. 그러자 남자도 씩 웃었다.

「내가 탈레스인데……. 나를 만나려고 멀리서 왔다고? 흠……. 여기서 이야기할 게 아니라 우리 집에 가지.」

「저야, 좋죠. 그런데 혹시 집이 먼가요? 사실 제가 먼 길을 걸어와서 많이 힘들거든요.」

체험을 시작한 지 채 10분도 지나지 않았는데, 미미는 표정 하나 안 변하고 새빨간 거짓말을 했다.

「여기서 가깝네.」

「그럼 빨리 가요, 아저씨. 저 좀 쉬고 싶어요.」

탈레스가 앞장서서 몇 걸음을 걷다가 발걸음을 멈추었다.

「여기가 내 집이네. 많이 힘들어하는 거 같은데, 저기 저 의자에 앉으면 되네.」

탈레스가 의자를 가리키면서 말하자 미미가 잽싸게 뛰어가 앉았다.

미미가 의자에 앉아 집 구경을 하는데 입이 떡 벌어져서는 다물어지지가 않았다.

「아저씨, 정말 이곳이 아저씨 집이에요? 진짜, 크네요.」

「내가 올리브 압착기로 돈 좀 벌었지. 그건 그렇고 자네 옷이 그게 뭔가? 그런 옷은 세상 처음 보는데.」

「네? 제 옷이 뭐가 어때서요? 많이 이상해요?」

탈레스는 미미가 입고 있는 옷을 가리키면서 말했다. 그러자 미미는 옷매무새를 만지면서 대답했다.

「흠……. 그런 옷을 입고 있는 사람은 처음 봐서 그러네. 여기 사람들은 내가 입고 있는 옷을 입지.」

「아…….」

탈레스는 미미의 옷이 신기한지 계속해서 쳐다보았다. 그러자 미미의 양쪽 볼이 빨갛게 달아올랐다.

「그 옷이 불편하다면 내가 옷을 가져다줄게. 잠깐만 기다려봐라. 우리 집에 남는 옷이 있는데…….」

탈레스가 어디론가 뛰어가서 옷 한 벌을 들고 왔다.

「이게 무슨……. 이게 옷이에요? 천 쪼가리인데?」

탈레스가 옷을 건네주자 미미가 눈살을 찌푸렸다.

「이렇게 몸을 덮고 핀 하나 여기다 꽂고 매듭까지 지으면 끝이네. 참 쉽지?」

미미가 멍하니 쳐다보자 탈레스는 답답했는지 옷 입는 시늉을 했다.

「여기 사람들이 입는 옷이라고요? 아휴, 저는 이런 옷 못 입어요. 마음은 고맙지만…….」

미미가 손사래를 치면서 말했다.

「그래, 뭐 자네가 싫다면……. 그건 그렇고 손님을 맞는 방이 있는데 피곤하면 그 방에서 쉬면 돼. 뭐 여기는 방이 남아도니 자고 가고 싶으면 그렇게 하고.」

「아, 네, 이따 봐서 늦어지면 자고 갈게요.」

「아까부터 묻고 싶었던 게 있는데 말이야. 멀리서 나를 보러 왔다고 했지?」

「네, 맞아요. 유명한 사람이라고 해서 여기에 오면 만날 수 있지 않을까 해서요.」

「사람들은 나를 7대 현인 중 한 명이라고 한다네. 자네도 그 소문을 듣고 온 것 같은데……. 어떤 것부터 설명해주면 좋을까?」

탈레스는 덥수룩한 수염을 만지며 한참을 생각했다.

「그래, 내가 요즘 아르케에 대해 이야기하고 다니거든. 그것 때문에 유명해진 것도 있고. 음……. 자네, 아르케에 대해 들어본 적 있나?」

탈레스가 드디어 말문을 열었다. 그런데 미미는 그 말이 무슨 말인지 이해가 안 되는지 탈레스의 얼굴만 쳐다보았다.

「저……. 아르케가 뭔가요?」

미미가 궁금해하자 탈레스가 자리에서 일어나 큼지막한 종이를 가지고 왔다.

「우리 집에 있는 지도야.」

탈레스가 종이를 펴자 지도가 보였다.

「자, 이게 육지고. 이게 뭐라고 생각하나?」

「그냥 바다잖아요.」

「바다지. 그럼 바다는 뭐로 이루어져 있지?」

「물이죠.」

「그래, 물이지. 물이 내 철학에서 가장 중요하네. 물이야말로 만물의 근원이니까.」

탈레스가 의기양양하게 말했다. 그러나 미미는 멍하니 탈레스의 얼굴만 쳐다보았다.

「네에? 물이오?」

「그래, 나는 아르케가 물이라고 생각하네.」

「아, 아르케요? 아르케는 뭐고 아저씨는 왜 물을 그렇게 중요하게 생각하는 거예요? 알아듣게 좀 설명해줘요!」

미미는 속 시원한 설명을 듣고 싶어 했다. 그런 미미의 속마음도 모르고 탈레스는 덥수룩한 수염만 만지작거렸다.

「아르케는 만물의 근원인데, 나는 만물의 근원이나 시작을 물로 보았어.」

「그럼 세상은 물에서 시작되었다는 건가요?」

「그래, 내 말이 그거네! 바빌론 신화 이야기부터 하는 게 좋겠구나!」

미미의 말을 듣고 갑자기 기분이 좋아진 탈레스가 신이 나서 말했다.

「바빌론 신화는 또 뭐예요?」

미미가 고개를 갸우뚱하면서 물었다. 그러자 탈레스가 기다렸다는 듯이 말했다.

「에리두(고대 바빌로니아의 도시)에는 태초에 오직 바다 외에 아무것도 없었지. 그런데 얼마 지나지 않아 마르두크(고대 바빌로니아의 신)가 갈대로 뗏목을 만들고 흙을 만들어 다시 뗏목 위에 뿌려서 나무가 자라났지.」

「그럼, 물이 없었으면 갈대도 없었고 흙도 없었고 나무도 없었다는 건가요?」

미미가 물었다.

「그렇다네. 바로 그거야!」

「물이 없었으면 흙도 없고 나무도 없으니 만물의 근원은 물이라는 건가요?」

「그래. 내가 어렸을 때 겪은 일이 있는데. 뭐였더라? 아! 내가 교역상이던 부모님을 따라 여러 곳을 다니다가 나일강에 갔던 적이 있지.」

탈레스가 겨우 생각이 났는지 말을 이어가기 시작했다.

「나일강에도 갔어요?」

「안 가본 데가 없을 정도로 많이 돌아다녔지. 그나저나 이 이야기가 아닌데. 어디까지 말하다가 이렇게 된 거지?」

「나일강 이야기하다가 말았어요.」

「내 정신도 참. 나일강 유역을 갔을 때 나일강은 범람하고 있었네. 그런데 신기한 건 뭔 줄 아나? 나일강이 범람할 때마다 농사 지을 수 있는 땅이 더 늘어나기 시작했네.」

「나일강이 범람할 때마다 농사 지을 수 있는 땅이 늘었다고요?」

「그래. 나일강이 범람하자 거기에 사는 사람도 늘어나는 게 아닌가?」

「음, 들어보니 일리가 있네요.」

미미가 고개를 끄덕이자 탈레스가 두툼한 종이 한 무더기를 가져왔다.

「이게 다 뭐예요?」

미미가 탈레스에게 물었다.

「내가 물에 대해 연구한 걸 기록한 종이야. 흠, 어디 보자. 무엇을 말해줄까?」

탈레스가 종이를 한 장 한 장 꺼내 보여주면서 말했다. 미미도 궁금한지 목을 쑥 빼고서 쳐다보았다.

「나는 물만이 갖고 있는 특별한 것이 있다고 보았어.」

「그게 뭔데요?」

탈레스가 종이 한 장을 꺼내서 미미에게 보여주었다.

「물을 아주 차가운 곳에 넣어본 적 있나?」

「그럼요. 연습 끝나고 물에 얼음 넣어 마시면 얼마나 시원한데요. 거기다가 요즘 정수기에서는 얼음도 나오는 게 기본인데요.」

미미가 당당하게 말하자 탈레스는 흐뭇한 표정을 지었다.

「그럼, 물을 끓여본 적은 있나?」

「당연하죠. 냄비나 주전자에 계속 끓이다 보면 물의 온도가 100도까지 올라가면 그때 수증기가 나오잖아요.」

미미가 당당하게 말하자 탈레스는 자신이 원하는 대답을 얻었는지 미소를 지었다.

「그래. 어떤 사람들은 다른 원소가 아르케라고 주장하지. 하지만 내가 아르케가 물이라고 생각하는 이유는 물을 끓이거나 얼려도 그 성질은 변하지 않기 때문이야.」

「그래서 아저씨는 아르케가 물이라고 한 거예요?」

탈레스가 갑자기 자리에서 일어나 웬 기름통을 들고 왔다.

「이걸 보게. 이 기름 덕분에 내가 지금 이런 집에 살 수 있는 거야.」

탈레스가 기름통을 가리키면서 말했다.

「이 기름이 뭐가 특별한 거예요? 제가 보기에는 그냥 기름으로밖에 안 보이는데.」

미미는 기름통을 보고 눈에 띄는 게 있는지 살펴보았다.

「이 올리브기름 덕분에 돈 좀 짭짤하게 벌었지.」

「이 기름으로 큰돈을 벌었다고요? 평범한 기름으로 보이는데요?」

미미의 말이 끝나자마자 탈레스가 큰소리로 말했다.

「천체의 운행을 관찰해서 얻어낸 결과라고. 뭐, 사람들이 내 자존심을 건드려서 좀 폭리를 취한 것도 있지.」

탈레스가 기름통을 번쩍 들면서 말했다.

「천체의 운행은 또 뭐예요? 사람들이 뭐라고 했는데요?」

「그동안 공부만 한다고 돈이 별로 없었거든. 그런데 사람들이 나를 이상한 사람 취급하더라. 철학을 공부해서 쓸 데가 있냐고. 그래서 내가 본때를 보여주려고 공부한 걸 응용해보았지.」

탈레스가 기름통을 내려놓고 헛기침을 몇 번 한 다음 말했다.

「천체의 운행과 기름이 무슨 연관이 있어요?」

「어렸을 때부터 자연현상에 관심이 많았지. 그리고 흥미로운 사실을 발견했어. 하늘을 보고 다음 해 올리브가 풍년이 될 걸 미리 알고 밀레토스(이오니아 지방의 고대 도시)에 있는 올리브 압착기를 선점했지.」

「그 압착기를 이용해 기름을 짜서 사람들에게 판 거예요?」

미미의 말을 듣고 탈레스가 부끄러운지 헛기침을 몇 번 했다.

「결과는 대박이었네. 그래서 부자가 되었지. 하지만 그 돈을 신전에 다 바쳤네.」

「그 많은 돈을 신전에 다 바쳤다고요?」

미미는 놀라서 입이 떡 벌어져 다물어지지 않았다.

「여기 밀레토스 사람들은 자연현상을 신이 인간에게 주는 벌이라고 생각하네. 하지만 나는 다르게 생각했네. 하늘을 관찰하고 나서 일정한 규칙이 있다는 걸 알게 되었지. 그래서 풍년이 될 거라는 걸 미리 알고 압축기를 선점한 거지.」

탈레스는 뿌듯한지 의기양양하게 말했다.

「또 하나가 있지. 내가 전쟁을 멈춘 적이 있었지. 이오니아 지역을 두고 메디아인과 리디아인이 전쟁하고 있을 때 일식이 일어난다고 예견하고 사람들에게 알렸지.」

탈레스가 아주 자랑스러운 표정을 지으면서 말했다. 그런데 미미는 얼굴에 근심이 가득 차 있었다.

「저기, 혹시 인생 상담도 해줄 수 있나요? 제가 요즘 안 좋은 일이 있어서 그러는데요.」

「그래, 흔쾌히 해주지. 고민이 뭔가?」

「저, 사실 가수를 준비하고 있는데, 같은 반 친구들이 자꾸 놀려요.」

「뭐라고 놀리는데?」

「너 같은 애는 널리고 널렸다고요. 요즘은 가수 하려는 사람이 얼마나 많은데 너 같은 애가 가수를 하냐고 그러더라고요.」

「너무 신경 쓰지 말게나. 거꾸로 질문을 하지. 세상에서 제일 어려운 게 뭔지 아는가?」

「제가 물어보는 거잖아요.」

「그렇지 참. 세상에서 제일 어려운 건 자기 자신을 아는 것일세. 혹시 세상에서 제일 쉬운 게 무엇인지 아나?」

「그게 뭔데요?」

탈레스가 흡족한 표정을 지으면서 말했다.

「남에게 충고하는 게 제일 쉽네. 내가 예전에 델포이 신전에 간 적이 있었는데, 거기에 '너 자신을 알라' 이렇게 쓰여 있더군.」

「너 자신을 알라? 그거 소크라테스가 한 말 아니에요?」

미미가 손뼉을 치면서 말했다. 그런데 탈레스의 표정이 싹 바뀌었다.

「무슨 말이냐? 내가 소크라테스에게 알려준 말인데.」

「그럼 소크라테스도 알아요? 의외의 사실인데요. 그렇게 말하는 걸 보니 소크라테스와 많이 친하신가 봐요?」

탈레스가 어이가 없는지 손사래를 치면서 헛웃음을 지었다.

「그게 무슨 소리야. 소크라테스는 내 제자 중 한 명이네. 머리 하나는 좋았지. 좀 못생겨서 문제였지만……. 여하튼 세상에서 제일 쉬운 건 남에게 충고하는 것일세.」

「저, 또 하나 물어볼 게 있는데요. 아저씨는 돈도 많고 아는 것도 많으시잖아요. 그래서 여쭤보는 건데요. 아저씨가 생각하는 잘 사는 거란 뭐예요?」

그러자 탈레스가 기다렸다는 듯이 대답했다.

「몸이 건강하고, 자비로운 마음을 지녔으며, 성품이 잘 형성된 사람이 행복한 사람이지.」

「에이, 저는 돈 많이 버는 거라고 말할 줄 알았는데 실망이네요.」

「돈이 그렇게 좋으냐?」

「당연히 좋죠. 제가 사는 세상에서는 돈 없이는 아무것도 못하는데요. 그리고 제가 가수로 성공하겠다고 밤낮없이 연습을 왜 하는데요?」

미미가 말을 마치자 요란한 기계음이 귓가에 맴돌기 시작했다.

「탈레스와의 대화가 끝났습니다. 다음 장으로 넘어가시겠습니까? 예, 아니오로 대답해주시기 바랍니다.」

낯선 기계음이 들리자 당황한 미미가 고개를 이리저리 저으면서 말했다.

「아니 이건 또 뭐야? 무엇을 눌러야 하는 거야? 연습 가야 하는데…….」

갑작스러운 기계음에 미미가 당황했는지 이것저것 눌러보았다. 그러다 잘못 눌렀는지 한순간에 화면이 검은색으로 바뀌었다.

「시스템을 종료하겠습니다. 이용해주셔서 감사합니다.」

기계가 작동을 멈추었는지 기계음이 들리지 않았다. 그러거나 말거나 미미는 주변을 정리하고 바로 체험실을 나왔다.

「도대체 이런 쓸데없는 기계는 왜 만든 거야. 가뜩이나 연습할 시간도 없는데……. 아, 깜짝이야. 사장님이 왜 여기서 나와요?」

미미가 정장 입은 남자를 보고 화들짝 놀랐다.

「내가 낸 숙제 했는지 확인해보려고 있었다.」

「에이, 사장님, 저를 그렇게 못 믿으세요? 5년 동안 봐왔으면서 모르세요? 제가 한다고 하면 하는 거 아시면서?」

「그래. 내가 기대하고 있는 거 알지? 그리고 이런 숙제 내준 건 다 이유가 있는 거야! 그러니 숙제는 꼭 해야 해.」

「네, 알겠습니다. 박희만 사장님!」

사장이 사라지자 미미가 체험실 문 너머로 사장이 없는지 확인하고 나서 투덜거렸다.

「아니, 기대를 하면 뭐해. 방송 출연도 안 시켜주고. 거기다가 내가 연습을 몇 년이나 했는데 나보다 연습도 덜한 애들은 방송 출연도 시켜주고 노래도 써주고……. 철학 공부 좀 한다고 인생이 나아지는 것도 아닌데……. 도대체 이 생활을 얼마나 더 해야 가수가 될 수 있을까?」

미미는 가슴속에 쌓여 있는 불만을 털어놓으면서 탈의실로 들어갔다.

탈레스의 철학 노트

여러분은 천둥 번개가 치면 어떤 생각이 드나요? 제가 고대 그리스인처럼 말해보겠습니다. '올림푸스에 있는 제우스 신께서 많이 노하셨나 봐. 제우스 신의 노여움을 풀기 위해 신전에 공물을 바쳐야 해.' 이처럼 고대 그리스에서는 모든 자연현상을 신이 인간에게 주는 벌이라고 해석했습니다. 여러분은 이해가 안 되시죠? 아마 시대적 상황이 그런 것입니다. 탈레스에게 최초의 철학자라는 이름이 붙게 된 건 자연현상을 신과 분리해서 보았기 때문입니다. 탈레스 덕분에 철학과 과학이 탄생했습니다.

CHAPTER 2

제논
B.C. 495?~B.C. 430?

희로애락을 넘어서

「애들아, 오늘 하루도 고생이 많았다. 딴 데로 가지 말고……. 오늘 종례 끝.」

담임선생님의 말이 끝나자마자 학생들이 한꺼번에 교실을 빠져나갔다. 그런데 미미는 뭐가 또 불만인지 한숨을 푹푹 쉬었다.

「수업이 끝나면 뭐해. 회사 갔다가 집에 가야 하는데……. 불쌍한 내 인생……. 에휴, 생각만 해도 끔찍하다, 정말.」

미미는 투정을 부렸다.

「하, 어쩌겠어……. 내가 선택한 일인 걸. 그나마 이 회사에서 연습하는 것도 축복이라고 생각해야겠지. 이렇게 잘해주는 회사도 없는걸, 뭐.」

항상 말괄량이 소녀 같았던 미미는 이렇게 감정이 오락가락했다. 그렇게 툴툴거리면서 걷다 보니 어느새 회사에 도착했다.

「저, 왔어요. 남 실장님. 처음 보는 사람이 왜 이렇게 많아요? 오늘 무슨 일 있어요?」

미미가 남 실장을 보고 웃으면서 말했다.

「체험실 기계를 만든 회사에서 무료로 업데이트해주고 갔어. 그 뭐 감정표현을 더 세밀하게 만들었다나 뭐라나. 아, 맞다. 오늘 너 그거 하면서 바뀐 거 있으면 말해주라. 나도 궁금하다.」

「설마 이상한 거 만진 거 아니죠? 그냥 건너뛰기 그런 거 넣어주면 좋을 텐데.」

「그거 알면 사장님이 그 기계 팔아버릴 걸? 너 사장님 성격 모르냐?」

「아니 실장님. 그냥 웃자고 한 말이에요. 제가 바보예요? 사장님 성격도 모르게?」

미미는 남 실장의 말이 서운했는지 금세 풀이 죽어버렸다.

「실장님, 가보겠습니다!」

미미는 순순히 체험하러 4층으로 올라갔다.

「도대체 무엇을 만진 거야? 하나도 바뀐 거 없어 보이는데. 하…… 일단, 해보지 뭐.」

「제논과의 대화를 시작하겠습니까? 예, 아니오로 대답해주시기 바랍니다.」

차가운 기계음이 들렸다. 그러고 나서 자연스럽게 화면이 바뀌었다.

「예.」

반겨주는 사람 없이 허허벌판만 보이자 미미가 투덜거렸다.

「도대체 이떻게 찾으라는 거야. 아, 잠깐만 저기 저 솟아 있는 건가?」

미미가 홀린 듯이 천천히 걸어갔다.

「진짜, 아무것도 없기만 해봐라. 아, 기계를 좀 친절하게 만들어줄 것이지.」

미미는 잠시도 쉬지 않고 불만을 토로했다. 얼마나 걸었을까, 몇몇 사람이 서성이는 것이 보이자 미미가 기쁨을 감추지 못하고 뛰어갔다.

「역시 나야. 이런 거 하나는 잘 찾지.」

미미는 폴짝폴짝 뛰면서 한걸음에 다가갔다.

「저기요. 저, 물어볼 게 있는데⋯⋯.」

「이 신성한 곳에 왜 함부로 들어오는 건가? 썩 꺼지지 못할까?」

사내가 다짜고짜 화부터 내기 시작했다.

「아니, 왜 처음 본 사람한테 화를 내요? 길 좀 물어보는 게 그렇게 잘못한 거예요? 진짜, 어이가 없네.」

미미가 결국 폭발하고 말았다. 그러자 사내는 미미와 말을 섞기 싫은지 딴청을 피웠다.

「이봐요. 좀 알려줘요. 제논이라는 사람이 어디 있는지⋯⋯. 그렇게 멀뚱멀뚱 서 있지만 말고 좀 도와줘요.」

미미가 속사포처럼 사내에게 쏘아댔지만 사내는 들은 척도 하지 않았다.

「뭐가 잘 낫다고 성질을 내. 친절하게 굴면 좀 좋아?」

「어디서 우리 선생님 이름을 함부로 들먹여? 이게 진짜 오냐오냐 해주니까 뵈는 게 없지.」

「지금 말 다 했어요?」

미미가 뚜껑이 제대로 열렸는지 사내를 째려보았다.

「이게 무슨 소란이냐?」

「제논님, 죄송합니다. 이 여자애가 소란을 피우는 바람에⋯⋯. 죄송합니다. 스승님.」

지금까지 고래고래 소리를 질렀던 사내가 순한 양이 되어 어쩔 줄 몰라 했다. 미미는 삐딱하게 서서 바라보고 있었다.

「흐음⋯⋯. 내 제자가 잘못한 것 같구나. 내가 사과하지. 미안하네.」

「아니 스승님 그게 아니라, 저 여자애가 먼저⋯⋯.」

「조용히 하라.」

사내는 억울해했지만, 스승은 들은 체도 하지 않았다. 미미는 웃음을 참고 있었다.

「그래, 내 제자가 무례를 범했구나. 내 방으로 안내하지.」

「아니 스승님. 그건 안 됩니다.」

「조용히 있어라.」

사내가 스승의 말에 반대했지만, 오히려 혼이 났다. 그 모습을 본 미미가 애써 웃음을 참아보았지만, 결국 웃음소리가 새어나왔다.

「그래, 이제 다 왔네. 저쪽이 내가 강연하는 곳이네. 방금 자네가 만났던 내 제자가 수업을 듣는 곳이기도 하지.」

스승이라는 자가 문을 열자 복도가 보였다. 그리자 미미는 그게 그렇게 신기한지 입이 쩍 벌어졌다.

「우와, 아저씨, 도대체 무슨 공부를 하시길래 이렇게 잘 지어놓은 건물에 사세요?」

「이곳에 대해서 잘 모르는 걸 보니 확실히 여기 사람은 아닌 것 같고……. 어디서 왔는지 내 물어보지는 않겠네.」

스승은 미미를 보고 탐탁지 않게 여기는 듯 시큰둥하게 말했다.

「그래도 아저씨, 이렇게 복도를 길게 만들어놓을 정도면 잘사는 거 같은데요?」

「여기가 그렇게 좋아 보이나?」

「그럼, 이렇게 잘해놓았는데 누가 나쁜 곳이라고 생각하겠어요?」

「음……. 자네는 도대체 어디서 왔길래 호들갑을 떠는가? 나 원 참.」

「아저씨는 누구시길래 저한테 그런 말을 하는 거예요?」

「나는 제논이다. 그리고 여기는 아테네 30인의 참주(고대 그리스의 지배자)로 인해 1,300명이 죽은 곳이다.」

미미는 그렇게 많은 사람이 죽은 곳이라는 말을 듣고 놀랐는지 한마디도 못했다.

「확실히 여기 사람은 아닌 것 같구나.」

「그런 곳이면 진작에 말해주시지. 이렇게 큰 건물을 지어놓아서 좋은 곳인 줄 알았죠.」

미미가 천진난만한 아이처럼 제논을 바라보며 말했다. 그러자 제논이 인상을 찌푸리며 쳐다보았다.

「머리에 쓸데없는 정념만 가득 차 있구나.」

「아니, 뭐 제가 무엇을 잘못했다고 그래요? 한 번 물어본 거 가지고 이상한 사람을 만들어요?」

「이걸 어떻게 한다. 음……. 잠깐 내 방으로 따라와라. 할 말이 있으니까.」

제논은 일그러진 얼굴을 하고서 미미에게 따라오라고 말하며 훌쩍 가버렸다.

「아니, 저거를 진짜 확! 아 오, 내가 참는다 참아.」

미미는 투덜대면서 제논의 뒤꽁무니를 쫓아갔다.

「그래. 여기가 내 방이다. 들어오너라.」

제논의 말에 미미가 군소리 없이 방에 들어갔다.

「하……. 그래, 이곳에 왜 왔느냐?」

제논이 한숨을 크게 내쉬고 삐딱하게 서 있는 미미에게 물었다.

「누구는 여기 오고 싶어서 온 줄 알아요? 칫……. 그리고 아까 하던 이야기는 계속 해야죠.」

미미는 거센 목소리로 제논을 몰아쳤다.

「오……. 신이시여. 이것 또한 제 운명이라면 받아들이겠습니다.」

「무슨 신? 이봐요. 아저씨, 아직도 신을 믿어요? 신이 뭐 그렇게 대단하다고 저러고 있어. 어우, 진짜…….」

「방금 뭐라고 했나? 나를 욕하는 건 참을 수 있지만 신을 모욕하는 건 용서 못하네.」

미미가 말하자 제논이 갑자기 발끈했다. 제논의 말에 미미는 한심하다는 듯이 쳐다보았다.

「신이 아저씨한테 그렇게 중요한 존재예요?」

「그래. 나를 비롯한 이 그리스인들에게 더할 나위 없이 중요하지. 흠……. 너는 아직 어려서 잘 모르겠지만 말이야.」

제논의 말에 미미가 갑자기 욱했는지 주먹을 불끈 쥐고 째려보았다.

「나는 사실을 이야기한 것뿐인데, 그게 그렇게 화가 나더냐? 어차피 운명이라는 것은 신이 정해주었네.」

「아니, 우리가 언제 만났다고 계속 사람 속을 그렇게 긁어요? 그리고 이 건물에서 살 정도면 잘나가는 철학자인데 말 좀 좋게 해주면 안 돼요?」

미미가 제논의 말에 억울하다는 듯이 말했다. 그러나 제논은 아랑곳하지 않고 책장만 쳐다보았다.

「다시 한번 말해주겠네. 우리는 신이 정해준 운명에 순응하면서 살면 되네.」

「아니, 진짜 계속 그렇게 말할래요? 그럼, 그쪽은 그렇게 잘나신 분이라 고생도 안 하고 온실 속 화초처럼 살면서 책만 읽으니까 말도 안 되는 소리만 계속하는 거죠. 저런 걸 무슨 철학자라고.」

「내가 어디 귀족의 자녀로 편하게만 산 줄 아나? 나도 온갖 고생 다 하면서 여기까지 온 거야. 신은 우리에게 귀 두 개, 입 하나를 주셨지. 그건 듣기를 많이 하고 말은 적게 하라는 뜻이지. 그러니 그 입 닫고 조용히 있게나.」

미미가 삐죽 튀어나온 입으로 온갖 불만을 토로하면서 제논과 마주 앉았다. 제논이 미미의 말을 알아들었는지 무섭게 째려보았다.

「그래, 너에게도 감정이라는 게 있겠지? 오늘은 어떤 감정을 느꼈나?」

「학교에서 수업을 들을 때 뭐 선생님한테 혼나서 기분이 상했죠. 그리고 남자애들이 쫓아다니는 걸 보면 내심 기뻤죠. 중학교 때는 지금보다 많은 남자애들이 쫓아다녔는데, 그게 다 옛날이라. 그립다. 중학교 시절에는 진짜 잘나갔는데…….」

미미가 즐거웠던 중학교 시절이 생각났는지 입이 귀에 걸렸다. 그것을 본 제논은 한심하다는 표정을 지으면서 쳐다보았다.

「방금 남자애들이 너를 따라다니는 걸 보면서 좋다고 했지? 그렇지?」

「하긴 뭐 제가 좀 예뻐야 말이죠. 우리 엄마 아빠도 제가 이렇게 예쁠 줄 알고 글쎄 이름까지 아름다울 미 두 개를 써서 제 이름이 미미거든요. 이게 참 예뻐도 너무 예뻐서 문제예요.」

제논의 말에 미미는 아이같이 말했다. 그러자 제논은 미미를 보면서 한심하다는 표정을 지었다.

「그래, 그 아름다움을 유지하기 위해 따로 무얼 하나?」

「이걸 유지하는 게 얼마나 힘든데요. 따라다니는 애들이 얼마나 많은데. 또 그것만 있어요? 제가 태어나기도 전에 만들어진 SNS 때문에 온갖 고생을 하고 있는데.」

「그러니까……. 내가 이해할 수 있게 말해주게나.」

「음. 하긴 모를 만도 하지. 그러니까 음……. 글쎄 오늘 점심에 모처럼 맛있는 거 나왔는데 남자애들이 저를 쳐다보는 뜨거운 시선 때문에 밥을 제대로 못 먹었어요. 뭐, 어떤 남자애가 먹을 거 줘서 그나마 다행이었지. 너무 예뻐도 살기 참 힘드네요.」

「왜 그렇게 밥도 제대로 못 먹고 사나?」

「아저씨는 이런 세상에 살아서 잘 모르겠죠. 제가 사는 세상에서는 과학이 얼마나 발달했는지 사진을 찍어서 SNS에 올리는 건 기본에다가 동영상까지 올린다니까요. 거기에 올리면 영원히 못 지워요. 나를 왜 이렇게 피곤하게 하는지. 사는 게 정말 힘들어요.」

「음, 그렇구나. 그럼 먹는 거 말고는 다른 건 없나? 아름다움을 유지하기 위해 고통을 감수하는 건 없나?」

「왜 없어요? 제가 아직 고등학생이지만 앞으로 영원히 이 나이로 살 거 같아요? 시간이 조금만 지나도 후배들 때문에 관리해야 인기를 유지하죠. 뭐, 요즘은 의학기술이 많이 발전해서 뼈는 안 건드리고 시술하는 방법이 생겨 그나마 다행이지만요. 연예인이나 좀 예쁘다 하는 사람들은 다 조금씩 하거든요. 저도 시간이 지나면 하겠죠.」

「꼭 그렇게까지 해야 하나?」

제논이 한 말에 미미는 어이가 없는지 한숨을 크게 쉬었다.

「저도 먹고살아야죠. 먹고사는 게 쉬우면 그렇게까지 고통을 감수하면서 살겠어요? 어디 돈 버는 게 쉬워요?」

제논이 물어보자 미미가 마음에 쌓여 있던 응어리들을 풀어냈다.

「나는 사람의 감정에 대해서 나름으로 연구를 해보았네. 그 결과 정의를 내려보았지.」

「아니, 대체 무슨 말을 하려고 뜸을 들이는 거예요? 그냥 좀 속 시원히 말해주면 안 돼요?」

「젊은 사람이 왜 이리 성질이 급한가? 하여튼 흠. 다시 본론으로 돌아와서 자네가 방금 말했듯이 타고난 외모를 부모에게서 물려받았다고 했지? 그건 순전히 운에 의해 만들어진 것이지. 하지만 아름다움을 유지하기 위해 고통을 감수해야 한다면, 자네 마음속 깊은 곳에 정념이 쌓이겠지. 그 정념이 아파테이아에 도달하지 못하게 하는 것이라네.」

「아파테이아? 그건 또 뭔데요?」

「이성이 정념의 간섭을 받지 않는 상태를 말하지. 부모에게서 물려받은 건 자네가 어찌할 수 없는 것 아닌가? 그래, 그것까지는 어떻게 할 수 없지. 하지만 자네가 아름다움을 위해 고통을 감수한다면, 그건 불필요한 감정이네. 그 감정들로 인해 자네가 시달리다 보니 결국에는 아파테이아에 도달하지 못하는 거지.」

제논의 말을 들은 미미는 전혀 이해하지 못한 듯 어안이 벙벙한 표정을 짓고 있었다. 그러나 제논은 아무렇지 않은 듯했다.

「아니 꽃다운 나이에 좀 예쁘게 하면 안 돼요? 어차피 인생 한 번 밖에 못 사는 거 찬란하게 살다가 죽는 게 뭐가 어때요? 내 인생 내가 사는 건데요.」

「지금 내 말을 듣기는 한 건가? 내가 기껏 목 아프게 말했는데 겨우 그 말밖에 못하나? 참 나 이거…….」

제논이 미미를 못마땅하게 여겼는지 째려보았다.

「아니 뭐 제 인생 제가 알아서 하겠다는데 뭐가 문제예요? 나 혼자만 그렇게 하는 것도 아닌데.」

「내가 여태 말하는 걸 듣기는 한 건가? 그토록 침이 마르도록 설명을 해주었는데도? 에휴.」

「아, 좀 친절하게 설명해주면 안 돼요? 소리만 고래고래 지르면서, 진짜.」

「얼마나 더 쉽게 설명해줘야 이해를 하는 건가? 내 말은 안 듣고 엉뚱한 생각을 하느라 못 들은 거지?」

제논은 한숨을 쉬면서 미미를 한심하다는 눈빛으로 쳐다보았다.

「나 원 참. 내 말은 우리의 감정이 몇 가지로 구분될 수 있는데, 때로는 그 감정이 이성을 좀먹을 수 있지. 그게 정념이고 또 한 가지는 선택할 수 없는 것이 있다고 생각했지. 이건 개인이 어찌 할 수 없어 이성에 해가 되거나 그러지는 않지.」

「선택할 수 없다? 그건 무슨 말이에요?」

「예를 들면 집안이지. 자네가 태어나기 전에 부모를 선택할 수 있다고 생각하나? 부모의 재산의 많고 적음을 자녀가 선택할 수는 없지 않는가?」

「그건 맞죠. 그런데 그게 뭐 어때서요?」

「어찌 할 수 없으니 가지고 있으면 가지고 있는 대로 없으면 없는 대로 내버려두어야 한다는 거지. 내가 방금 말한 집안이나 외모, 그런 걸 말하는 거네.」

「그래도 재산이 많은 건 좋죠. 거기다가 잘 생기거나 예쁘면 더 좋죠.」

「우리가 타고난 것이 없다고 하더라도 행복해질 수 있다는 말이네.」

「그럼 뭐가 문제예요? 그러니까 타고난 걸 나쁘다고 볼 수는 없다, 이런 말 아닌가요?」

「음. 그건 맞네. 자네는 아까 고통을 감수하더라도 아름다움을 갖고 싶다고 말했지?」

「뭐, 그렇죠. 그런데 그런 생각을 갖는 게 잘못된 건가요?」

「그런 쓸데없는 정념이 사람들을 아파테이아에 도달하지 못하게 만들지.」

「그럼 어떻게 해야 하죠?」

「모든 감정에서 해방되고 오로지 선한 감정만을 가지고 살아야지.」

「저도 착하게 살고 싶어도 막상 그렇게 사는 게 힘들어요. 다른 사람들이 먼저 와서 시비를 거는데 저만 가만히 있어요?」

「음……. 그래 내가 하나 물어봐도 될까?」

「물어보세요. 저도 알 건 다 안다고요.」

「그럼, 해는 어디서 뜨지?」

「아니, 지금 저 무시하시는 거예요? 에이, 그 정도는 알죠. 당연히 동쪽에서 뜨죠.」

제논의 질문에 미미는 기가 차는지 허탈하게 웃으면서 말했다.

「그럼, 비가 온 다음 날은?」

「그다음 날도 당연히 동쪽에서 뜨죠? 너무 쉬운 걸 물어보신다.」

「그럼, 내 한 번만 더 물어보겠네. 해가 서쪽에서 뜬 적이 있나?」

「저를 너무 우습게 아시는 거 아니죠? 무슨 해가 서쪽에서 떠요? 당연히 해는 동쪽에서 뜨죠.」

「그래. 우주는 이성에 따라 움직이지. 이처럼 마음속에 있는 감정을 비워내고 우주적 이성에 따라 흔들리지 않으면 아파테이아에 도달할 수 있어.」

기고만장해 있던 미미가 제논의 말을 듣는 순간 조용해졌다.

「그럼, 감정 없이 살라는 거예요? 어떻게 그렇게 살아요?」

「내 말을 아직도 이해를 못한 거야? 쯧쯧. 우리에게 좋고 나쁜 일은 언제나 일어날 수 있지. 하지만 그것에 흔들리면 어찌 아파테이아에 도달하겠는가? 감정에 흔들리지 말고 언제나 이성의 명령에만 충실히 하면 되네. 이제 알겠나, 내 말 뜻을?」

제논이 말을 마치자 누군가 방문을 두드렸다. 제논이 아무렇지 않다는 듯이 방문을 열었다. 아까 미미와 말싸움을 하던 사내였다.

「스승님, 아테네 의회에서 사람들이 찾아왔습니다. 아무래도 스승님이 나오셔서 그들과 대화를 하셔야 할 것 같습니다.」

「뭐, 그게 그렇게 큰일이냐? 그래, 내가 가겠네.」

「스승님. 저 아이는 어떻게 할까요?」

제자가 방 안에 울려퍼지도록 큰소리로 말했다. 그 말에 미미가 기분이 불쾌한지 순식간에 양쪽 볼이 불타올랐다.

「손님이라네. 자네가 배웅을 잘 해주게. 그럼, 이만 나는 가보겠네.」

「네, 스승님.」

제논이 나가고 둘만 남겨졌다. 둘은 서로를 물어뜯을 것처럼 째려보고 있었다.

「어디 어린애가 이곳에 와서 스승님과 대화를 할 수가 있나? 」

「아니, 그 얼굴이 무슨 사람 얼굴이야? 차라리 소크라테스는 동물이라도 닮았지. 사람 얼굴이 넝쿨처럼 생겨서 참……. 저 바쁘거든요.」

제자가 혀를 끌끌 차면서 말하자 미미도 지지 않고 대거리를 했다. 얼마 지나지 않아 미미가 한숨을 쉬면서 방을 나왔다. 그러자 기계음이 귓가에 맴돌았다.

「제논과의 대화가 끝났습니다. 다음 장으로 넘어가시겠습니까? 예, 아니오로 대답해주시기 바랍니다.」

「아니오.」

미미는 체험실을 나왔다.

「아……. 그나저나 정말 헷갈린다. 성공에 대한 내 욕심이 잘못된 걸까? 어떤 마음을 가지고 살아야 잘 사는 걸까?」

미미의 어깨가 축 처져 보였다.

“

제논의 철학 노트

여러분, 희로애락의 뜻을 잘 아시죠? 희로애락은 기쁨, 분노, 슬픔, 즐거움 등의 감정을 가리키는 말입니다. 그런데 제논은 이 말을 굉장히 싫어한 것 같습니다. 왜냐고요? 아파테이아에 도달하려면 감정의 동요가 없어야 하기 때문입니다. 마음에 정념이 있으면 아파테이아에 도달할 수 없다고 보았기 때문이죠. 그런 다음에 우리는 우주적 이성에 따라 행동해야 합니다. 우주적 이성이라니 무슨 이야기냐고요? 우리의 이성은 우주적 이성에 따라 움직이기 때문이죠. 그런데 또 여기서 끝나는 게 아닙니다. 이제 시작입니다. 참 어려운 일이죠? 여러분, 아는 거와 그것을 실천하는 거는 다르죠? 제논은 우리가 습득한 지식을 실천할 때 비로소 아파테이아에 도달할 수 있다고 했습니다. 어렵지만 우리도 한번 아파테이아에 도전해보는 건 어떨까요?

”

CHAPTER 3

소크라테스
B.C. 470?~B.C. 399

악법도
법인가?

TV 화면에서는 웃음소리가 흘러나오고, 아침부터 분주하게 아침밥을 차리는 소리가 들린다. 그런데 미미는 아직도 꿈나라에서 헤매고 있다. 갑자기 엄마가 방문을 열고 큰소리로 미미를 깨운다.

「박미미. 어서 일어나. 너, 연습 가야 한다며. 얼른 일어나서 씻고 밥 먹어라. 자는 척하지 말고.」

「아, 알았어요. 일어나면 되잖아요.」

미미가 이불을 뒤척이며 잠에서 덜 깬 듯한 목소리로 말했다.

「말만 하지 말고 어서 일어나. 너, 엄마 때문에 늦었다고 할 거잖아.」

「아, 알았어! 일어나면 되잖아.」

「가수 되고 싶다고 했던 건 너지 내가 아니잖아?」

미미가 마지못해 일어나 주방으로 들어갔다. 그러나 아직도 골이 제대로 났는지 퉁명스럽게 말했다.

「알았어. 밥 먹고 가면 되잖아.」

미미는 입을 삐죽 내밀고 밥을 먹는데, TV를 보던 아빠가 한마디를 거들었다.

「가수가 돼서 유명해지는 것도 중요하지만, 공부도 중요해. 회사에서 너를 첫 번째로 공부시키는 거란다.」

아빠의 말이 끝나자 미미가 퉁명스럽게 대답했다.

「내가 그 회사를 믿고 5년을 연습했는데, 곡 주고 앨범 내주는 게 믿음에 대한 보답이지. 그런 거 필요 없어요.」

「말대꾸하지 말고 하라는 대로 해. 회사에서 그렇게 큰돈 들여서 기계 설치하고 공부시키는 것도 감사하게 생각해.」

「네, 여부가 있겠습니까? 분부대로 하겠습니다.」

미미가 밥을 다 먹지도 않고 수저를 내려놓으며 말했다. 그러고는 방으로 들어가 옷을 주섬주섬 입고 집을 나섰다.

「아니, 가수가 뭘 그렇게 공부를 열심히 해야 하는 거야? 데뷔하면 제일 먼저 독립해야지. 잔소리 때문에 못 살겠다.」

미미는 입을 쉬지 않고 나불거렸다.

「진짜, 지겹다. 언제까지 이렇게 뚜벅이로 살 수도 없고……. 빨리 데뷔해서 차 한 대 뽑고 싶다.」

갑자기 미미는 주변을 살피며 어느 구석진 골목에 있는 편의점에 들어갔다.

「아침도 제대로 못 먹고……. 아, 너무 슬프다. 정말 이렇게 사는 것이 아닌데.」

미미는 빵과 우유를 입에 쑤셔넣었다. 그러고 나서 다시 길을 걷기 시작했다. 얼마나 걸었을까 휘황찬란한 건물이 보였다. 미미는 출입문을 열고 들어가 입구에서 마주친 남 실장에게 다가가 물었다.

「저, 왔습니다. 연습할까요? 꾸질꾸질한 체험실 갈까요?」

「미미가 좋아할 만한 소식이 있는데, 들으면 엄청 좋아할 거 같은데…….」

남 실장이 말하자 미미가 단숨에 남 실장에게 다가갔다.

「아이, 실장님. 왜 그러세요. 오늘 컨디션이 안 좋아서 그래요. 무슨 일 있어요?」

「당분간 사장님이 연습은 시키지 말라고 하셨거든.」

「오 예! 실장님 진짜죠? 그럼, 저 연습 안 하고 가보겠습니다.」

연습을 안 해도 된다는 사실이 좋은지 미미는 계단을 폴짝폴짝 뛰어 4층으로 올라갔다.

「나는 오늘 체험만 한다. 그래도 연습 안 하는 게 어디야. 빨리 끝내고 집에 가야지.」

체험실에 들어온 미미는 기분이 좋은지 휘파람을 불면서 기계 전원 버튼을 꾹 눌렀다.

「소크라테스와의 대화를 시작하겠습니까? 예, 아니오로 대답해주시기 바랍니다.」

「예.」

미미의 말이 끝나자 요란한 기계음이 귓가에 맴돌기 시작했다. 화면이 바뀌자 미미가 두리번거리며 주위를 살폈다.

「뭐야? 이 더러운 곳은. 거기다가 쥐다! 아니 왜 이렇게 더러운 거야? 진짜, 이거 기계가 맛이 간 거 아니지?」

미미가 구시렁거렸다. 그런데 한 귀퉁이에서 누군가 헛기침하는 소리가 들렸다.

「아악! 저, 쥐. 진짜, 싫어.」

미미가 헛기침이 나는 쪽으로 조심스럽게 걸어가다가 갑자기 나타난 쥐를 보고 깜짝 놀라서 몸서리를 쳤다.

「오늘 따라 달빛이 매우 아름답구나.」

「저긴가? 가봐야지.」

미미가 인기척이 나는 곳으로 조심스럽게 걸어갔다.

「나는 여기서 나갈 생각이 없네.」

「저 할아버지는 무슨 소리를 하는 거야.」

감옥 안에 있는 노인이 미미를 보고 말했다. 그러자 미미가 쌀쌀맞은 목소리로 맞받아쳤다.

「거기 있지 말고 좀 오게. 심심하던 참인데, 내 말동무 좀 되어주게.」

노인이 미미에게 손짓하자, 미미가 못 이기는 척 다가갔다.

「여긴 어디예요?」

「보면 몰라? 여긴 감옥이야. 나는 내일 사형을 당하고…….」

「아저씨, 사람을 죽였어요? 아니 내가 미쳤지. 여길 왜 와 가지고.」

「자네, 내가 누군지 모르나? 나는 소크라테스라네. 그건 그렇고 나는 사람을 해치지 않았네.」

미미가 금방이라도 울 듯한 표정으로 말하자, 노인이 다급하게 손사래를 치며 미미를 달랬다.

「이 감옥에서 자네를 도와줄 사람은 나밖에 없네. 나 소크라테스는 언제나 양심에 따라 행동을 했네.」

「아저씨는 무슨 말을 하는 거예요?」

「나를 믿게. 내 제자들이 조금 있다가 올 거네. 자네를 나가게 해줄 수 있는 사람은 나밖에 없어.」

「정말 도와주실 거죠?」

미미가 울먹이면서 말했다.

「그렇네. 나 소크라테스는 언제나 양심에 따라 행동을 했어. 뭐, 조만간 죽겠지만.」

소크라테스가 덥수룩한 수염을 만지면서 무덤덤하게 말했다.

「아저씨, 죽어요? 그럼 여기 누가 쳐들어오는 거예요? 지금 저와 같이 죽자는 거예요? 저 절대 못 죽어요. 저, 먼저 갈게요.」

「무슨 말인가? 내 제자들이 곧 나를 만나러 올 거네. 제자들이라면 자네를 안전한 곳으로 갈 수 있게 도와줄 거네.」

「그럼 아저씨는요?」

미미가 묻자 소크라테스는 다시 수염을 만지면서 무덤덤하게 말했다.

「나는 여기서 안 나갈 거네.」

「아니, 왜 안 가요? 여기 지키고 있는 사람도 없잖아요?」

소크라테스는 고개를 돌려 조그만 쇠창살 사이로 들어오는 달빛을 바라보면서 말했다.

「어차피 내 제자들이 올 때까지 기다려야 할 테니 나와 이야기 좀 하지.」

「그 정도는 할 수 있죠. 그런데 여기 감옥 맞아요?」

「감옥 맞네. 사형선고를 받은 사람들이 머무는 곳이지.」

「왜 사형선고를 받은 거예요?」

「처음부터 사형선고를 받은 건 아니네. 아테네는 시민들이 유무죄를 가린 뒤 형량을 고려하거든. 유죄에 투표한 배심원들이 많긴 했어. 하지만 무죄와 표 차이가 별로 안 나서 나를 사형시킬 수는 없었지. 그런데 아테네 사람들이 나를 몰라보는 거야. 그래서 내가 몇 마디 했을 뿐인데…….」

「도대체 무슨 말을 했길래 그래요?」

「내가 사형선고를 받은 후 최후 변론에서 아테네 시민들에게 몇 마디 했지.」

「뭐라고 했는데요? 사람들을 잔뜩 화나게 한 건 아니죠?」

「그냥 비유를 해서 몇 마디 했을 뿐이야. 이 한 몸 불살라서 아테네 사람들을 깨우치기 위해 노력했다고 말했어.」

「그냥 좀 잘못했다고 말하면 안 돼요? 꼭 그렇게 말을 해야 했어요?」

미미가 이렇게 말하자 소크라테스는 얼굴이 빨갛게 달아올랐다.

「아테네 사람들이 철학적으로 생각하기 시작했지. 나 소크라테스는 젊은이들에게 새로운 사상과 철학을 가르쳤어. 그러니 아테네 사람들은 나에게 보상을 해야지.」

미미의 말에 열이 받은 소크라테스가 갑자기 고개를 들더니 가슴을 주먹으로 두드리면서 말했다.

「네, 어련하시겠어요. 대철학가 소크라테스님.」

미미가 잔소리를 하기 시작했다. 그러자 소크라테스의 양쪽 볼이 더 빨갛게 달아올랐다.

「나 소크라테스가 겨우 그 정도인가? 내가 아테네에 기여한 게 얼마나 많은데. 이리저리 돌아다니면서 많은 가르침을 주었는데……. 그런데 나에게 사형선고를? 얼마나 기막힌 일인가?」

소크라테스가 미미를 쏘아붙이기 시작했다.

「맨날 일도 안 하고 이리저리 돌아다니면서 사람들에게 시비나 걸고 그러니까 그렇죠. 평소에 좀 잘하시지. 진작에 잘했으면 얼마나 좋았을까? 그리고 제가 아저씨에 대해서는 좀 안다고요!」

미미도 지지 않고 자리를 박차고 일어나 쏘아붙였다.

「그게 쓸데없는 일이라고 생각하는가? 나는 별 볼일 없어 보이는 사람들에게도 철학을 가르쳤어. 이것보다 숭고한 것이 있는가? 그리고 나를 못 알아본 건 아테네 사람들이지.」

소크라테스가 씩씩거리면서 말했다. 그리고 나서 쇠창살을 발로 걷어찼다.

「머리만 좋지 세상물정이라고는 전혀 모르는 샌님이시네요.」

「내가 아테네 사람들에게 얼마나 도움을 주었는데 그렇게 말하나?」

미미가 말꼬리를 잡기 시작하자 소크라테스가 퉁명스럽게 대답했다. 그러더니 자존심이 상했는지 고개를 돌렸다.

「아무튼 말씀은 정말 잘하네요.」

미미가 아주 작게 혼자 속삭였다. 그 소리를 소크라테스가 들었는지 미미를 뚫어져라 쳐다보았다.

「그게 바로 산파술이야. 상대방에게 질문을 던져 스스로 무지를 깨닫게 하지.」

「그게 시비 거는 거잖아요. 멀쩡한 사람이라면 누가 좋아하겠어요?」

미미의 말에 표정이 일그러진 소크라테스는 대답을 하지 못했다.

「그럼, 내가 하나 물어보지.」

「뭐든지 물어보세요. 저도 나이는 어리지만 알 건 다 안다고요.」

미미가 콧방귀를 뀌며 도도하게 말했다.

「다 안다고? 정말 네가 다 아는가?」

「저 어리다고 무시하는 거예요? 정말 어이가 없어서 진짜. 어리다고 무시하지 마세요. 제가 보기에는 어려도 알 건 다 안다고요!」

미미의 말에 비웃기라도 하듯 소크라테스가 큰소리로 웃기 시작했다.

「정말 다 안다고?」

「이 할아버지가 정말 한번 해보자는 거예요?」

미미가 소크라테스의 말에 열이 받았는지 양쪽 볼이 빨갛게 달아올랐다.

「내가 하나 물어봐도 되나?」

「아무거나 물어보세요.」

미미가 자신만만하게 대답했다. 그러자 소크라테스는 뭔가 곰곰이 생각하기 시작했다.

「자네, 정의란 뭔가?」

「사회에서는 여유가 있는 사람이 부족한 사람을 도와주고, 학교에서는 힘이 센 아이들이 약한 애들을 괴롭히지 않고. 뭐 결국은 사람들끼리 도와주면서 살아가는 거죠. 정의라는 게 별건가요?」

「방금 여유가 있는 사람은 부족한 사람을 도와준다고 했나?」

「네, 맞아요. 그게 뭐 어때서요?」

「그럼, 여유 있는 사람과 부족한 사람을 어떻게 구분하지?」

「그거야 보면 다 알죠. 옷 입고 있는 것만 봐도 다 보이는데요.」

「뭐가 보이는데?」

「잘사는 집 애들은 근사하게 입고 다녀요. 사실 그 정도면 잘사는지 다 알아요. 그래서 잘사는 애들은 자기 집이 잘사는 줄 알아서 더 근사하게 입고 다녀요. 뭐 못사는 애들은 좀 꾀죄죄하게 입고 다니죠.」

「입는 옷만으로도 그게 구별이 가능한가?」

「그럼요.」

미미가 자신만만하게 대답하자, 소크라테스가 놀랐는지 눈이 휘둥그레졌다.

「집이 잘사는데 옷에 관심이 없거나 옷에 돈을 쓰기 싫어하면? 아니면 옷 말고 중요하게 생각하는 게 있지 않을까?」

「설마 집도 좋은데……. 자기 자식한테 좋은 옷 하나 사줄 돈도 없겠어요?」

「눈에 보이는 돈이 많다고 그게 다일까? 자네가 모르고 있는 게 있지 않을까?」

「저를 뭘로 보고 그래요.」

「그럼, 좋은 집에 산다고 치자. 자기보다 딱한 처지에 있는 사람들을 도와줄까? 오히려 더 많은 돈을 모으기 위해서 노력하지 않을까?」

「이봐요, 아저씨. 남 도와주는 것도 돈이 있어야 도와주는 거라고요. 자기 입에 풀칠하기도 힘든 사람이 어떻게 남을 도와줘요?」

「흠, 돈이 있어야만 남을 도와준다? 과연 잘사는 사람이 남을 도와줄까? 혹여나 자기도 딱한데 다른 사람을 도와주는 사람은 정녕 없을까?」

「저는 도와주는 사람이 아예 없다고 말하지는 않았어요. 도와줄 확률이 높다는 거죠.」

「그런가? 이번은 처음이니까 넘어가주겠네.」

「제 말은 그게 아니라…….」

미미는 막힘없이 말을 하다가 소크라테스의 질문에 선뜻 대답하지 못했다.

「자네는 다 안다는 듯이 말했지. 그러나 내 질문에 대답을 못하고 있네. 나는 자네가 무지하다는 걸 알려주었네.」

「그럼, 처음이니까 이번만 연습한 걸로 해주세요.」

소크라테스의 말에 미미가 오기가 생겼는지 다른 걸로 이야기하자고 제안했다.

「그래 한 번 더 해보지. 주제는 뭘로 할까?」

「할아버지가 하자는 대로 하죠.」

「음……. 뭘로 하는 게 좋을까? 그래, 행복이란 뭔가?」

「행복이요? 행복이 뭐 별거 있어요? 즐겁게 사는 거죠. 어렵게 생각할 필요가 있나요?」

「그래. 더 구체적으로 말해줄 수 있겠나?」

「자기가 하고 싶은 거 하고 먹고 싶은 거 먹고 놀고 싶을 때 놀고 하는 거죠.」

「그렇게 하려면 힘들게 일을 해야 하는데, 그러면 오히려 불행해지는 거 아닌가?」

「그렇죠. 잘사는 금수저 애들은 그런 걱정 없이 살 수 있는데, 그게 뭔 대수예요.」

「그건 잘사는 극소수 사람들만의 이야기 아닌가? 대부분의 사람들은 그렇지 않은걸.」

「사실 좋은 집안에서 태어난 건 축복이죠. 하지만 소소한 것에서 행복을 찾을 수도 있죠. 안 그래요, 아저씨?」

「그럼, 예를 들어서 설명해줄 수 있겠니?」

「가끔 맛있는 거 먹거나 여행을 가거나 아니면 사랑하는 사람을 만나거나…….」

「그러니까 가끔이라고? 그럼 평소에는 불행하다는 건가?」

「그건 할아버지가 샌님이라서 세상물정을 잘 몰라 그래요. 평소 일도 안 하고 사람들한테 시비나 걸고 다녔으니 모르죠.」

「아니. 내가 아까 다 말해주지 않았니.」

미미가 다시 말하자 소크라테스가 소리쳤다.

「에이, 알겠어요, 아저씨. 흥분했으니까 제가 이긴 거죠. 그렇죠?」

미미가 소크라테스에게 다가가 약을 올리기 시작했다. 그러자 소크라테스가 크게 심호흡을 했다.

「그럼, 평소에는 열심히 일만 한다는 건가?」

「돈은 하늘에서 떨어져요? 그건 아니죠. 금수저가 아닌 평범한 사람들은 일을 해야죠.」

「그렇게 보면 행복하게 지내기 위해 노력을 하는데 오히려 불행해지는 것이 아닌가? 그건 행복이 아니라 불행이 아닌가?」

미미가 할 말을 잃었다. 그러자 소크라테스는 크게 웃으면서 자신이 이겼다는 듯 여유를 부였다.

「내가 이긴 건가?」

소크라테스가 웃으면서 말했다. 그러자 미미는 분해서 주먹을 불끈 쥐었다.

「그건 아니죠. 저는 오히려 사소한 것에서도 행복을 느낄 수 있다고 생각해요!」

「그게 뭔가?」

「연습 끝나고 시원한 음료수를 마시든지 아니면 친한 친구와 맛집을 가는 것도 행복한 거죠!」

「그런 것도 행복하다는 거군. 그런데 때로는 하기 싫은 것도 해야 하지 않나? 그런 것들은 오히려 불행이라고 할 수 있지 않나?」

「아저씨. 잘 생각해봐요. 제가 모든 걸 가지고 있다고 쳐요. 그리고 돈도 엄청 많다고 칩시다. 그럼, 뭐 하나 잃어버렸다고 속상해할까요?」

「엄청 속상하지는 않겠지. 돈이 많으면 새로 사면 되니까.」

「그렇죠. 소중한 걸 잃어봐야 그 소중함을 알게 되니까요. 행복도 비슷하다고 생각해요.」

「그럼, 불행과 행복도 비슷한 관계라고 볼 수 있다는 거군.」

「그럼요. 불행을 겪어봐야 행복의 소중함을 더 잘 알게 될 거라고 생각해요.」

「흠……. 그래. 그것도 일리가 있네?」

「그럼, 제가 이긴 거죠?」

「꼭 그렇게 말해야 되나? 나는 자네에게 계속 질문하면서 스스로 생각하게 도와주었네. 산파가 출산을 돕는 거처럼 말이지.」

소크라테스가 거들먹거리면서 말했다.

「말은 잘해요. 정말 이러고 다니니 누가 좋아해요? 솔직히 말해봐요. 제자분들 온다는 거 다 뻥이죠.」

미미가 못마땅한지 팔짱을 낀 채 말했다.

「내 친구 크리톤이 편지를 보내왔네. 이걸 보고도 그런 말이 나오나?」

소크라테스가 편지를 건네주었다.

「흠……. 제가 이 편지를 읽어보고 판단해보죠. 음……. 뭐라고 쓰여 있는지 보자.」

미미는 편지에 쓰여 있는 글을 유심히 읽었다.

「참, 할아버지 보기보다 좋은 친구를 두셨네. 세상에 이런 친구가 어디 있어요? 할아버지 복 받은 줄 알아요. 이 좋은 친구분이 탈옥시켜준다고 하는데 왜 안 나가는 거예요?」

미미가 편지를 다 읽은 후에 소크라테스에게 한마디 했다.

「나 소크라테스는 마음만 먹으면 아테네가 아닌 다른 곳으로 가서 잘 먹고 잘살 수 있었네. 그렇지만 내가 아테네에 남았다는 건 무언의 약속을 맺었다고 볼 수 있지. 흠……. 그러니까 아테네와 계약을 맺고 내가 아테네에서 살면서 누릴 수 있는 다양한 혜택은 다 누렸는데 도망을 간다? 그게 계약을 맺은 시민으로서 할 짓인가?」

「이 상황에서 그런 말이 나와요?」

「내가 말하지 않았는가? 나 소크라테스는 언제나 양심과 정의를 추구한다고. 도망치는 건 양심과 정의를 저버리는 행동일세.」

「으이구. 할아버지는 잘난 자존심 때문에 죽게 생겼잖아요. 자존심이 중요해요? 사는 게 중요하지. 죽으면 아무것도 소용없어요.」

「자네는 죽음이 그렇게 두려운가?」

「저, 아직 고등학생이에요. 꽃도 못 핀 나이인데, 죽고 싶겠어요? 아직 못 해본 게 많다고요.」

「죽음이 두려운가?」

「제가 하는 말을 듣기는 하는 거예요? 아니면 제 인내심을 시험하고 있는 거예요?」

「내가 죽어서 좋은 곳에 간다고 확신할 수는 없지만, 나는 그렇게 바라고 있네. 그리고 내가 아주 좋은 신에게 간다는 것에 대해 의심 없이 굳은 확신을 가지고 있네. 그러니 나는 슬퍼할 것이 없지. 오히려 큰 희망을 품고 있네.」

「뭐라는 거야? 이 할아버지는. 지금 이 상황에서 그런 말이 나와요?」

「우리는 지금 이 순간에도 죽음을 향해 달려가고 있지 않나?」

「아니, 지금 그런 말이 나오냐고요?」

「언젠가 육체는 소멸하게 되겠지. 하지만 영혼은 불멸의 존재지. 내가 그래서 죽음이 끝이 아니라 새로운 시작이라고 한 거야.」

「참 잘나셨어요? 지금 상황에서 그런 말을 할 수 있는 사람은 할아버지밖에 없을 거예요. 참 대단한 철학가 납셨네요.」

소크라테스의 설명에 미미는 못마땅해했다.

「흠, 내 제자들이 올 시간이 다 되었는데……. 아, 저기 오는구나.」

소크라테스가 쇠창살 사이로 고개를 쑥 내밀자 누군가 걸어오는 소리가 들렸다. 키톤을 입은 사내들이 오자 소크라테스는 그중 한 명을 붙잡고 귓속말로 속삭였다. 그러자 한 사내가 고개를 끄덕인 후 미미의 곁으로 다가왔다.

「저와 함께 같이 나가시죠.」

새하얀 키톤을 입은 사내가 미미에게 말을 걸자 미미는 소크라테스와 제자들을 지그시 쳐다보고 못 이기는 척 고개를 끄덕였다. 키톤을 입은 사내가 먼저 앞장을 섰다. 미미가 그를 따라가자 선명했던 화면이 흐릿해지고 요란한 기계음이 귓가를 맴돌기 시작했다.

「소크라테스와의 대화가 끝났습니다. 다음 장으로 넘어가시겠습니까? 예, 아니오로 대답해주시기 바랍니다.」

「아니오.」

차가운 기계음이 들리자 미미가 시큰둥한 목소리로 말했다. 기계음이 크게 몇 번 울리고 전원이 꺼졌는지 더는 들리지 않았다. 미미는 주변을 정리하고 체험실을 나와 1층으로 내려왔다.

「오늘 체험은 했고, 연습은 안 해도 된다고 하셨으니까. 그냥 집에 가도 되겠지. 몰라.」

미미가 갈팡질팡하다가 회사 문을 열고 나왔다.

「연습생이 춤하고 노래나 연습하면 되는 거지. 그나저나 연습도 없는데 뭐하지? 막상 쉬니까 뭘 해야 할지 모르겠다. 카페에 앉아서 생각해 봐야지.」

미미는 혼자 중얼거리면서 카페로 갔다.

소크라테스의 철학 노트

'악법도 법이다'는 말을 한 번쯤 들어보셨겠죠? 그런데 소크라테스는 이 말을 하지 않았다고 합니다. 소크라테스는 기록이 기억을 지배한다면서 아무런 기록을 남기지 않았습니다. 그래서 그의 제자인 플라톤의 저서를 통해 소크라테스의 철학을 알 수 있는 것입니다. '악법도 법이다'는 말은 1930년대에 나왔습니다. 당시 경성제국대학 법학과 교수 오다카 도모오(尾高朝雄)가 일본이 조선에 대한 식민 지배를 정당화하기 위해 내세운 논리입니다. 그 후에 조선은 독립하게 되고 군부독재가 시작될 때 다시 이 말을 내세우기 시작합니다. 군부 독재 시기에는 군부가 국민들을 길들이기 위해 사용했습니다. 여러분은 '악법도 법이다'는 말에 대해 어떻게 생각하시나요?

CHAPTER

4 플라톤

B.C. 427?~B.C. 347?

철학자가 통치하는 세상을 꿈꾸다

미미가 같은 또래로 보이는 여자아이와 함께 카페에 앉아 있는데, 뭐가 그렇게 좋은지 웃음소리가 멈추지 않는다.

「라움 언니. 오래간만에 맛있는 것도 먹고 수다도 떨고 좋네요.」

「그래. 우리가 같은 회사에 있을 때가 생각나네.」

「이제는 회사가 달라서 언니하고 만나는 것도 어려운데, 이렇게 만나니 좋은데요. 자주 만났으면 좋겠어요.」

「그래도 이게 어디야? 활동한다고 밥도 못 먹고 맨날 차만 타고 다니는데, 너와 함께 있으니 나도 기분이 좋네.」

「맞아요. 이렇게 밖에 나와서 좀 놀아야지. 연습할 생각만 하면 정말 끔찍해요. 언니, 회사는 어때요?」

미미가 눈치 없이 괜한 말을 했는지 라움의 표정이 어두워졌다.

「축복인지 저주인지 모르겠다. 차라리 그때 어떻게 해서든 회사에 남았어야 하는 건데……. 내가 생각을 잘못한 거 같아.」

「왜요? 언니, 무슨 문제 있어요?」

미미가 조심스럽게 물었다.

「처음부터 좋은 회사에 들어가서 그런가 봐. 사장님도 잘해주셨고……. 나도 교육을 받을 때 왜 이런 걸 하나 생각했는데, 지금은 그걸 바라는 것도 사치야. 그것도 여유가 있어야 하는 거지, 뭐.」

「이왕 할 거라면 좀 잘생기고 몸매 좋은 철학자들로 해주지. 그런 철학자는 정녕 없는 걸까요?」

「정신 좀 차려라. 너는 그 회사 절대 나가지 말고 참고 있어라. 아 참, 시간 됐네. 나 먼저 갈게. 오늘 만나서 즐거웠고 다음에 또 만나자. 안녕.」

라움은 짧게 인사만 하고 급하게 뛰어나갔다. 미미는 빵을 꾸역꾸역 다 먹고 모처럼 여유를 한껏 부리다가 시간을 확인하더니 짐을 싸서 카페를 나왔다.

「휴, 날씨 좋네. 이 좋은 날씨에 놀지도 못하고. 하, 서글픈 내 인생……. 꽃다운 나이에 꽃처럼 살지도 못하고, 이게 뭐람.」

미미가 땅이 꺼질 듯 한숨을 쉬었다. 그렇게 느릿느릿 걸어가다 보니 어느덧 회사에 도착했다. 미미가 뭉그적뭉그적 걸어가서는 출입문을 힘없이 열고 들어갔다.

「안녕하세요. 저, 미미 왔습니다. 이 날씨 좋은 주말에 회사에 온다니 정말 슬프네요.」

미미가 남 실장에게 말했다.

「저번에 네가 회사 출입문 앞에서 머리채 잡고 싸우는 바람에 내가 놀러가지도 못했지. 나도 밖에 나가서 놀고 싶다. 이제 그만 사고 좀 쳐라, 미미야.」

「에이, 그건 걔가 먼저 시비를 걸어서 그런 거고요. 따지고 보면 제가 피해자라고요.」

「아무튼 머리채 잡고 싸운 건 사실이잖아. 너 체험만 하고 얼른 집에 가라. 연습도 안 하니까, 일찍 끝나지? 다른 데 돌아다니면서 싸움질이나 하지 말고.」

미미가 퉁명스럽게 말하자 남 실장이 꾸짖었다. 미미는 아무 말도 못하고 체험실로 올라가 주변을 정리하고 기계 전원 버튼을 엄지손가락으로 꾹 눌렀다. 요란하게 기계음이 들리기 시작했다.

「플라톤과의 대화를 시작하겠습니까? 예, 아니오로 대답해주시기 바랍니다.」

「예.」

화면이 검은색으로 바뀌자 대리석으로 된 긴 복도가 나타났다. 미미가 주위를 둘러보는데, 갑자기 새하얀 키톤을 입은 한 남자가 미미에게 다가왔다.

「우리 원장님을 만나러 오신 분인가요?」

「예.」

키톤을 입은 남자가 묻자, 미미가 얼떨결에 대답했다. 그러자 남자가 앞장서서 걸었고 미미가 뒤따라갔다. 그러다가 남자가 어느 문 앞에서 걸음을 멈추고 문을 두드렸다.

「플라톤 원장님, 손님 오셨습니다.」

남자가 문을 두드리자 문이 열렸고 나이는 좀 있어 보이지만 잘생긴 얼굴, 딱 벌어진 어깨, 키가 큰 남자가 나타났다. 미미는 입을 다물지 못했다. 불과 몇 분 전까지 입이 삐죽 나왔지만, 순식간에 미미의 표정이 변했다.

「나는 플라톤이라고 하네. 왜 그러나? 뭐 이상한가?」

플라톤이 말하자 미미는 아무 말도 하지 못했다.

「음……. 내 얼굴에 뭐 묻었나? 아님 오늘 입은 옷이 좀 이상한가? 내가 가장 아끼는 옷으로 입고 나왔는데 말이야. 흠, 일단 앉게.」

플라톤은 미미가 왜 그런 표정을 짓는지 알아차리지 못했다. 자리에 앉은 미미는 아직도 얼이 빠진 듯 제정신을 못 차리고 있었다.

「무슨 생각을 그렇게 하나?」

플라톤이 묻자 그제야 미미는 정신을 차린 것 같았다.

「그냥, 아무 생각 안 했어요. 여기는 소크라테스 아저씨를 만난 곳보다 훨씬 깨끗하고 좋네요.」

미미가 아무 생각 없이 말했는데, 플라톤이 놀란 표정을 지었다.

「아, 스승님. 스승님이 떠나신 지 어언 20년이 지났군요. 스승님, 가끔씩 보고 싶습니다.」

플라톤은 그리운 듯 말했다. 그러자 미미가 갑자기 궁금한 게 생겼는지 물었다.

「어? 소크라테스 아저씨를 아세요? 그 아저씨하고는 어떤 관계예요? 혹시 감옥에 있던 사람 중 한 명이에요?」

「내가 그때는 몸이 좀 안 좋아서 거기에 못 갔지. 나는 아카데미아의 원장 플라톤이라고 하네. 호칭은 편한 대로 불러도 되고.」

「그럼, 원장님이라고 불러도 되는 거죠?」

「그게 편하다면, 그렇게 부르게.」

「원장님은 소크라테스 아저씨하고 친했어요?」

「스승님은 나에게 많은 가르침을 주셨네. 그리고 내가 스승님에 대해서 책도 몇 권 썼고. 어디 보자, 그게 어디 있더라?」

플라톤이 책장에서 책 몇 권을 가져왔다.

「이게 스승님에 대해 쓴 책이네. 이만큼이나 나에게 많은 가르침을 주셨지.」

플라톤이 책을 보여주며 가뜩이나 넓은 어깨를 쭉 펴면서 아주 자랑스럽다는 듯 말했다.

「소크라테스 아저씨는 책 같은 거 안 썼어요? 감옥에 있을 때 아내가 보고 싶다는 유서 하나 안 쓰던데요?」

플라톤이 책 여기저기를 훑어보다가 드디어 무엇을 찾았는지 미미에게 보여주었다.

「여기 있네. 스승님은 글에 대해서 부정적으로 생각하셨어. 문자는 기억을 사유화한다고 말씀하셨던 것 같은데……. 내가 나이를 먹어 기억이 가물가물하네.」

플라톤이 이렇게 말하자, 미미는 뭐라고 말하는지 이해가 안 되는지 멍하니 바라보았다.

「그게 무슨 뜻이에요?」

「스승님은 글에는 생명력이 없다고 생각하시는 거지. 뭐, 나도 스승님의 생각을 이어받아서 항상 대화체로 쓰도록 노력하고 있네. 내 책에서는 스승님을 존경하는 마음을 담았기에 주인공은 항상 스승님이야.」

플라톤은 자신이 소크라테스의 제자 중 한 명이라는 사실을 자랑스러워하며 말했다.

「원장님! 원장님은 소크라테스 아저씨가 그렇게 좋아요?」

「스승님은 내가 방황할 때 나를 바로잡아 주신 분이지. 내 삶의 전부는 아니지만 그분이 내 곁에 없었다면 지금의 나는 없었을 거야.」

「도대체 무슨 일이 있었길래 그래요?」

「아테네 사람들이 스승님에게 사형 판결을 내릴 때 나는 이렇게 생각했네. 이제 아테네에서는 법이 통하지 않는다고. 아테네의 문제를 해결하기 위해서는 철학을 공부해야겠다고 마음을 먹었네.」

「그런 일이 있으면 저라도 힘들겠어요. 그래서 원장님, 무슨 성과가 있었어요?」

플라톤은 말을 잇지 못하고 그저 고개만 돌렸다.

「내가 한동안 철인정치를 주장했거든. 적어도 그게 아테네의 어리석은 민주정보다는 백 배 천 배는 낫다고 생각했네.」

「그래서 원장님이 독재정치를 주장한 거예요? 그래도 독재자가 정치를 하는 것보다는 민주정이 나은 것 같은데요?」

「내가 뭐 독재를 옹호해? 다만 나는 소수의 철인이 통치하는 것을 주장했지. 독재를 주장한 건 아니라고!」

미미의 말에 플라톤이 노발대발했다.

「아니, 원장님. 왜 그렇게 소리를 질러요. 설명을 해주면 되잖아요.」

플라톤은 심호흡을 몇 번 하더니 그제야 마음을 가라앉혔는지 설명하기 시작했다.

「내가 말하는 철인정치라는 건 철학자들이 왕이 되거나, 반대로 왕 또는 지배자가 지혜를 사랑하거나, 정치권력과 철학이 하나로 합쳐진다면, 국가와 인류에게 이롭다는 뜻이네.」

「그러니까 정치인이 정치를 하는 것보다는 철학자가 정치를 하는 게 낫다는 거네요?」

「음, 그렇지. 한 번은 시민들이 중심이 된 민주정이 들어서고, 그다음에는 귀족들이 중심이 된 공화정이 들어섰어. 이런 일들은 별로 문제되지 않겠지만, 정치체제가 바뀔 때마다 정치 보복에 휩쓸려 수많은 사람이 죽었네. 그중에 스승님도 있었지. 나는 그게 너무 안타까웠어.」

플라톤의 말을 듣고 미미가 안타깝게 쳐다보았다.

「죄 없는 사람들이 죽는다는 건 안타까운 일이죠. 그런데 철학자들이 정치를 하면 과연 그런 일이 없을까요?」

「음, 그래. 그건 좋은 질문이야. 병에 걸린 환자를 치유하려면 어떻게 해야 하나?」

플라톤은 미미의 물음에 쉽게 대답하지 못하다가 어떤 생각이 떠올랐는지 물었다.

「그거야 의사한테 진료를 받으면 되죠.」

「그래, 그거야. 정치에 대한 지식이 있는 사람이 나서서 정치를 해야지. 의사처럼 전문적인 사람이 병자를 고치듯 정치도 현명하고 지혜로운 사람이 해야 한다는 걸 주장한 거야. 그런 사람들을 양성하려면 가르칠 할 곳이 있어야 하지 않은가? 그래서 내가 아카데미아를 설립한 거야.」

「제가 사는 세상에는 전문적으로 정치하는 사람들이 있거든요. 그 사람들은 맨날 일도 안 하고 싸우기만 하고 어디서 뇌물 받았다고 하는데요?」

미미의 말에 플라톤은 오히려 의연하게 되물었다.

「방금 말한 사람들은 가족이 있지?」

「당연히 있죠.」

「그럼 재산도 있나?」

「그 사람들 재산이 얼마나 많은데요. 뭐 말로는 서민을 위해 봉사하겠다고 하지만 그런 경우는 거의 없어요.」

「그럼 자식도 있나?」

「그럼요. 그 사람들 하는 거 보면 자기 자식은 어디 꽂아주고……. 나 원 참, 제가 아직 어려도 그런 것쯤은 알 수 있는걸요?」

「그래서 나는 철학자들은 결혼을 하지 말아야 하며 재산을 갖는 것도 금해야 한다고 생각하네. 또 기숙사에서 공동생활을 해야 한다고 주장했지. 왜 이런 주장을 했는지 알 것 같나?」

「음, 뭐……. 결혼을 안 하니까 자식을 위하거나 아내를 위해 정치하지 않겠죠? 또 뇌물 문제에서도 자유롭겠죠.」

「내가 이런 주장을 한 건 사유재산이나 처자식이 있으면 아무리 철학자라도 자기 이익을 취할 수 있기 때문이지. 그런 일을 미연에 방지하고자 한 것일세.」

미미가 플라톤의 말을 이해했는지 고개를 끄덕였다.

「혈연이나 지연이 철학자가 되는 데 방해가 된다고 생각하네.」

「그럼 철학자는 결혼도 하지 말고 평생 혼자 살아야 하는 거예요? 끔찍해. 평생 모태솔로로 살아야 한다니.」

「국가의 중대사를 논하는 사람이 사리사욕에 치우치면 안 되지.」

「그러면 누가 정치를 하고 싶겠어요? 저 같으면 차라리 돈을 벌지 그 고생을 하면서까지 철학자를 하려고 하지는 않을걸요?」

「내가 말하지 않았나? 다수가 통치하는 것보다는 전문적인 교육을 받은 소수가 낫다고. 그 소수들을 정치 전문가로 양성해야 한다고 생각했네.」

「뭐, 그 말도 이해는 가지만 그 소수들도 타락하지 않는다는 보장이 없잖아요?」

「잠깐 나와 걷지 않겠나?」

플라톤이 자리에서 일어나 밖으로 나가자 미미도 졸졸 따라갔다.

「여기 나무가 있지? 그리고 여기에 있는 것도 나무지?」

「에이, 원장님. 아무리 그래도 저도 그 정도는 알거든요. 설마 제가 나무가 뭔지 모르겠어요? 저 무시하는 거예요?」

플라톤의 질문에 미미가 퉁명스럽게 대답했다. 그러자 플라톤이 웃으면서 쭈그리고 앉았다.

「아니네. 전혀 아니네. 내가 질문 하나 해도 될까?」

「뭐, 하나 해보세요. 원장님. 단 이상한 질문은 하면 안 돼요!」

「알았네, 알았어. 나 그런 사람 아니네. 그럼 본론으로 들어가서 저 나무와 이 나무가 같다고 생각하나?」

플라톤이 나무 두 그루를 가리키면서 물었다.

「음……. 원장님, 가까이 가서 봐도 되나요? 여긴 멀어서 잘 안 보이거든요.」

미미가 유심히 나무를 살펴보았다.

「원장님, 이 나무와 저 나무는 많이 다른데요? 잎을 보니까 두 나무가 같은 나무라고 볼 수 없을 거 같아요.」

「음. 그 말이 맞아. 저 두 나무는 서로 다른 나무라네. 그런데 조금 전에는 같은 나무라고 하지 않았나?」

「그래도 나무인 건 맞잖아요! 뭐 제가 틀린 말을 했나요? 저는 나무를 보고 나무라고 했을 뿐이에요!」

미미가 퉁명스럽게 대답했다. 그런 미미를 보고 플라톤은 입가에 미소를 띠었다.

「내가 방금 나무에 대해서 이야기했지. 그 두 그루 나무를 보고 처음에는 같다고 했지? 그리고 나무를 자세히 본 다음에는 서로 다르다고 했지?」

플라톤이 미미에게 물어보았다.

「네, 그렇죠. 그게 뭐 어때서요?」

「전혀 틀린 말은 아니네. 나도 저걸 보고서 나무라고 말했을 거야. 그런데 가까이 와서 보니까 서로 다르지 않던가? 그건 인정하는 거지?」

「네 뭐. 그건 그렇죠. 그런데 제 말도 맞는 말 아닌가요?」

미미가 대답했다.

「그럼, 나무의 기준이 어디서부터 어디까지인가? 그러니까 무엇을 보고 나무라고 판단한 건가?」

「저는 그냥 나무를 보고 나무라고 했을 뿐인데요?」

「나무를 장작으로 쓰지 않나? 나무가 불에 타고 나면 그걸 나무라고 할 수 있겠나?」

플라톤이 미미에게 물었다. 막힘없이 대답하던 미미가 멍하니 플라톤을 바라보았다.

「혹시 내가 너무 어려운 질문을 했나? 나무를 장작으로 쓰고 나면 다 타서 없어지지 않겠나? 안 그런가?」

「뭐, 그건 원장님 말이 맞죠. 그게 왜요?」

「그럼 그걸 나무라고 볼 수 있겠나?」

「음. 다 타고 나면 재가 되겠죠?」

「맞네. 재가 되지. 그럼, 저것도 나무인가?」

「음. 글쎄요? 나무라고 보기에는 너무 작잖아요.」

「그래, 저건 묘목이네. 미리 조금 키워서 옮겨심기 위한 어린 나무지.」

「그런데 왜 철학자 이야기하다가 나무 이야기를 하는 거예요?」

「다 연관이 있어서 그러네. 내가 천천히 설명해줄 테니 너무 조급해하지 말게.」

플라톤이 웃으면서 말했지만, 미미의 표정은 영 좋지 않았다.

「그럼 들어가서 이야기를 마저 하지.」

「네, 알겠어요.」

미미는 뭐가 불만스러운지 팔짱을 끼고 입이 삐죽 나온 채 플라톤을 뒤따라갔다.

「방금 나무를 보고 왔지?」

「그건 그렇죠. 그게 뭐 중요한가요?」

플라톤의 말에 미미가 되물었다.

「내가 말하는 이데아와 연관이 깊다네.」

「이데아? 그건 또 뭐예요? 지금 지어낸 건 아니죠?」

「하하하. 설마 그럴 리가. 방금 나무를 보고 왔는데, 그게 나무에 대한 자네의 기준이라고 할 수 있네.」

플라톤이 웃으면서 말했다. 하지만 미미는 그 말을 이해하지 못하는 표정이었다.

「도대체 무슨 말씀을 하는 거예요?」

「자네는 나름대로 기준을 갖고 있지 않은가? 잎의 모양새가 달라도 나무라고 하고 또 어린 나무는 나무가 아니라고 하지 않았는가? 그처럼 생각의 기준이 되는 것을 나는 이데아라고 말하는 것이네.」

미미는 플라톤의 말을 이해하지 못했는지 플라톤만 쳐다보았다.

「내가 묘목도 나무인지 물어보지 않았는가? 그런데 자네는 그것을 나무라고 하지 않았지.」

「그건 그렇죠. 그게 왜요?」

「그건 자네의 기준에는 나무가 아니기 때문에 나무가 아니라고 했던 거지.」

「그건 그렇죠.」

「음. 자네는 어렸을 적에 말도 못하고 울음만 터트리지 않았나?」

「그야 당연하죠. 처음부터 어른인 채로 태어나는 사람은 없으니까요.」

「그런데 어린아이가 동굴에서 자랐다고 하자. 동굴은 어두운 곳이니 빛이 들어오면 더 선명하게 보이겠지. 평생 밖에서 들어오는 빛에 투영된 벽만 보고 살면 사물을 판단할 기준이 과연 생길까?」

「뭐, 동굴 안에 있어 봤자 딱히 무엇을 배우고 그런 것은 없겠죠. 밖에 뭐가 있는지도 모를 거고요.」

「흠, 나도 그렇게 생각했네. 그런 동굴 속에서 오랜 세월을 보내면 아무런 발전이 없을 거라고. 하지만 그 동굴에서 우연히 나갈 수 있다면 다양한 것을 보고 느낄 수 있지 않겠나?」

「그건 원장님 말씀이 맞죠.」

「뭐, 동굴의 환경과 많이 다르니 어느 정도 충격을 먹을 수 있겠지. 오히려 새로운 많은 것을 배울 수도 있겠지?」

「음……. 그렇죠 뭐. 다양한 세상을 배우러 여행을 다니는 것과 비슷하다고도 볼 수 있겠네요.」

「그래, 여행을 많이 다니면 견문이 넓어지지. 그런데 내가 생각할 때는 동굴에 있는 것과 동굴에서 나오는 것은 많이 다르네.」

「뭐, 동굴에서 나오는 게 그렇게 힘이 드나요?」

「음……. 동굴에서 나오려면 엄청난 용기와 호기심이 필요하다네. 동굴 안에서 보던 것이 세계의 전부라고 생각하거든.」

「뭐, 그런 사람들이 있을 수는 있겠죠.」

「동굴에서 나온 사람은 새로운 깨달음을 얻을 수 있겠지. 이제 깨달음을 얻었으니 새로운 선택의 기로에 놓이겠지.」

「설마, 다시 동굴에 들어가는 걸 말하나요?」

「흠, 그래. 다시 동굴로 들어가서 자기가 얻은 깨달음을 함께 나누거나 아니면 그 깨달음의 즐거움을 혼자만 느낄지 선택해야지.」

「으으으. 생각만 해도 끔찍한데요. 어차피 동굴에 들어가도 말이 전혀 안 통할 텐데. 저라면 동굴 밖에 있을래요.」

미미는 뭐가 그리 끔찍하다고 생각했는지 몸서리치면서 말했다.

「그래, 그런 선택을 할 수 있지. 하지만 말이야. 정말 진정한 진리의 추구자라면 동굴로 가서 자기가 얻은 깨달음을 동굴에 있는 사람들과 함께 나누겠지.」

「에이, 그런 사람들과 있을 바에는 그냥 저 혼자 잘 먹고 잘 사는 게 좋죠. 뭐하러 그렇게 힘들게 살아요? 안 그래도 먹고살기 힘든데?」

「그래, 누구든 자네처럼 생각할 수 있어. 하지만 내가 생각하는 진리의 추구자는 달라. 내가 쓰고 있는 원고인데 읽어주지. 흠……. ‘동굴을 나왔으나 동굴에 있었던 시간을 잊지 못해 동굴 밖의 찬란함을 뒤로 하고 다시 동굴로 돌아간다. 동굴로 돌아간 후에는 밖에서 느낀 동굴 밖의 찬란함을 기꺼이 나누고자 할 것이다.’ 어때? 내가 쓴 원고 잘 쓴 거 같지?」

플라톤이 원고를 읽다가 칭찬을 받고 싶은지 미미를 바라보면서 말했다.

「내가 거기까지 이야기했구나. 진정한 진리의 추구자라면 그렇게 행동을 해야지. 암 그렇고말고.」

「그런데, 아까 정치 이야기하다가 나무 보러 갔다가 동굴 이야기하고 도대체 무슨 말씀을 하고 싶은 거예요?」

「진리의 추구자가 동굴 밖의 안락함을 포기하고 들어간다는 건 내가 생각하는 지도자상이 진리의 추구자와 같기 때문이지. 왜 그렇게 생각하는지 아나?」

플라톤이 미미에게 물었다. 아직도 미미는 선뜻 대답하지 못했다.

「지도자는 크나큰 권력을 가지게 되지. 그런데 그런 권력을 사사롭게 쓴다. 음……. 생각만 해도 끔찍하지 않나? 그래서 나는 기꺼이 자기 자신을 희생할 수 있는 사람이 지도자가 되어야 한다고 생각했어.」

「그게 뭐 쉬운 일은 아니죠. 사람이 언제 어떻게 변할지 모르는 일이죠.」

미미가 간만에 말을 했다. 플라톤도 미미의 생각을 이해했는지 그 말에 고개를 끄덕였다.

「물론 그런 생각을 할 수 있어. 막상 지도자라고 앉혀놓았는데, 사익을 위해 헌신할 수도 있어.」

「이 한 몸 이 나라를 위해 바치겠다고 말하고 부정부패를 저지른 사람들이 있죠. 애초에 그렇게 뒷돈 받아먹기 위해 그런 자리를 차지하려고 했나 하는 생각도 드는 거 있죠.」

플라톤의 눈치만 보던 미미가 신이 나서 말했다. 플라톤이 쓴웃음을 지었다.

「그래, 그럴 수 있지. 그런 사람들이 지도자가 된다면 그런 일을 벌이는 건 정말 쉽지. 그래서 나는 그런 일이 발생하기 전에 사람들을 교육시켜야 한다고 생각했어.」

「밤낮으로 정치에 대해서만 배우는 건가요?」

「아니. 일단 스무 살까지는 다 같이 모여서 배운 다음에 내면의 성향에 따라 나누는 거지.」

「그 성향이라는 걸 어떻게 알아요? 그게 뭐 눈에 보이는 것도 아닌데. 그런 걸 어떻게 판단하시려고요?」

「일정한 기준을 두고 내면을 판단한다고 하지 않았나? 스무 살이 되는 해에 시험을 쳐서 선발하는 거지.」

「거기서 선발된 사람들은 뭐 계속 공부만 하는 거예요? 그 정도 사람들이면 공부만 하는 것도 할 만하겠네요.」

「그게 무슨 말인가? 공부만 하다니?」

「그러니까 원장님 말은 공부 잘하는 사람들을 모아서 철학자로 만들겠다는 거잖아요?」

「아니네. 철학자라고 공부만 해서 되겠는가? 아테네인이라면 아테네를 위해 전쟁에 참전해야지. 나도 두 번 정도는 참전했네.」

「그럼, 공부는 언제 해요? 공부 잘하는 사람들만 뽑아놓은 건데.」

플라톤의 말에 미미가 따지듯이 말했다. 그러자 플라톤이 아무렇지도 않다는 듯이 웃기 시작했다.

「내가 말하지 않았나? 진정한 진리의 추구자라면 어떤 위험도 감수하고서라도 진리를 추구하려고 노력하겠지. 그들이라면 기꺼이 국가를 위해 희생할 수 있을 거야.」

「그럼, 그다음에는 바로 일하겠네요.」

「아니지. 다시 교육을 받아야지. 수학, 과학, 음악을 중심으로 한 10년을 더 공부해야지.」

「공부만 하다가 아무것도 못하고 죽겠네요.」

미미가 몸서리를 치면서 말했다. 그런데 플라톤은 당연하다는 듯이 말했다.

「내가 10년 정도 공부를 더 한다고 하지 않았나? 그러면 서른 살이 되지. 그때 다시 시험을 보는 거야.」

「시험을 또 봐요? 시험과 공부만 하다가 사람 죽게 생겼네요.」

미미가 혀를 끌끌 차면서 말했다. 그런 미미를 보고도 플라톤은 꿋꿋이 말을 계속했다.

「내가 계속 시험을 본다고 했지 않았나? 공정한 방법으로 진리의 추구자를 거른다는 말일세.」

「아무튼 거르고 걸러서 또 공부를 시키는 건가요? 그렇게 공부만 하면 일은 언제 해요, 원장님. 제가 보기에는 너무 비현실적인 거 같은데요? 안 그래요.」

「이제 거의 다 했어. 공부를 마친 다음에는 철학에 대해서 공부하게 되지.」

「그전에 뽑아놓은 사람들 다 죽게 생겼네요.」

미미가 말했다.

「이제 비로소 국가를 위해 일을 해야지. 공부를 할 만큼 했으니 하급 공무원으로 시작해야지.」

「네? 뭐, 하급 공무원으로 시작을 한다고요? 그렇게 공부를 시켰으면 좀 높은 지위에서 일을 해야 되죠. 원장님, 너무했다. 정말.」

「아이 참. 내가 아까부터 계속 말하지 않았나? 진정한 진리의 추구자는 어떤 어려움이 있더라도 기꺼이 그것을 감수하고 공동체를 위해 자신을 희생한다고.」

「그럼 하급 공무원에서 지도자로 올라갈 수 있는 거예요?」

「공직생활을 통해서 자신의 가치를 증명하면 지도자가 될 수 있을 거야.」

「정말 능력이 있다면 저 밑바닥부터 올라와서 성공하는 사람도 있겠죠.」

「아까 나에게 독재를 옹호했다고 하지 않았나? 지금도 그렇게 생각하나?」

「뭐, 저는 죄 없는 사람들을 죽인 독재자를 말한 건데, 원장님이 말한 사람들이라면 적어도 죄 없는 사람들을 죽이지는 않겠죠?」

「진정한 진리의 추구자라면 다른 사람들을 위해 희생하겠지. 그러니까 내 말은 적어도 죄 없는 사람들을 고통스럽게 하지는 않을 거야.」

갑자기 플라톤이 흐릿하게 보이면서 요란한 기계음이 귓가에 맴돌기 시작했다.

「플라톤과의 대화가 끝났습니다. 다음 장으로 넘어가시겠습니까? 예, 아니오로 대답해주시기 바랍니다.」

「아니오.」

기계음이 들리자 미미가 아무런 망설임 없이 말했다.

체험실에서 나오자 온몸이 땀으로 범벅이 된 미미가 구시렁거리기 시작했다. 그렇게 불평을 하면서도 1층에 내려와 남 실장에게 다가갔다.

「저, 오늘 체험 끝났어요. 이만 집으로 가보겠습니다.」

미미가 소곤소곤 말하자 남 실장이 고개를 끄덕였다. 그 모습을 보고 미미는 뒤도 안 돌아보고 회사를 나왔다.

「이 꽃다운 나이에 꽃도 못 피워보고 이렇게 회사와 집만 오가야 한다니. 슬프다, 정말.」

미미는 집으로 향했다.

플라톤의 철학 노트

여러분, 개천에서 용 난다는 말 들어본 적이 있으신가요? 플라톤 이야기를 하다가 갑자기 개천 이야기를 왜 하냐고요? 플라톤은 누구나 평등하게 교육 받을 권리가 있다고 했습니다. 물론 일부 계급은 원천적으로 신분 상승에 제약이 있었습니다. 그러고 나서 공정한 시험을 통해 인재를 걸러내죠. 이렇게 되면 소위 말하는 신분 상승의 사다리를 올라갈 수 있는 거죠. 여러분, 우리나라 현실은 어떻습니까? 사실 서울 강남에서 사교육을 받은 아이와 지방에서 학교만 다니는 아이의 학업 수준이 엄청나게 차이가 나죠. 또 사교육을 받지 못하면 소위 말하는 좋은 대학에 진학하기 힘들죠. 당연히 사회적 지위도 부의 차이 때문에 달라지겠죠? 이렇게 보았을 때 플라톤이 얼마나 시대를 앞서간 철학자인지 알 수 있죠.

CHAPTER

아리스토텔레스

B.C. 384~B.C. 322

중용의 삶을 찾아라

5

「아, 벌써 월요일이야. 학교 끝나도 집에 바로 못 가고 회사 가야 하는데, 이게 무슨 팔자야.」

미미는 월요병에 걸렸는지 피곤하다며 하소연을 해댄다. 그때 미미의 곁으로 미소가 다가왔다.

「아이고, 이게 누구야. 미래의 톱스타 박미미 씨 아니야? 중학교 때부터 곧 데뷔한다고 했는데, 고등학교 1학년인데 아직도 데뷔를 못하셨네?」

미소가 한껏 약을 올렸다. 그러자 미미가 화가 났는지 미미를 째려보았다.

「아이고, 우리 톱스타께서 왜 그렇게 노려보시나? 설마 나를 한 대 때리려고? 여기 보는 눈이 몇 개인데……. 그러다가 데뷔는 물 건너가실 텐데요?」

미소가 말을 할 때마다 미미의 볼이 점점 빨개지더니 결국 폭발하고 말았다. 미미가 미소의 머리채를 잡으려는 찰나 담임선생님이 교실에 들어왔다.

「야, 박미미, 이미소. 뭐하는 거야? 자리에 앉아!」

담임선생님이 미미와 미소를 꾸짖었다. 그러자 미미와 미소는 아무 일 없었다는 듯 자리로 돌아가 앉았다.

「애들아. 내일 수학과 영어 시험 보는 걸 알지? 이걸로 오늘 종례는 끝이다. 딴 길로 새지 말고 집에 가라.」

담임선생님의 말을 기다렸다는 듯이 아이들이 가방을 메고 삼삼오오 교실을 빠져나갔다.

「미래의 톱스타 박미미 씨는 데뷔하겠다고 자신만만하게 외치고 다녔는데, 이번 생에는 데뷔할 수 있을지 모르겠네.」

미소가 미미의 곁으로 다가와 다시 약을 올리자 미미가 큰소리를 질렀다.

「야, 내가 언제 그런 말을 하고 다녔어. 오늘 진짜 해보자는 거지?」

미미가 미소를 향해 소리치자 그 소리를 들었는지 담임선생님이 큰소리로 외쳤다.

「박미미, 이미소. 너희 둘 빨리 안 가? 박미미, 연습하러 간다며! 이미소, 학원 가야지! 제발 싸우지 말고.」

담임선생님의 꾸지람에 미미와 미소는 순한 양이 되어버렸다. 하지만 미미는 화가 가라앉지 않았다.

「미미야, 왔니?」

미미가 회사에 도착하자 남 실장이 정답게 말했다. 하지만 미미는 전혀 정답지 않은 표정이었다.

「야, 박미미, 너 왜 그래? 오늘 평소와 많이 다르다?」

「아니, 그게. 이미소 걔가 자꾸 시비를 거는 거 있죠. 왜 나한테만 시비야. 걔 때문에 그동안 연습했던 내 지난 날들이 다 도루묵이 될 뻔했는데. 그걸 언제 날 잡아서 진짜.」

미미는 애먼 남 실장에게 부들부들 떨면서 화풀이를 했지만, 남 실장은 아무 말 없이 미미의 말을 듣고 있었다.

「방금 그 말 하니까 생각나는 거 있는데, 성공은 최고의 복수라는 말. 보란 듯이 성공한 너의 모습을 보여주는 게 최고의 복수가 아닐까?」

남 실장이 이렇게 말하자 그제야 미미는 화가 가라앉은 듯 보였다.

「실장님, 저 체험하러 가볼게요.」

미미는 남 실장에게 말하고 후다닥 체험실로 올라갔다. 이제는 좀 익숙해졌는지 기계 주위를 정리하고 전원 버튼을 엄지손가락으로 꾹 눌렀다.

「아리스토텔레스와의 대화를 시작하겠습니까? 예, 아니오로 대답해 주시기 바랍니다.」

「예.」

그러자 화면이 바뀌고 미미의 귀에 낯선 남자의 목소리가 들렸다.

「리케이온(아리스토텔레스가 그리스 아테네에 세운 학원)에 오신 걸 환영합니다.」

건물 한 채와 건물을 둘러싸고 있는 듯한 푸른 정원이 보였다. 미미를 기다리고 있었다는 듯 한 사내가 서 있었다. 그리고 키톤을 입은 사내가 미미에게 환영 인사를 건넸다. 사내는 시종일관 환하게 웃고 있었다.

「저기, 저는 아리스토텔레스를 만나러 왔는데요.」

미미가 사내에게 말했다. 그러자 사내는 아리스토텔레스의 방으로 앞장서서 걸어갔다. 미미는 그 뒤를 졸졸 따라갔다.

「여기가 선생님의 방입니다. 선생님, 손님이 찾아왔습니다.」

사내가 문 앞에서 큰소리로 말하자 문이 열리면서 아리스토텔레스가 나타났다.

「나는 아리스토텔레스라고 하네. 반갑구먼. 안에 들어가서 이야기를 좀 하지.」

아리스토텔레스의 말에 미미가 방 안으로 들어갔다. 그 모습을 본 사내는 아리스토텔레스에게 인사하고 가버렸다.

「내가 글을 쓰고 있었거든. 조금만 기다려주겠나? 평생 안 하던 일을 하려니 힘들어서, 원 참.」

미미는 어쩔 수 없이 의자에 앉아 주위를 둘러보는데 플라톤과 대화할 때는 볼 수 없었던 풍경들이 창밖으로 보였다.

「뭘 그렇게 넋 놓고 보고 있나?」

아리스토텔레스가 글을 쓰다 말고 미미의 표정을 보며 웃으면서 말했다.

「저, 이런 풍경 처음 봐요! 와, 정원 진짜 잘해놓으셨다.」

「정원 보고 그러는구나. 내가 정원에서 걸으면서 제자들과 이야기를 하는 걸 좋아하거든. 그래서 정원 좀 가꾸어놓았지. 알렉산드로스가 도와준 것도 있고.」

「알렉산드로스요?」

「마케도니아의 대왕 알렉산드로스가 내 제자지.」

아리스토텔레스가 자랑스럽게 말했다.

「내가 제자에게 부탁 좀 했거든. 여기서 못 보던 동물이나 식물을 보내달라고. 그런데 정말로 진귀한 것을 많이 보내주었어.」

아리스토텔레스는 즐거운지 말하는 와중에도 입이 귀에 걸렸다.

「그럼, 저에게 보여줄 수 있나요? 설마 그 좋은 걸 혼자만 보실 생각을 하는 건 아니죠?」

「혼자만 보려고 저걸 여기다 갖다놓은 건 아니거든.」

「저기 근데. 아저씨 이름이 너무 길어서 그러는데 좀 줄여서 불러도 될까요? 아니면 선생님이나 교수님 이렇게 불러도 될까요?」

미미가 조심스럽게 아리스토텔레스의 눈치를 보면서 말했다.

「뭐, 그냥 편하게 불러.」

아리스토텔레스가 미미를 바라보고 말했다.

「그럼, 선생님이라고 부를게요. 그런데 왜 동물이나 식물을 보내달라고 한 거예요?」

「아주 좋은 질문이야. 귀납적 관찰에서 자연에 대한 진리를 얻고 그 진리에서 사실을 연역해야 하지. 쉽게 말하면 관찰하기 위해서는 이곳에 없는 동식물이 필요한데, 내 제자 알렉산드로스가 대제국을 건설했기에 좀 도와달라고 했지.」

「선생님은 플라톤 원장님과 좀 다르게 설명하는 거 같아요. 플라톤 원장님은 그렇게 설명 안 해주셨는데요.」

그러자 아리스토텔레스는 미미의 말에 알 수 없는 미소를 지었다.

「내 스승님인 플라톤을 아는구나. 아마 스승님이 주장하신 이데아론과 다르다고 생각하는 거지?」

아리스토텔레스가 말하자, 미미는 아무 말 없이 고개만 끄덕였다.

「이 시대에는 자연현상을 신이 만들어낸 일이라고 보고 있네. 나는 정말 궁금했네. 그래서 동식물을 자세히 관찰하고 있는 거야.」

「그럼, 선생님은 신이 만들어낸 거라고 생각해요?」

「얘야, 왜 그러니? 내가 천천히 설명해줄 테니 기다려봐. 흠……. 어디서부터 설명해주는 게 좋을까?」

아리스토텔레스가 머리를 푹 숙이고 혼잣말만 하다가 무슨 생각이 났는지 고개를 들었다.

「나는 가끔씩 이런 의문이 들었어. 자연현상을 꾸준히 관찰하면 전부는 아니겠지만 어느 정도 법칙을 알 수 있다고 생각했지.」

「어때요. 선생님 정도면 쉽게 파악할 수 있지 않을까요?」

「새로운 길을 간다는 건 가슴이 두근거리지만 험난한 여정이네. 여기 사람들은 자연현상을 신의 분노나 슬픔 정도로만 알고 있어. 나도 연구는 하고 있지만 잘 모르겠어.」

아리스토텔레스는 고개를 푹 숙이면서 말했다. 그러다가 갑자기 자리에서 일어났다.

「정원 가보고 싶다고 했지? 기분전환 할 겸 정원을 걸을까?」

「저야, 좋죠. 그런데 이 정원에 있는 동식물은 어디서 온 거예요?」

「알렉산드로스는 페르시아 원정을 시작으로 이집트까지 정복하고 인도 정벌까지 시도했네.」

「여기서 인도까지요? 와, 대박.」

미미가 주위에 신기한 게 그리도 많은지 입이 벌어져서는 다물지 못했다.

「나도 인도까지 정벌을 하러 갈 줄은 몰랐어. 정벌하는 지역이 많아지니 참 많은 것을 보내주었어. 그것들이 산더미처럼 쌓이니 울어야 할지 웃어야 할지 모르겠어.」

「그래도 엄청 깔끔한데요? 지금 정원을 걷는 것만으로도 좋은데요.」

미미가 말하자 아리스토텔레스의 얼굴에 화색이 돌았다.

「나도 정원을 좋아해서 제자들과 자주 걸으면서 대화를 하는데, 사람들이 그걸 보고 소요학파라고 하더군.」

「선생님. 저, 진짜 궁금한 거 있는데 하나만 물어봐도 돼요?」

「질문은 언제든 환영이네.」

「플라톤 원장님의 제자 맞아요?」

「그게 그렇게 궁금했더냐? 내가 스승님을 존경하지 않았다면 스승님을 비판하지 않았겠지.」

미미는 심각한 표정을 지으며 물었는데 정작 아리스토텔레스는 대수롭지 않게 말했다.

「때로는 같은 걸 보고 다르게 판단할 수도 있지. 하지만 지금의 나를 만들어준 건 스승님이지.」

「음, 그런데 선생님은 철학자로만 알려져 있는데 이렇게 동식물을 연구하는 사람인 줄은 몰랐네요.」

미미가 화제를 돌렸는데, 아리스토텔레스가 정원 한가운데에 털썩 앉았다.

「같은 종도 조금씩 다르더구나. 이것들이 내 호기심을 자극했지.」

「동물들은 다 어디에 있어요?」

「너무 많아서 딴 곳으로 옮겼어. 모두 다 보여줄 테니 걱정하지 마.」

「선생님은 동물을 보면 구별이 돼요? 저는 하나도 모르겠던데. 식물은 뭐 말할 것도 없고요.」

「그건 충분히 이해하지. 암 그렇고말고. 사실 연구하는 사람이 별로 없어 나도 좀 구별이 안 돼.」

아리스토텔레스가 말을 마치자 손을 털며 자리에서 일어났다.

「좀 더 걷자구나.」

「여기 동물들을 연구하시는 거예요? 그걸 어떻게 연구해요? 무슨 장비 같은 것도 있어요? 이렇게 많은 동물을 관리하려면 힘들 텐데.」

「뭐, 사실 연구라는 것도 특이한 거 별로 없어.」

「그럼, 연구라는 건 도대체 뭐예요?」

「사실 하루에 몇 번씩 쳐다보는 게 다야. 같은 종이라도 무늬나 수염 같은 게 조금씩 다를 수 있겠지? 그런 것을 찾아내는 거야.」

「왜 하루에도 몇 번씩 쳐다보는 거예요?」

「내가 생각하는 연구법 중에 첫 번째가 관찰이거든. 음, 그러니까, 관찰을 통해서 같은 종이라도 서로 다른 점을 발견하게 된다면 그걸 토대로 가설을 설정하는 거지.」

「가설이요?」

「그러니까 환경 등 여러 조건과 상황에 따라 차이점이 생길 수도 있지. 그래서 가설을 세워보고 그게 맞는지 아닌지 검토해보는 거지.」

「어떻게요?」

「흠, 차이점을 보고 이건 뭘 먹느냐에 따라 달라질지 아니면 날씨 문제일지 생각해보는 거지.」

「그런 걸 다 하려면 많이 힘들겠어요. 역시 철학자들은 뭘 해도 다른 것 같아요.」

「지금 시대에는 철학이 모든 학문을 포괄하고 있어 많은 걸 연구해야 해. 그래서 몸이 둘이라도 바빠. 나도 때로는 지쳐서 연구하기 싫을 때도 있어.」

아리스토텔레스가 쓴웃음을 지으면서 말했다. 미미와 같이 걷다 보니 어느새 둘은 동물들이 있는 공원에 도착했다.

「우와, 여기 진짜 대박이네요. 사슴 보고 싶었는데 여기서 볼 수 있다니. 아, 선생님, 대단하네요.」

「그렇게 좋으냐? 뭐 천천히 둘러보고 오거라. 나도 오늘만큼은 쉬고 싶구나.」

「그런데, 선생님. 또 하나 물어봐도 될까요?」

미미가 조심스럽게 아리스토텔레스를 쳐다보면서 말했다. 평소에는 질문도 안 하던 미미가 뭐가 그렇게 궁금한지 물어보았다.

「질문은 언제나 환영이네.」

「선생님의 스승님이나 소크라테스는 이렇게 연구한다는 말은 못 들은 거 같은데……. 이렇게 연구하는 이유라도 있어요?」

「내가 아까도 말하지 않았느냐? 이 세상에 일어나는 자연현상에 대해 알아보고 싶어서야. 뭐, 아직 대단한 발견을 해낸 건 아니지만 꾸준히 하다 보면 성과를 내겠지?」

「플라톤 원장님은 정치에 굉장히 관심을 많이 갖던데, 선생님은 정치에 관심 있으세요?」

소크라테스가 기다렸다는 듯이 말했다.

「관심 있고말고, 내 스승님의 정치적 가치관에 대해서는 어느 정도 이해하네. 스승님께서 존경한 소크라테스를 잃으셨으니…….」

「그럼, 선생님은 스승님과 좀 다르게 생각하시는 건가요?」

「앉아서 이야기하자.」

아리스토텔레스가 미미를 안심시키고 자리에 편하게 앉았다. 미미도 앉았다.

「아마 소수가 통치하는 사회에 대해서 설명을 들은 거지?」

「뭐, 그렇죠. 소수를 엄청나게 공부시켜서 지도자로 만든다는 게 요점 아닌가요?」

「그건 맞네. 스승님에 대해서 잘 알고 있는 것 같구나. 나도 스승님의 생각은 이해하지만 내 생각은 조금 달라.」

「공부 엄청나게 많이 시킨다고 하더라고요. 그런데 저는 그렇게 공부시키면 도망갈 것 같아요.」

「흠……. 스승님이 그런 생각을 하기 시작한 건 혼란의 시기를 거치면서가 아닐까 생각해.」

「그럼 선생님은 다르게 생각하시나요? 뭐 선거를 해서 뽑아요? 아테네는 그렇게 하는 걸로 알고 있는데요?」

미미가 무심코 말했다. 그러자 아리스토텔레스가 미간을 찌푸렸다.

「으흠……. 내가 말 안 했나? 나는 마케도니아 사람이야. 뭐, 나는 여기서 선거에 참여 못해. 그것도 전쟁에 나갈 수 있는 남자만 선거를 할 수 있는 거지만.」

「에이 선생님. 마케도니아 출신이라고는 말 안 했어요.」

「음, 그래? 흐음……. 내가 제대로 설명을 안 해줘서 몰랐구나.」

미미의 말에 아리스토텔레스는 무슨 생각을 하는지 하늘만 쳐다보았다.

「그러니까 아테네의 민주정이 불경죄로 소크라테스를 사형시켰지. 나도 안타깝게 생각해.」

「그런데 소크라테스는 마음만 먹으면 충분히 도망갈 수도 있었는데 그렇게 하지 않았어요.」

「음……. 맞아. 그렇게 죽음을 맞았지. 그때의 충격으로 인해 스승님께서 소수가 통치하는 사회를 구상한 것 같다는 생각이 들어.」

「왜요?」

아리스토텔레스의 이야기가 흥미진진한지 미미가 물었다.

「음……. 스승님의 생각을 이해 못하는 건 아니야. 스승님처럼 나도 소수에게 많은 권한을 주면 위험하다고 생각했어. 그들이 타락하면 어떻게 될까?」

「제가 사는 세상에서는 수많은 정치인이 자신의 사리사욕만 챙겨서 나중에 감옥 가는 사람이 많은데요. 그럴 때 보면 저런 사람이 왜 정치를 하나 하는 생각이 들어요.」

「그래. 그렇게라도 벌을 받았으니 다행이구나. 권력의 맛을 알게 되면 중독되기가 쉽지.」

「우리 부모님이 태어나기 전에 군인들이 정치를 했던 시절이 있었는데, 그때 뒷주머니 채우는 걸로도 부족해서 죄 없는 수많은 사람을 죽였데요. 아무리 권력이 좋다고 하더라도 사람들을 그렇게 죽이면 되겠어요?」

미미는 자기도 모르게 목소리가 점점 커졌다. 아리스토텔레스는 미미의 말을 듣고만 있을 뿐이었다.

「음……. 내가 듣기에는 소수가 권력을 잡는 정치제도구나. 나도 그런 걱정을 했지.」

「그럼, 선생님이 보았을 때 뭐가 문제인 거 같아요? 뭐, 정치한다는 사람들이 다 거기서 거기지만요.」

「아하하. 그렇게 생각하니? 현인이 집권하게 되면 그 장점은 몇 배로 커지지. 하지만 타락했을 때는 음……, 생각만 해도 끔찍하구나.」

「그럼, 선생님이 따로 생각하시는 건 있나요?」

「음……. 글쎄, 권력의 맛을 보면 중독될 수밖에 없어. 그래서 결국 타락하게 되는 거지.」

「뭐, 정치인들이 감옥 간다는 건 별로 놀랄 일이 아니에요.」

「음, 그러더냐? 거긴 문제가 엄청 심각하구나. 물론 뛰어난 사람이 권력을 잡고 통치하면 좋지. 다만 내가 걱정하는 건 그 권력자가 타락했을 때가 문제지.」

「선생님은 정치하는 사람을 믿어요? 선거 때는 공약을 지킬 것처럼 말하다가 선거 끝나면 입을 싹 닦고 모른 체하는 사람들인데……. 그 사람들을 믿을 바에는 차라리 사기꾼을 믿겠어요.」

미미가 막힘없이 말했다. 그 말을 들은 아리스토텔레스는 땅이 꺼질 듯 한숨을 쉬었다.

「나는 권력을 많은 사람이 나누어갖는 게 더 나을 거라고 생각했어. 몇 명이 타락을 했다고 해도 다른 사람이 그 자리를 메워줄 거라고 생각했거든.」

「저와는 상관이 없는 일인 거 같아요. 제가 하고 싶은 거 하면서 살고 싶어요.」
「음. 그것도 좋지. 그러나 정치에 관심을 갖는 게 좋아.」
「그 이야기는 아빠한테 항상 들어서 이제는 신물이 날 정도라고요. 아, 그런데 선생님이 생각하는 정치는 되도록 많은 사람이 정치에 참여하는 걸 말하나요?」
「아차차. 내가 설명을 깜빡하고 안 해준 게 많구나. 이런, 내가 요즘 정신이 이래요. 이거 미안하게 되었구나.」
「선생님처럼 엄청 현명한 분도 가끔 실수할 때도 있네요. 자세히 설명을 해주시면 제 머리가 터질 거예요. 그냥 이 정도로 해요, 선생님. 어차피 들어도 이해 못할 텐데요, 뭐.」
「흠, 그래. 그렇다면 내가 말한 건 이해는 한 거지?」
아리스토텔레스가 미미에게 물었다. 그런데 미미가 자존심이 상했는지 미간을 찌푸렸다.
「에이, 선생님, 지금 저 어리다고 무시하는 거예요? 선생님 말씀은 여러 정치제도가 있지만, 다수에 의한 통치가 안전한 정치제도라는 거잖아요.」
「그래그래. 내 말을 이해한 것 같구나.」
아리스토텔레스가 미미의 말을 듣고 뿌듯해했다.
「여기 말고 좋은 곳도 많은데, 조금 걷자구나.」
아리스토텔레스가 먼저 일어나서 걷기 시작했다. 미미가 졸졸 따라갔다.
「아까 쓰신다는 책, 내용이 뭐예요?」
「그 책? 인생이라는 여행을 하면서 길을 잃었을 때 나침반 같은 역할을 하는 책이라고 생각하면 돼.」
「한마디로 어려운 책이네요.」

「뭐, 쉽게 쓸려면 얼마든지 그렇게 쓸 수 있어. 내가 못 쓸 걸로 보이나? 이게 다 자식을 사랑하는 아버지의 마음이야. 자식 좋으라고 하는 말이야.」

미미는 분명 책 내용을 물어보았는데, 아리스토텔레스는 훈화를 하고 있었다. 그러자 미미가 간드러지게 하품을 하자 아리스토텔레스가 째려보았다.

「내가 아들 걱정 되니까 쓰는 거지. 목적, 좋은 삶, 중용 같은 걸 알려주려고. 내 아들 니코마코스를 위해 쓰는 거야.」

「선생님, 중용이 뭐예요? 어디서 들어본 거 같은데.」

미미가 아리스토텔레스의 표정을 보고 급히 말을 돌렸다. 아리스토텔레스는 심각한 표정을 지으며 생각에 잠겼다.

「흐음……. 이걸 어떻게 설명을 해주나? 일단 저기 저 그늘에 앉지.」

아리스토텔레스가 말했다.

「흐음……. 아까 우리가 정치 이야기를 했지. 그런데 정치인들이 왜 권력을 쥐려는지 아나?」

「그야 뻔하죠. 욕심 때문이죠. 에이, 저한테 너무 쉬운 걸 물어보신 거 아니에요.」

「음, 맞아. 그들이 절제했으면 타락을 안 했겠지. 생각만 한다고 다 되는 게 아니라 그 생각을 몸소 실천을 해야지.」

「그럼, 뒷돈 받지 말고 정치만 해야 한다는 거네요?」

「음. 그렇지. 정치인이 아닌 일반인은 좀 다르다고 생각해.」

「그게 뭔데요?」

「그러니까 정치인들은 권력을 갖고 있으니 자연스럽게 욕심이 나겠지. 그걸 억제하려면 절제라는 게 필요하지. 하지만 먹고살기 어려운 일반인들은 하루 벌어 하루 사는 그런 삶을 살겠지. 그 사람들이 절제하게 되면 굶어 죽겠지. 이처럼 사람마다 자신의 위치에 따라 다른 덕목이 필요해.」

「그러니까, 사람마다 필요한 게 다른 거네요.」

「그렇지. 내 말을 이해했구나.」

미미가 막힘없이 대답했다.

「그럼, 군인에게 필요한 덕목이 뭔지 아나?」

「용기 아닌가요.」

「그래. 잘 알고 있구나. 그런데 군인들이 용기를 잃으면 어떻게 될까?」

「전쟁에서 지겠죠?」

「전쟁에서 지게 되고, 그다음에는 나라가 정복되고, 그렇게 되면 결국 시민들은 고통스러운 나날을 보내게 될 거야.」

아리스토텔레스는 미미가 이해한 것 같아 미소를 지었다.

「그럼, 제가 하나 여쭤봐도 될까요?」

「질문은 언제나 환영이네.」

「선생님, 제 꿈이 가수인데 필요한 게 뭘까요?」

「가수라. 음……. 단순히 가수라고 해서 노래만 잘 부르는 게 다가 아니겠지. 노래 실력도 중요하지만 다른 악기에 대한 이해도 중요하겠고.」

「저, 그래도 악기는 제 친구들 중에서 잘하는 편이에요. 이것저것 하라고 해서 정말 다 배웠거든요.」

「그런가? 흐음……. 가수한테 필요한 덕목이 뭐가 있을까?」

언제나 막힘없이 설명하던 아리스토텔레스가 처음 듣는 질문인지 말문이 막혀버렸다.

「그런데, 가수가 뭐 별거 있어요? 노래만 잘 부르면 되지. 춤이나 악기 배우거나 연기나 배우는 게 더 좋을 텐데.」

「내 말은 그게 아니라 모든 덕목이 조화롭게 이루어져야 한다는 거지.

한쪽으로만 쏠리면 좋은 게 아니란다. 내 말을 제대로 이해한 건 맞아?」

아리스토텔레스에게 꾸중을 들은 미미는 아랑곳하지 않고 말했다.

「학교에서 어떤 애가 저한테 공부 못한다고 시비 거는 거예요. 자기는 엄청나게 잘하는 것도 아니면서. 학교 끝나고 또 회사에서는 저 보고 노래만 잘한다고 다 되는 게 아니래요. 그러면서 공부하라는 거 있죠. 내 또래 중에 데뷔한 애들이 얼마나 많은데.」

미미는 쌓인 게 많았는지 억울함을 속사포처럼 내뱉었다.

「내가 아까부터 말했잖아. 모든 덕목을 가질 필요가 있다고. 내 말을 듣고 있는 건 맞니?」

미미는 아리스토텔레스에게 하소연을 했는데 오히려 꾸중만 들었다. 미미는 입이 삐죽 튀어나왔다. 그런데 갑자기 키톤을 입은 사내가 뭐가 급한지 단숨에 뛰어왔다. 그러고 나서 미미와 아리스토텔레스 앞에서 금방이라도 쓰러질 것처럼 말했다.

「선……생님. 선생. 님을 찾는……귀한……손님이……와 있어요. 이제……가……셔야 될 것 같……습니다.」

그 사내는 숨을 헐떡거리며 말했다.

「그런가? 이제 가봐야겠구나. 같이 있는 시간 동안 즐거웠다네. 기회가 되면 또 정원을 걸으면서 이야기를 나누지.」

아리스토텔레스는 이렇게 말하고 어디론가 사라져버렸다.

「제가 안내하겠습니다.」

키톤을 입은 사내가 말을 하고 나서 걷기 시작했다. 미미는 어쩔 수 없이 사내를 뒤따라가는데 곧이어 기계음이 들렸다.

「아리스토텔레스와의 대화가 끝났습니다. 다음 장으로 넘어가시겠습니까? 예, 아니오로 대답해주시기 바랍니다.」

「아니오.」

미미는 차갑게 대답했다. 그리고 엘리베이터도 타지 않고 순식간에 4층에서 1층까지 내려왔다. 집에 갈 생각에 마음이 홀가분했다. 그렇게 미미는 혼자 휘파람을 불면서 어딘가로 향해 갔다.

아리스토텔레스의 철학 노트

여러분은 아리스토텔레스 하면 뭐가 생각이 나나요? 저는 아무래도 덕과 중용이 생각나는데요, 여러분도 그런가요? 아리스토텔레스가 말한 덕과 중용은 하루아침에 생기는 게 아닙니다. 꾸준히 갈고 닦아야 하는 거죠. 여러분, 공부할 때 유혹을 많이 느끼시죠? 이를테면 게임을 하고 싶거나 TV를 보고 싶은 마음이 들면 어떻게 해야 할까요? 이런 유혹들을 물리치고 절제력을 키워내야 합니다. 유혹에 쉽게 빠지면 공부하기가 힘드니까요. 이렇게 꾸준히 하다 보면 덕과 중용이 발현된다는 겁니다. 여러분도 주위에 있는 수많은 유혹을 물리쳐내고 덕과 중용을 쌓아보는 건 어떨까요?

CHAPTER 6

에피쿠로스
B.C. 341~B.C. 270

쾌락을 추구하면 나쁜가?

「안녕하세요. 저, 미미 왔어요. 어! 실장님 여기 계셨네요.」

「연습 쉬니까 어때? 다시 연습하고 싶어서 몸이 근질근질하지 않아?」

「으으으. 실장님, 어떻게 그런 끔찍한 말을 하세요. 이렇게 쉴 수 있을 때 체력을 비축해야 연습도 잘하죠.」

남 실장이 장난스럽게 말했다. 그러자 미미는 남 실장의 말에 질색했다.

「그런데 실장님. 철학자 중에 혹시 쾌락주의자 같은 사람 없어요?」

「갑자기 쾌락은 왜? 오늘 학교에서 무슨 일 있었어?」

「방학은 있기는 하지만 왜 이렇게 금방 흘러가는지. 거기다가 주말에 쉬기는 하지만 숙제 같은 거 있으면 쉬지도 못하고……. 이렇게 꽃다운 나이를 보내기에는 안타까워서요.」

「음……. 그래. 나도 딱 너만 했을 때 그런 생각을 했는데……. 가만히 생각을 해보자. 쾌락을 주장한 철학자가 있던가? 흠……. 나도 졸업한 지 오래되어 잘 기억이 안 나네.」

미미의 말을 듣던 남 실장이 턱을 괴고 잠깐 생각에 잠겼다.

「아! 쾌락주의자가 한 명 있기는 해. 그리스 시대였던가?」

「어, 진짜요? 그런 사람이 있어요? 사람이 어떻게 일만 하고 살아요. 가끔씩 놀기도 하고 먹기도 하고 그래야죠. 안 그래요? 실장님.」

미미가 신나서 혼자 방방 뛰면서 말했다.

「음……. 그 사람이 말한 쾌락은 그게 아닐 텐데, 미미야. 막상 해보면 엄청 실망할 거야.」

「쾌락이라는 게 놀고 즐기는 거 아니에요?」

「아닐 거야, 미미야. 그럼 체험 잘해. 나는 일이 있어서 이만 갈게.」

남 실장이 미미에게 손을 흔들며 어딘가로 사라졌다. 미미가 4층 체험실로 올라가는데, 오늘은 뭐 때문에 신이 나는지 얼굴에 웃음꽃이 피었다. 미미가 체험 준비를 마치고 전원 버튼을 누르자 요란하게 기계음이 들렸다.

「에피쿠로스와의 대화를 시작하겠습니까? 예, 아니오로 대답해주시기 바랍니다.」

「예.」

미미의 말에 화면이 바뀌더니 떡하니 집 한 채가 보였다.

「이 집이겠지, 뭐.」

미미가 망설임 없이 집 안에 들어갔는데, 그곳에 모여 있던 사람들이 미미를 쳐다보았다.

「어서 오게. 우리와 함께 공부할 사람이군.」

어떤 남자가 미미에게 다가와 포옹을 하며 반겨주었다. 그동안 체험하면서 이렇게 반겨준 사람은 없었는데, 미미는 조금 당황했다.

「좀 늦게 왔구나. 이제 막 수업을 시작하려 했거든. 편한 자리에 앉아라.」

남자는 웃으면서 말했다. 미미가 빈자리를 찾으려고 주위를 둘러보는데 여자들도 모여 있었다.

「이제 다 온 것 같으니 수업을 시작하겠습니다. 음……. 죄송하지만 제가 어디까지 말했죠?」

「삶의 목적이 무엇인지 물어보았습니다.」

에피쿠로스의 말에 한 여자가 대답했다. 다들 아무렇지도 않다는 듯이 수업을 듣고 있지만 미미는 이런 풍경이 낯설게만 느껴졌다.

「그럼, 여러분의 삶의 목적은 무엇인가요?」

「돈 아닌가요? 어차피 돈 없으면 먹지도 못하고 옷도 못 입고……. 저는 솔직히 귀족들이 부러워요. 우리가 뼈 빠지게 일해봐야 남는 것도 별로 없는데, 귀족들은 먹고 싶은 거 다 먹고 입고 싶은 거 다 입어도 돈이 남아서 문제일 걸요?」

남루한 옷을 입은 사람이 말했다. 그러자 그 말에 상당수가 동의하는 듯 고개를 끄덕였다.

「음……. 그 의견도 충분히 일리가 있네요. 다른 의견은 없나요?」

「겨우 그게 삶의 전부인가요? 아무리 좋은 옷을 입고 화려한 집에 살아도 진리를 추구하지 않으면 안 되죠.」

에피쿠로스의 말이 끝나기가 무섭게 화려한 옷을 입은 사람이 말했다. 그 말에 남루한 옷을 입은 사람이 무섭게 째려보았다.

「진정하세요. 두 분이 생각하는 게 저와 다르군요. 저는 인생의 목적은 쾌락이라고 봅니다. 하지만 제가 생각하는 쾌락은 일반 사람들이 정의하는 쾌락과 다릅니다. 예컨대 육체의 쾌락은 고통에서 벗어나는 것을 말하며, 정신의 쾌락은 근심과 불안에서 벗어나는 것을 말합니다.」

「그럼, 그 쾌락은 우리가 알던 쾌락과는 다른 건가요?」

「아주 좋은 질문입니다.」

미미의 질문에 에피쿠로스가 웃으면서 대답했다.

「우리가 삶을 유지하려면 어떻게 해야 하죠?」

「일단 먹어야죠. 그리고 잠을 자야 해요.」

에피쿠로스의 질문에 미미가 당돌하게 말했다.

「아, 맞습니다. 식욕과 수면욕은 우리의 삶을 유지하는 데 꼭 필요하죠. 그 욕구가 없다면 우리는 어떻게 될까요?」

「보나마나 뭐 굶어 죽겠죠.」

미미가 대답하자 에피쿠로스는 흐뭇한 미소를 지었다.

「그것은 우리의 삶에서 가장 원초적이자 기본적인 욕구입니다. 그럼, 그다음 욕구에는 뭐가 있을까요?」

「이제 배도 부르고 따뜻하다 싶으면 다른 욕심이 생기겠죠? 대충 배만 채우면 되는 게 아니라 더 좋은 걸 먹고 싶어 하겠죠?」

학교에서는 멍만 때리던 미미가 웬일로 손을 번쩍 들어서 말했다. 에피쿠로스가 만족할 만한 대답을 들었는지 미소를 지었다.

「저의 생각과 일치하는군요. 저도 어느 정도 허기를 채우면 그다음에 다른 욕구가 생긴다고 생각했습니다. 가장 원초적인 욕구를 채웠다면, 우리의 마음속에 욕구의 씨앗이 뿌려지게 될 겁니다. 그러면 만족하지 못하고 항상 그 이상을 추구하게 될 겁니다.」

「아니 허름한 천으로 만든 옷을 입으면 그게 옷인가요? 하 참, 어이가 없어서. 그런 옷을 왜 입어요. 적어도 비단으로 된 옷을 입어야 옷을 입었다고 할 수 있죠. 안 그래요, 여러분?」

화려한 옷을 입은 사람이 옷가지를 뽐내며 말하자 남루한 옷을 입은 사람이 째려보았다.

「뭐, 그렇게 째려보면 한 대 때리려고요? 아니 나 참. 이렇게 한곳에 모여 있는 것도 감사하게 생각해야지.」

그러자 에피쿠로스가 말했다.

「여러분의 의견이 다를 수도 있습니다. 하지만 제 생각에는 더 좋은 것을 바라는 것은 우리의 욕구 중 하나지만 꼭 필요한 건 아니라는 걸 강조하고 싶었습니다.」

에피쿠로스는 무슨 일이 있었냐는 듯이 아무렇지 않게 강의를 이어 나갔다.

「제가 욕구에 대해서 여러분에게 설명을 하고 있었죠. 이어서 바로 다음 욕구에 대해서 설명을 해드리겠습니다. 방금 말한 욕구의 씨앗이 마음속에 뿌려져 자라게 되면, 우리의 삶에 이로운 물건이 아닌데도 그것을 탐하게 되죠. 이를테면 하나를 사면 또 다른 것이 탐나고……. 이러한 생각이 연속적으로 우리를 고통에 빠지게 합니다.」

「잠시만요. 왜 값비싼 비단으로 만든 옷과 보석으로 만든 장신구가 저에게 얼마나 중요한지 모르시네요. 저는 이것들이 없으면 사는 게 사는 것이 아니에요.」

화려한 옷을 입은 사람이 자리를 박차고 일어나 말했다. 그러자 남루한 옷차림의 사람이 벌떡 일어나 앞으로 다가왔다.

「돈이 없어서 이런 남루한 옷을 입고 다니는 줄 아시나 본데? 내가 대장간에서 뼈 빠지게 일하면서 나름 돈도 많이 벌어 마음만 먹으면 값비싼 옷을 입을 수도 있었지. 내가 인생을 그렇게 많이 산 건 아니지만 욕심 때문에 변해간 사람도 여럿 보았습니다. 나는 그런 사람들을 보면서 끝없는 욕심이 사람을 망치는 거라 생각했습니다. 나는 우리 선생님 말씀에 충분히 공감합니다.」

남루한 옷을 입은 사람이 목에 핏줄이 보일 정도로 열변을 토해냈다. 이 광경을 지켜보던 에피쿠로스가 근심이 가득한 표정을 지었다.

「음……. 제가 잠깐 생각을 했습니다. 여러분, 토론을 해보는 건 어떨까요? 첫 시간부터 이렇게 열띤 토론이 되는 걸 보니 여러분의 열정이 정말 뜨겁다는 걸 느꼈습니다. 남자분 생각에 동의하시는 분은 남자분 쪽으로 이동해주시고, 여자분 생각에 동의하시는 분은 여자분 쪽으로 이동해주시기 바랍니다.」

에피쿠로스의 말에 사람들이 일사불란하게 움직였다. 미미는 학교에서 돈 많이 벌렸고 가수를 하고 싶다는 말을 여러 번 했는데, 의외로 남자 쪽으로 이동했다.

「자, 토론을 시작하겠습니다. 먼저 말씀하실 분 있으십니까?」

「제가 먼저 이야기하겠습니다.」

「그럼 시작해주시기 바랍니다.」

「저는 아테네에서 조그맣게 대장간을 하나 운영하고 있습니다. 호미부터 칼까지 제가 만들 수 있는 거라면 다 만들 수 있죠. 올해 사십이 좀 넘었는데 성인이 된 후로 일만 해서 제법 돈을 벌었습니다. 그럼에도 제가 이렇게 남루한 옷을 입은 건 제 마음속에 조그마한 탐욕이 생길까 봐 두려워서입니다. 제가 만든 호미나 칼이 좋은 곳에 쓰인다면 모르지만 나쁜 마음을 먹고 사람을 향해 쓰인다면 살인 무기가 됩니다. 그렇기 때문에 저 자신을 통제하기 위해 이렇게 남루한 옷을 입는 것입니다.」

남자가 목에 핏대를 세우면서 말했다. 그러자 화려한 옷을 입은 사람이 그 말을 듣고 무슨 못 볼 것을 본 듯한 표정을 지었다.

「아니, 이봐요. 벌 만큼 벌었다면서요. 사람이 밥 먹고 일만 하면 그게 사는 거예요? 나 참, 어이가 없어서. 정말 한 번 살다 죽을 거 왜 그렇게 살아요. 좋은 음식도 먹고 좋은 곳도 다니고 그러면서 사는 게 좋아요. 나는 솔직히 내 남편 친구들 중에 재산을 엄청나게 물려받은 사람이 부러워요. 하루 종일 나가 일해도 쥐꼬리만큼 벌어오면 그게 살맛이 날까요? 안 그래요, 여러분?」

화려한 옷을 입은 사람이 말하자 주위에 앉아 있는 사람들이 응원했다. 잠시 후 화려한 옷을 입은 사람 옆에서 가만히 듣고만 있던 사람이 입을 뗐다.

「저도 방금 말씀하신 여자분의 말에 공감해요. 솔직히 말하자면 저는 어릴 때부터 가난에 허덕이면서 살아왔어요. 지금도 별로 다를 건 없어요. 어릴 때부터 하고 싶은 것도 못하고 간신히 먹고살 생각만 했어요. 남들은 부모 잘 만나서 값비싼 비단 옷 입고 다니는데 저에게 그것은 사치였고 그저 몸뚱아리 가릴 천 쪼가리만을 걸치면서 살아왔어요. 이제 저는 남은 인생은 사치 좀 부리면서 살고 싶어요.」

미미와 비슷한 나이 또래로 보이는 사람이 말을 마치자 순간 침묵이 흘렀다. 기나긴 그 침묵을 깬 건 에피쿠로스였다.

「그런 사연이 있으시군요. 혹시 남자분 쪽에서 하실 말씀이 있나요? 자, 부담 갖지 말고 편하게 말하시면 됩니다.」

에피쿠로스의 말에 미미가 손을 들었다.

「뭐, 제가 많이 공부한 건 아니지만 플라톤이나 아리스토텔레스 같은 분을 알게 되면서 생각이 많이 바뀌었어요. 플라톤은 지도자들이 자기 욕심을 채우기에 급급하다 보면 일반 사람들이 힘들어지니까 그런 문제를 차단하기 위해 지독할 만큼 제자들에게 공부를 많이 시켰던 거 같아요. 그리고 아리스토텔레스는 다수가 통치를 하는 사회가 그나마 좋다고 한 건 욕심이 많은 지도자를 통제하기 위해 그런 거 같아요.」

미미가 거침없이 침착하게 말했다. 그동안 공부를 한 건 그래도 안 잊어버렸는지 플라톤과 아리스토텔레스의 예를 들어 설명했다. 그 말을 듣고 난 후 반대편에서 웅성거리기 시작했다.

「그러면 반대 의견이 있으신가요?」

에피쿠로스의 말에 덩치 큰 남자가 자리를 박차고 일어섰다.

「선생님, 제가 한마디 해도 될까요?」

「네, 말씀하시죠.」

에피쿠로스의 말에 남자가 헛기침을 크게 했다.

「저도 어릴 때부터 온갖 일이란 일은 다 했습니다. 하지만 일을 계속 할수록 어찌된 게 제 몸뚱아리 누일 만한 집도 구하지 못했습니다. 솔직히 저는 대궐 같은 집에서 하루만이라도 살고 싶습니다. 귀족이나 정치인들이 왜 대궐 같은 집에만 사는지 알고 싶어서 말입니다. 말이 조금 거칠었지만 욕구의 절제 같은 건 잘 먹고 잘사는 사람들에게나 해당되는 거지 저 같은 소시민은 해당되지 않는 것 같습니다.」

주위가 시끌벅적해졌다. 이때 남루한 옷을 입은 사람이 갑자기 일어났다.

「부모 잘 만나서 물려받은 돈과 땀 흘려서 번 돈이 어떻게 같습니까? 저는 차원이 다르다고 생각합니다. 그리고 방금 남자분이 말한 내용 저는 전혀 공감 못합니다. 제가 아까 대장간을 운영한다고 했죠? 부모한테 재산 더 물려받으려고 혹은 부모 재산이 탐나서 저희 대장간에서 칼 사서 살인을 저지른 사람이 한둘이 아닙니다. 그것 때문에 제가 얼마나 곤혹을 치렀는데요.」

남자의 말에 침묵만 흘렀다. 방금 전까지 성난 황소와 같던 반대쪽 사람들이 눈치만 보고 있었다.

「아……. 그런 일이 있으셨군요. 저는 끝없이 재물을 추구하는 사람에게 이렇게 말해주고 싶습니다. 어떤 사람을 부유하게 하려면 더 많은 재물을 주려고 하기보다는 그 사람의 욕망의 그릇을 줄여줘라.」

사람들의 침묵을 깬 것은 에피쿠로스였다.

「아……. 오늘 토론이 이렇게 뜨거울 줄 몰랐습니다. 그래서 그런지 제가 놓친 말이 있습니다. 많은 사람이 제가 여기까지만 말하면 금욕수

의자인 줄 알겠죠? 저는 욕구를 충전하는 건 쾌락이라고 생각합니다. 하지만 과도한 쾌락은 불행이 뒤따르죠. 방금 남자분이 말한 것처럼 말이죠. 적당한 쾌락을 유지하는 걸 저는 아타락시아라고 생각했습니다.」

에피쿠로스가 자신있게 말했다. 그리고 당황한 기색이 전혀 없이 자연스럽게 강의를 이어갔다.

「여기 이 자리에는 젊은 남녀분들 혹은 이미 결혼을 해서 자녀가 있는 분들도 있겠죠. 다른 학자들은 어떻게 생각하는지는 잘 모르겠습니다만 저는 이렇게 생각합니다. 육체적인 쾌락을 즐기면 즐길수록 오히려 고통스러울 것입니다. 그 이유는 제가 방금 전에 말했듯이 마음에 뿌려진 욕구의 씨앗이 계속 자라서 만족을 모르게 됩니다. 아마도 그 끝에는 파멸이 기다리고 있을 겁니다.」

에피쿠로스가 자신의 생각을 막힘없이 술술 말했다.

「아……. 제가 너무 제 위주로 수업을 해서 지루하신가요? 혹은 너무 어려운 건가요? 잠시 쉬었다가 수업을 진행하겠습니다. 혹시 질문이 있다면 쉬는 시간에 해주시길 바랍니다.」

에피쿠로스가 말을 마치자마자 자리를 뜨는 사람이 반 그대로 앉아 있는 사람이 반이었다.

「저, 혹시 신에 대해서는 어떻게 생각하시나요? 신은 없다고 생각하시나요?」

제일 뒤에 남색 옷을 입은 사람이 에피쿠로스에게 물었다.

「음……. 오늘이 올해 첫 수업이라 그런 질문을 하실 줄은 몰랐습니다. 조금 이따가 수업할 때 그 부분에 대해 답해드리겠습니다. 다른 질문 있으신가요?」

에피쿠로스의 말을 기다렸다는 듯이 여기저기에서 손을 들었다.

「첫날부터 열기가 너무 뜨겁네요. 제가 지금 답해드리지 못한 질문은 강의 시간에 하도록 하겠습니다.」

에피쿠로스가 말을 하면서 화려한 옷을 입은 사람을 가리켰다.

「필요 이상의 쾌락은 불필요하다고 하셨는데, 그럼 저는 이제 어떻게 살아야 할까요?」

사람들의 귀가 나갈 정도로 쩌렁쩌렁 말했던 사람이 금방이라도 울 듯 울먹이면서 말했다.

「음……. 가장 기본적인 욕구가 중요하다고 생각합니다. 그 외에 욕구들은 오히려 불행에 빠지도록 만들죠. 지금 당장은 두려우시겠지만 생각보다 바닥은 깊지 않습니다. 그러니 마음을 내려놓으시고 마음속에 있는 욕망을 잠재우시면 아타락시아에 도달하실 수 있으실 겁니다.」

「내 소중한 아가들인데. 내 아가들……. 이제 보내줘야 하는구나.」

에피쿠로스가 어린아이 달래듯이 상냥하게 대답했지만, 여자의 귀에는 들리지 않는지 금방이라도 울 것만 같았다.

「다음 질문 있으십니까? 편하게 질문하시면 됩니다.」

에피쿠로스는 다시 질문을 받았다.

「그러면, 저는 어떻게 살라는 겁니까? 평생 일만 했는데 계속 일만 하라는 겁니까? 저는 억울해서 그렇게 못 삽니다. 먹고살려고 이 악물고 일해도 남는 건 하나도 없는데 사치 한 번 부려보는 게 제 일생의 소원입니다.」

덩치 큰 남자가 억울하다는 듯이 말했다. 그런 모습을 보고도 에피쿠로스는 아랑곳하지 않은 듯했다.

「충분히 그런 생각이 드실 만합니다. 이번엔 제가 질문하겠습니다. 과연 사치를 한 번 부리는 걸로 끝날 수 있을까요?」

남자의 물음에 에피쿠로스가 다시 물었다.

「아까도 말했지만 저는 평생 고생만 하고 살았습니다. 귀족의 자식들은 부모 잘 만나서 평생 놀고 먹고 편하게 살죠. 누구는 하루 벌어 먹고 사는데…….」

「음, 그러시군요. 그 감정 저는 충분히 이해할 수 있습니다. 행복을 자꾸 물질적인 요소에 대입하기 시작하면 처음에는 행복의 양이 가파르게 상승하죠. 일정 정도를 지나게 되면 이제는 무감각하게 되죠. 왜냐고요? 그전에 느꼈던 것 이상으로 느끼고 싶어 하거든요. 모든 행복의 근원은 과연 한 곳일까요? 또는 모든 행복의 척도가 물질일까요? 이렇게 묻고 싶습니다. 이제 다 모인 것 같으니 조금만 더 말하겠습니다. 저는 지금까지 살면서 삶의 목적은 행복이라고 생각했습니다. 하지만 그 목적으로 나아가는 방향이 모두 같을 필요가 있을까요?」

에피쿠로스의 말에 남자는 자신이 한 말이 부끄러웠는지 고개를 푹 숙였다. 남자뿐만 아니라 토론할 때 미미와 반대편에 있었던 사람들은 자신의 내면의 모습이 부끄러웠는지 고개를 푹 숙이고만 있었다.

「아……. 여러분이 죄를 지은 것도 아닌데 왜 고개를 숙이고 있으십니까? 실수를 했더라도 그것을 고치고 앞으로 나아가려고 한다면 충분히 만회할 수 있습니다. 그러니 고개 숙이지 않아도 됩니다.」

에피쿠로스가 말하자 사람들이 서로 눈치를 보면서 고개를 들기 시작했다.

「아……. 방금 전 쉬는 시간에 신에 대해서 이야기하신 분이 있으셔서 이야기를 해볼까 합니다. 여러분은 신에 대해서 어떻게 생각합니까?」

「사람들은 자연현상을 신이 화났거나 슬프다고 생각했는데, 탈레스는 증명할 수 있는, 그게 그러니까……. 아! 설명할 수 있는 자연현상이라고 했어요.」

에피쿠로스의 말이 끝나자마자 미미가 눈치를 보며 겨우 말했다. 탈레스와의 대화를 어느 정도 기억해낸 것 같은데, 자신이 없어졌는지 중간에 말을 흐렸다.

「그 이야기는 저도 이전에 책을 읽으면서 알게 되었습니다. 혹시 다른 의견 있나요?」

「우리 엄마 아빠가 그러는데요. 우리 가족이 집에서 잘 먹고 잘 사는 것도 다 신께서 가족을 아껴줘서 그런데요.」

꼬마 숙녀가 당돌하게 말했다. 그러자 에피쿠로스를 비롯해서 모여 있던 사람들은 꼬마 숙녀가 귀여웠는지 입가에 미소를 지었다.

「음……. 혹시 다른 의견이 있나요?」

에피쿠로스가 묻자 아무도 말하는 사람이 없었다.

「방금 탈레스 이야기를 하신 분 어디 손 좀 들어주실 수 있나요?」

에피쿠로스의 말에 미미가 얼떨결에 손을 들었다.

「그럼, 탈레스가 어떤 주장을 했는지 자세히 설명해주실 수 있나요?」

「음……. 그게 그러니까……. 아! 사람들은 번개가 치고 비가 내리는 걸 신이 화가 나서 일어나는 일이라고 생각했지만, 탈레스는 그 원인을 알아보려고 했다고요.」

미미의 말에 사람들이 일제히 눈을 부릅뜨고 쳐다보기만 했다. 미미가 무슨 실수를 한 거 같지는 않은데 그중에 몇몇은 눈에서 살기가 느껴졌다.

「저걸 말이라고 하나? 저 자를 불경죄로 재판에 넘겨야 합니다. 오늘은 날이 어두워졌으니 내일 동이 트는 대로 재판을 합시다.」

「마음 같아서는 지금 당장이라도 재판해야 한다고 생각하지만, 우리 선생님 명성에 흠이 갈까 그게 걱정입니다.」

「아무리 그래도 그렇지. 부모가 애를 어떻게 교육시켰길래 그런 말을 할 수가 있어요. 요즘 부모들은 자식 교육도 제대로 안 하나?」

미미는 그저 탈레스에게서 들은 내용을 말했을 뿐인데, 사람들이 미미를 몰아세우고 있었다. 방금 전까지만 해도 이렇게까지 험악한 분위기는 아니었다.

「아……. 제가 방금 전에 말하지 않았습니까? 실수를 고치고 앞으로 나아가는 자세가 중요하다고 말했잖아요. 여러분, 왜 이러십니까? 진정하세요.」

「아니 선생님, 이건 그렇게 해결할 문제가 아닙니다. 내일 동이 트는 대로 재판을 열어야 한다고 생각합니다.」

「맞습니다. 우리가 저 여자애 어디 도망 못 가도록 감시합시다.」

「옳습니다. 저는 오늘 집에 안 들어가고 여기서 저 여자애가 도망가지 못하게 하겠습니다.」

에피쿠로스가 사람들을 말리려고 했지만 오히려 불난 집에 기름만 부은 것 같았다. 사람들이 비난을 할 때마다 미미의 표정이 어두워지다 못해 금방이라도 울 것만 같았다.

「여러분, 왜 그러십니까? 아무것도 모르는 여자애한테 너무한 것 아닙니까? 차림새로 보아하니 여기 사람도 아닌 것 같은데 사람이 실수할 수도 있죠. 너무 그렇게 몰아세우지 맙시다.」

그동안 점잖게만 있던 에피쿠로스는 사태가 심각해지자 다급하게 사람들을 말렸다. 다행히 사람들은 입을 꾹 다물고 있었다.

「이제야 진정이 되셨군요. 여기 계신 남자분들께 묻겠습니다. 다른 수업에서 여자와 함께 수업을 들은 적이 있습니까? 아마 여자와 함께 수업을 들을 수 있는 곳은 여기가 최초가 아닐까 싶습니다. 제가 왜 이런 시도를 했는지 모르십니까? 여러분, 이제 그만합시다.」

에피쿠로스가 이렇게 호소하자 그제야 사람들이 이성을 되찾았는지 분위기가 차분해졌다.

「제가 책에 썼던 구절을 읽어보겠습니다. 음……. '신께서는 악을 막을 능력이 없는가? 그렇다면 신은 무능하다. 신께서는 악을 막을 능력이 있는데도 악을 막지 않았는가? 그렇다면 신은 악의적이라고 볼 수 있다. 신이 악을 막을 능력과 의지가 있다면, 이 세상에 악은 왜 존재하는가?'」

에피쿠로스도 안정을 찾았는지 목소리를 가다듬고 수업을 이어나갔다. 그러자 금방이라도 들고 일어설 것만 같았던 사람들은 에피쿠로스만 쳐다보았다.

「신은 존재합니다. 다만 자신의 존재를 드러내려 하지 않는다고 생각합니다. 아……. 이런, 제가 너무 늦게까지 수업을 한 것 같군요. 이제 가셔야 할 분은 가시고 남은 분들은 따로 질문을 받도록 하겠습니다. 오늘 수업은 여기까지입니다.」

에피쿠로스의 말이 끝나자 요란한 기계음이 미미의 귓가에 맴돌기 시작했다.

「에피쿠로스와의 대화가 끝났습니다. 다음 장으로 넘어가시겠습니까? 예, 아니오로 대답해주시기 바랍니다.」

미미가 기다리고 기다리던 기계음이 들렸다.

「아니오.」

미미는 체험을 마치고 기계 주변을 정리하고 체험실을 나와 크게 기지개를 켰다.

「철학이라는 게 알면 알수록 어렵고 복잡하네. 쾌락이라는 게 즐기는 것만을 생각했는데, 내가 생각했던 쾌락과 정말 다르네. 아으……. 생각할수록 머리만 아프고. 아, 모르겠다. 일단 집에 가자.」

미미는 회사를 나와 집으로 향했다.

에피쿠로스의 철학 노트

여러분은 학교에 다니면서 남녀 구분 없이 서로 친하게 지내죠? 공부도 하고 싶으면 마음껏 하고요. 그런데 에피쿠로스가 한참 활동하던 시대에는 오로지 시민만이 공부를 할 수 있었습니다. 고대 그리스 시민은 전쟁에 참여할 수 있는 건장한 남성이라는 거 아시죠? 그래서 공부를 하는 것도 오로지 남성만 할 수 있었습니다. 그런데 에피쿠로스는 강연을 할 때마다 모든 사람에게 문을 열어주었습니다. 그래서 에피쿠로스의 강연에 여성들이 자리를 잡고 앉아 공부를 할 수 있게 된 거죠. 이것을 보면 에피쿠로스도 시대를 많이 앞서갔다는 생각이 들지 않나요?

CHAPTER

7

토머스 모어
1477~1535

유토피아는
어디에 있는가?

「나현아, 너는 정말 좋겠다.」

「뭐가?」

「아니, 생각을 해봐. 공부도 잘해, 딱히 시비 거는 사람도 없어. 거기다가 몇 년을 우현 오빠하고 같이 교회를 다녔지? 정말 부럽다.」

「갑자기 무슨 말을 하는 거야?」

싫은 기색 하나 없이 미미의 말을 다 받아주던 나현이가 얼굴을 찡그렸다.

「너 정도면 대학교 자유이용권을 갖고 있는 거잖아. 그게 얼마나 좋은데.」

「자꾸 이상한 소리 하지 말라니까. 나보다 공부 잘하는 사람이 얼마나 많은데……. 너네 오빠만 해도 나보다 몇 배는 공부 잘할 걸. 이상한 말 하지 말고 먹기나 해.」

「아니, 우리 오빠 이야기를 왜 해. 내가 얼마나 싫어하는지 너도 알면서 그런 말을 해?」

가만히 듣고 있던 나현이가 미미를 타일렀다. 그러자 미미는 금방이라도 울 것 같은 표정을 지었다.

「아니. 너도 내 사정 다 알면서……. 진짜 서러워서……. 모든 사람이 차별 없는 평등한 세상에서 살고 싶다. 그런 곳이 있으면 당장이라도 연습생 때려치우고 간다.」

미미는 혼자 골이 나서 한참을 나불거렸다.

「너, 지금 유토피아 말하는 거야? 이상과 낭만의 공간이라고 들었는데. 거기가 어디 있다더라?」

「정말, 그런 곳이 있어? 어디인데? 좀 알려주라, 나현아.」

「음……. 잠깐 그게 어디 있더라. 그게 말이지. 사실은 이 세상 어디에도 없어.」

나현이의 말에 미미는 입을 삐죽 내밀었다.

「진짜, 너까지 왜 그래?」

미미는 약이 올랐는지 큰소리로 말했다. 그 모습에 나현이는 배를 잡고 웃었다.

「아니. 나는 네가 요즘 철학 공부한다길래 아는 줄 알았지. 어떻게 그걸 몰라?」

나현이가 웃으면서 말했다. 그 말에 미미의 양쪽 볼이 금방이라도 터질 듯 부풀어올랐다.

「야, 너 진짜, 오늘 내 기분 알면서.」

「그만할게. 오늘 일 없었던 걸로 하는 대신에 뭐 사줄 거야?」

나현이가 간신히 웃음을 참으면서 말했다.

「왜, 그래? 나 돈 없어.」

「그럼, 오늘 일 우현 오빠한테 말해도 되는 거야? 교회에서 만나서 이야기하면 좋을 거 같은데.」

「진짜, 그럴 거야?」

「싫다면 뭐. 우현 오빠한테 말하지 뭐. 싫으면 말든가. 나, 그럼 가본다. 잘 생각해보고 오늘 안에 말해줘. 미미야, 내일 봐.」

미미가 아무 대답도 없이 멍하니 쳐다보기만 하자, 나현이가 미미를 슬슬 약 올리면서 자리를 박차고 일어났다.

「미미야, 덕분에 즐거웠다. 내일 학교에서 봐. 그럼, 안녕.」

나현이가 시계를 보더니 급하게 어딘가로 향해 갔다. 미미는 뚱한 표정으로 회사를 향해 걸어갔다.

「안녕하세요. 저 미미 왔어요.」

미미가 출입문을 열고 들어갔다.

「어, 미미 왔구나. 항상 제시간에 딱 맞춰오고. 성실한 거는 인정을 해줘야 해.」

「그럼요. 실장님, 제가 얼마나 열심히 하는데요. 혹시 유토피아라는 말 들어본 적 있어요?」

남 실장이 턱을 괴고 잠시 생각에 잠겼다가 눈을 떴다.

「음……. 이상향이라는 곳은……. 그런데 갑자기 거기는 왜?」

「그런 곳이 있으면 얼마나 좋을까요? 실장님, 딱 하루만이라도 그곳에 가보고 싶은데.」

「음……. 이걸 어떻게 해야지. 내가 비행기 표 살 돈이 없어서 보내주지는 못하고 간접체험할 수 있도록 도와줄 수 있는데.」

「아, 실장님. 체험하라는 거 아니죠?」

「이제 내 마음까지 읽는구나. 토머스 모어 할 차례인 것 같은데, 마침 잘됐네.」

남 실장이 이렇게 말하고 자리를 뜨자 미미도 체험실로 올라갔다. 체험할 준비를 마친 미미가 기계를 작동시켰다.

「토머스 모어와의 대화를 시작하겠습니까? 예, 아니오로 대답해주시기 바랍니다.」

「예.」

미미가 말하자 요란스럽게 기계음이 나면서 화면이 바뀌었다.

「아니, 여기는 어디야. 꺄! 저기 쥐, 쥐. 진짜 싫어.」

쥐가 나타나자 미미는 무서운지 소리를 질렀다.

「진짜 싫어. 왜 하필 저런 거까지 쓸데없이 구현한 거야. 놀라서 죽는 줄 알았네. 그나저나 여기는 어디야. 음…… 어? 저기 웬 불빛이 있는데 저기로 가면 되는 건가? 어, 저기 사람 있다. 저 사람한테 물어보면 알려주겠지.」

미미는 한걸음에 달려갔다.

「저기. 길 좀 물어보려고 하는데요. 저기…….」

「어린애가 여기가 어디라고 왔나? 어서 썩 꺼져라.」

미미가 망설임 없이 말했다. 그러자 사내는 미미를 한참 동안 노려보았다.

「뭐? 뭐라고? 지금 말 다 했어요?」

「여기가 어디라고 소리를 쳐?」

사내의 말에 미미도 질세라 더 크게 소리쳤다. 그러자 사내가 칼을 들이댔다.

「거기 무슨 소란인가?」

갑자기 낯선 남자의 목소리가 들렸다. 사내가 그 목소리를 듣고 안절부절못하며 잽싸게 뛰어갔다.

「아, 그게 선생님, 어린애가 소란을 피우고 있습니다. 죄송합니다. 제가 얼른 내보내겠습니다.」

「아니, 아니야. 나에게 데려오게.」

「아닙니다. 제가 처리하겠습니다.」

「나에게 데려오게.」

사내는 하는 수 없이 미미가 있는 곳으로 되돌아왔다.

「선생님이 좀 보자고 하신다. 잔말 말고 따라와라.」

사내가 차디찬 목소리로 말했다. 그 말에 미미는 뾰로통한 표정을 지으며 따라갔다.

「선생님, 데려왔습니다.」

「흠, 그래. 이 아이와 같이 있겠네. 자네는 볼일 보게.」

「아니, 그럴 필요가 있을까요?」

「아니야. 자네는 이만 가보게.」

남자의 말에 사내는 깍듯이 인사를 하고 돌아갔다.

「그래. 여기는 왜 온 것이냐?」

남자는 적고 있던 걸 한쪽으로 치워놓고 수염을 쓰다듬으면서 말했다.

「저기, 저, 그게 유토피아에 대해서 알고 싶어서 왔는데, 혹시 알려주실 수 있나 해서요?」

「유토피아라. 음……. 이곳에서 그 이야기를 할 줄은 정말 몰랐는데. 그래 유토피아가 궁금해서 여기까지 온 거냐?」

「저, 그게 그러니까. 그게 말이죠. 음……. 좀 이해가 안 되는 것이 있어 직접 물어보려고 왔는데…….」

미미가 멋쩍은 웃음을 지으면서 말했다. 그런데 무엇을 잘못 말한 건지 남자의 표정이 어두워졌다.

「여기가 어디인 줄 알고 온 거냐? 여기는 런던탑이야. 여기 들어온 걸 알면, 자네 집안은 음…….」

「뭐, 무슨 문제가 있어요?」

미미가 순진무구하게 말했다. 그러자 남자가 무슨 생각이 떠올랐는지 말을 잇지 못했다.

「국왕이 자네에게 무슨 짓을 할지 몰라. 차라리 동이 트기 전까지 여기 있는 게 좋을 거야.」

「왜요? 제가 잘못한 게 있어요? 그리고 런던탑이 뭐길래 그래요?」

「하……. 여기 사람이 아닌가? 나 토머스 모어는 국왕 헨리 8세에 반항한 대가로 재판을 받고 있네. 자네가 나하고 함께 있었던 걸 알면 자네는 무사하지 못할 거야.」

토머스 모어가 호되게 꾸짖었다. 그러자 미미는 당황했는지 애먼 손톱만 깨물었다.

「하……. 방금 화낸 건 미안하네. 나도 모르게 그만. 참, 이러고 있을 게 아니지. 내가 라파엘에게서 들은 이야기 좀 해줄까?」

모어는 처음에 호랑이 얼굴을 하고 있어 무서웠는데, 이제는 미미의 표정을 살피면서 미미를 달래보려고 했다.

「라파엘이요? 그 사람은 누구예요?」

미미는 꾸중을 들은 게 서러웠는지 울먹이면서 물었다.

「네덜란드에 사절단으로 간 적이 있는데, 그 사람이 나에게 유토피아에 대해 이야기를 해주었지.」

「유토피아, 그거 이상세계 말하는 거죠? 혹시 갔다 와본 적 있어요?」

미미가 혼자 들떠서 말했다. 미미의 말을 들은 모어가 수염을 만지면서 웃었다.

「가본 적은 없네. 라파엘이 몇 번 갔다고 들은 것밖에 없어. 나도 그곳에 가고 싶어서 알려달라고 애원을 해보았는데 얼마나 단호하든지……. 어디에 있는지 입도 뻥긋하지 않더라고.」

모어가 웃으면서 말했다. 그러자 미미는 크게 실망했는지 고개를 떨구고 애먼 벽만 쳐다보았다.

「너무 실망하지는 말게. 라파엘에게서 들은 이야기는 모두 이 머릿속에 있으니까. 어디부터 이야기를 해주는 게 좋을까? 어디 보자. 자네는 하루 일과가 어떻게 되나?」

「뭐, 별거 있어요? 학교 갔다가 수업 끝나면 회사 가서 연습하고 밤늦게 집에 오는 거죠. 지긋지긋한 다람쥐 쳇바퀴 도는 인생이죠.」

「그렇구나. 그럼, 자네 아버지는 하루 일과가 어떻게 되시나?」

「우리 아빠요? 아빠는 학교 선생님이라 아침에 학교에 가서 늦게까지 일하다가 저녁에 집에 오죠. 그렇게 평일을 보내시고, 주말만 되면 어디를 그렇게 돌아다니는지 집에는 없고 항상 밖으로 나가요.」

「방금 낮에 일을 한다고 했지? 라파엘이 그러더라. 거기 사람들은 낮에 무조건 일을 한다고. 그러다가 일이 끝나면 그때 휴식을 취하는 거지.」

「휴식이라……. 정말 부럽네요. 저도 제대로 된 휴식을 취한 지 한 천만 년은 된 거 같은데. 에휴…….」

미미는 신세 한탄을 했다.

「집에 무슨 일 있나?」

「아니, 저는 집에 들어가면 진짜 쓰러질 것만 같은데……. 아빠는 소파에서 세상 편안한 자세로 자기 보고 싶은 프로그램만 보고, 엄마는 오빠와 저를 비교하지 않나? 서러워서 진짜.」

미미는 가슴속에 맺힌 게 그렇게 많았는지 하소연을 했다.

「사실, 내가 물어본 의도는 그게 아니야. 유토피아에 사는 사람들도 아침에 일어나서 곧장 일터로 나가지. 자네 아버지처럼.」

「음……. 유토피아에 사는 사람들도 일을 해야 하는 건가요? 뭐, 좀 편하게 살면 안 되나?」

「라파엘이 말하기를 유토피아에서는 어린아이 빼고 특별한 이유가 없는 이상 모두 다 일을 해야 한다고 하더군.」

모어가 이렇게 말하자 미미는 크게 실망했는지 표정이 영 좋지 않았다.

「그 일이라는 게 정해진 시간에 정해진 양만 하면 된다고 하더라.」

「어디에 가서 살아도 일에 치여 사는 건 어쩔 수 없구나.」

「저녁을 먹고 나서는 각자 취미 활동을 하면서 휴식을 취한다고 하더군. 이를테면 독서모임에 가서 책을 읽는다든지, 평소에 하고 싶었던 공부를 한다든지.」

「공부요? 취미로 공부를 해요? 아, 공부라? 딱 질색인데. 그걸 취미생활로 하다니. 도대체 뇌에 뭐가 들어 있어야 취미로 공부를 하지?」

「음……. 공부가 뭐 어때서 그런가? 나도 책을 보는 걸 엄청나게 좋아한다고. 책을 읽으면서 새로운 걸 배울 땐 희열이 느껴지지. 자네도 한번 느껴보면 헤어나오지 못할걸?」

모어가 웃으면서 말했다. 미미는 그 말을 듣고 소스라쳐서는 이상한 눈빛으로 쳐다보았다.

「공부가 좋아요? 어떻게 그럴 수가 있지? 어우, 진짜 생각만 해도 토가 나오네.」

「사람마다 좋고 싫은 게 다를 수 있지. 이렇게 자네와 이야기를 하니까 내 사랑하는 아내가 생각나는구나.」

「저를 보고 아내분이 생각이 났다면, 미인인가 보네요?」

미미가 손으로 꽃받침 동작을 하면서 말했다. 그 모습을 본 모어는 아무 말 없이 웃기만 했다.

「아내에게 이것저것 가르쳐주던 시절이 생각나서 말이야. 사랑하는 내 아내는 지금 무엇을 하고 있을까?」

모어가 조그만 창문을 바라보면서 말했다. 아내 생각에 가슴이 아픈지 눈가에 눈물이 촉촉이 맺혔다.

「이런이런. 내가 말하다 말고 딴 길로 새어버렸구나. 그러니까 유토피아에 사는 사람들은 하루에 6시간씩만 일하고 취미 생활을 즐기는 거지.」

「진짜 좋네. 나도 그런 곳에 가서 살아보고 싶다. 부럽다.」

「라파엘이 그러더라. 처음에는 자기도 어떻게 6시간씩만 일하고 그 삶이 유지되는지 이해가 안 되었다고. 그러다가 그 사람들이 생활하는 모습을 보고서야 이해할 수 있었다고.」

「솔직히 6시간만 일한다면 우리나라 사람들 다 거기로 이민 가려고 난리를 칠 걸요. 저도 당장 그곳에 갈 거예요.」

「그, 그…… 정도인가? 유토피아에 사는 사람들은 모두 한 가지 목표를 위해 일하기 때문에 그렇게 할 수 있는 거라고 하더라.」

「음……. 그게 무슨 말이죠?」

「그게 말이지. 한 마을에 있는 사람들이 다 같이 참여해서 일한다고 생각하면 될 거야.」

「음……. 그러니까 혼자 일하면 시간도 오래 걸리고 많이 힘들지만 여러 명이 같이하니까 빨리 끝낼 수 있다는 거죠?」

「맞아. 그거 말고도 또 다른 이유가 있지. 라파엘이 말하기를 정말 필요한 만큼만 생산한다는 거야.」

모어가 말하자, 미미는 그 말이 잘 이해가 안 되는지 모어만 멀뚱멀뚱 쳐다보았다.

「우리가 상점에 가면 물건이 쌓여 있는 걸 본 적이 있지?」

「물건이 수북하게 쌓여 있는 거 말하는 거죠? 그런데 그게 얼마나 필요할지 모르는데 그게 가능해요?」

「내가 깜빡하고 말을 안 했네. 물건이 워낙 풍족해서 부족함이 없다 보니까 꼭 필요한 게 아닌 이상은 가져가지 않아서 그런 거래. 상점에 가면 돈을 내고 구매를 한다는 거 알지?」

「에이. 저를 엄청 어린애로 보시는 거예요? 요즘은 어린애들도 그건 다 알아요.」

미미가 자존심이 상했는지 모어를 보면서 말했다.

「유토피아에서는 물건 값을 지불하지 않는다고 라파엘이 말했을 때 내 귀를 의심했어.」

미미는 놀랐는지 입이 떡 벌어져서는 다물지 못했다.

「물건을 사는 데 돈을 안 내요? 그런 게 있어요? 와, 진짜 대박이다.」

「각 도시마다 가게가 하나씩은 꼭 있는데, 필요한 게 있으면 청구서만 가지고 가서 달라고 하면 된다고 하더라.」

「우와. 진짜 좋겠다. 그런 곳에 살면 사고 싶은 것도 다 사고.」

「라파엘에게 유토피아가 어디 있는지 알려달라고 했는데, 그건 절대로 안 알려주더라.」

「에이, 그 라파엘이라는 사람 진짜 치사하네. 자기는 갔다 와서 사람들에게 떠벌리고 다니면서……. 그런 좋은 정보가 있으면 좀 알려주면 어디가 덧나나.」

미미가 말했다. 그 모습을 본 모어는 미소를 지었다.

「유토피아에는 모든 게 풍족하다고 하더구나.」

「우와. 진짜 부럽다. 다른 데 같으면 아무리 발버둥 쳐도 못사는 사람들은 평생을 가난하게 살아야 하는데. 아, 맞다. 방금 모든 게 풍족하다고 말했죠? 그러면 예쁜 옷도 마음껏 사 입을 수 있는 건가요?」

「유토피아에 사는 사람들은 아주 검소해서 2년 동안 옷 한 벌만 입고 산다고 하더군.」

「진짜, 재미없게 사네. 그렇게 부족한 것도 없으니 뭐 다른 나라로 여행을 가거나 교류를 하는 것도 없겠네요.」

「다른 나라와 유일하게 교역하는 품목이 철이라고 하더군.」

「다른 건 수입하는 게 없어요? 과일이나 고기 같은 건 수입 안 해요? 고기가 있어야 밥을 먹는데.」

「유토피아는 땅이 워낙 비옥해서 농산물이 차고 넘칠 정도라고 하더군. 그래서 다른 나라에 무상으로 주는 건 있어도 수입은 안 한대.」

그 말을 들은 미미는 많이 놀랐는지 입을 다물지 못했다.

「그걸 다 공짜로 준다고요? 그걸 다? 와, 진짜 대단하다. 솔직히 제가 사는 세상에서는 그런 일은 상상도 못해요. 그러면 단체로 들고 일어날 텐데.」

「음……. 뭐, 모든 것이 풍족하니 그렇지. 라파엘이 말하기를 법도 몇 조항 없다고 하더군. 그 말을 듣고 나도 적잖이 충격을 받았지.」

「그게 무슨 말이에요? 법이 없어요? 어떻게 법이 없는 곳에서 사람들이 살 수가 있어요? 범죄자가 대낮에 활보하면 무서워서 사람들이 다닐 수 있나요? 죄를 지었으면 감옥에 가는 거 아니에요?」

「죄를 지으면 당연히 처벌을 받아야지. 그런데 생활이 너무 풍족해서 오히려 범죄가 별로 없다는 거야.」

모어의 말을 들은 미미가 무엇을 곰곰이 생각하는지 한참 동안 아무 말도 하지 않았다.

「음……. 주변에 널리고 널린 게 너무 많아서 사람들이 훔쳐가지 않는다는 건가? 남의 것을 훔칠 이유가 딱히 없겠네요.」

「그런 이유도 있겠지. 그런데 지금 영국에서는 도둑 때문에 문제가 아주 심각해. 어떻게 이 문제를 풀어야 할지 한참을 궁리해도 해법이 없어.」

「왜요? 무슨 문제 있어요?」

「내가 판결을 내려야 하는데, 이 문제가 단순히 도둑에게만 있는 것 같지는 않아서.」

「아저씨가 판결을 내려요?」

미미의 말에 적잖이 당황했는지 물 흐르듯 막힘없이 말하던 모어가 말을 잇지 못했다.

「그러니까 내가 맡은 직책이 왕을 보좌하면서 또 대법관의 역할도 하거든.」

한참 동안 침묵을 지키던 모어가 겨우 말했다. 그러자 미미의 커다란 눈이 더 동그래졌다.

「우와. 아저씨가 그런 사람인 줄 몰랐는데. 와, 진짜 대박이다. 대법관이라 우와…….」

미미가 갑자기 존경하는 눈빛으로 모어를 바라보며 말했다. 모어는 표정이 계속 어두워지고 있었다.

「그게 말이야. 그러니까 지주들의 땅에서 농민들이 농사를 짓는다는 건 들어본 적 있나?」

「음……. 들어본 적 있는 것 같아요. 그건 왜요?」

「원래는 작물을 길렀거든. 작물을 기르다가 갑자기 값이 폭락하고 양털 값이 폭등하기 시작한 거야. 비극은 그때부터 시작된 거야. 양털 값이 폭등하자, 지주들이 땅을 갈아엎기 시작한 거야. 돈이 되는 양을 키우려고…….」

여태까지 미미가 어떤 말을 해도 웃으면서 받아주던 모어가 갑자기 격양되어 점점 목소리가 커졌다.

「그렇게 땅을 다 갈아엎으니 거기서 일하던 농부들이 한순간에 일자리를 잃고 길거리를 떠돌게 된 거지.」

미미는 눈치를 보느라 아무 말도 못하고 애먼 땅만 바라보았다.

「농사나 짓던 사람들이 그렇게 되니까 도둑질로 연명하기 시작한 거야. 참, 세상이 어쩌다 이렇게 된 건지.」

「그럼, 옛날보다 범죄자가 많아졌겠네요.」

모어의 눈치를 살피던 미미가 조심스럽게 말했다.

「그런 사람들을 다 처벌해야 하는데……. 도둑질도 다 사형이야, 사형. 세상이 어찌 되려고 이러는지.」

「아무리 그렇다고 해도 단순히 도둑질을 했다고 사형시키는 건 아닌 것 같은데.」

「도둑질을 했다고 사형을 시키니 이제는 그냥 도둑질만 하는 게 아니라 그 주위에 있는 모든 사람을 죽여버리지. 자네, 세상이 어지러워지면 가장 고통 받는 사람이 누구인지 아나?」

모어가 생기 잃은 표정으로 말했다. 미미는 팔짱을 끼고 생각에 잠겼다.

「음……. 글쎄요. 뭐 잘사는 사람들은 크게 문제는 없을 것 같고. 먹고 살기 힘든 사람들이 아무래도 더 힘들어지겠죠.」

「하……. 지금 영국 사회가 그래. 가뜩이나 돈 좀 있는 사람들이 돈에 환장해서 땅을 다 갈아엎어버리니. 에휴……. 이게 다 인간들의 탐욕 때문이지. 진짜, 사람 욕심이 제일 무서운 것 같아.」

모어가 땅이 꺼질 듯 한숨을 쉬더니 미미에게 푸념을 하기 시작했다.

「거기에 왕이라는 사람이 백성들은 안중에도 없으니……. 이거 참. 이러다 영국이 어찌 되려고 하는지, 정말.」

미미가 슬쩍 모어의 표정을 보니 더 어두워진 것 같았다.

「영국이 이렇게 된 이유는 탐욕 때문이라고 하더군. 사실 그 말이 맞아. 가진 자들의 탐욕 때문에 이렇게 된 거라고 생각해. 에휴…….」

모어가 고개를 푹 숙이고 혼자 중얼거렸다. 그 모습을 보고 미미는 무슨 말을 해야 좋을지 망설이다가 아무 말도 못했다.

「아차차. 내가 이상한 말을 했네. 음……. 내가 여태 유토피아에 대해 이야기를 해주었지?」

「그렇죠. 아까부터 지금까지.」

모어의 눈치만 보고 있던 미미가 그제야 대답했다.

「사실 영국을 유토피아처럼 바꾼다는 건 사실상 불가능하지. 그렇다고 해서 가만히 놔두면 안 되지.」

모어가 말을 마치자 어디선가 인기척이 느껴졌다.

「선생님, 이제 동이 틀 시간입니다. 이 아이를 밖으로 보내야 합니다. 그러지 않으면 선생님이 화를 입을 수 있습니다.」

사내가 모어에게 말했다. 모어는 그 말에 고개만 끄덕였다.

「거기 뭐하나? 어서 나오지 않고. 너 하나 때문에 우리 선생님이 화를 입을 수 있어.」

사내가 미미에게 소리쳤다.

「너무 그러지 말게. 오늘 밤이 무척 즐거웠네. 자네도 알지 않나? 내 여기 있는 동안에 모든 걸 빼앗겼다는 걸. 오늘만 너그럽게 넘어가주게. 내 부탁이네.」

모어가 말하자 사내도 별 수 없는지 고개를 숙였다.

「어서 가자.」

사내의 말에 미미가 기분이 나빴는지 혼자 중얼거렸다.

「저 아이를 잘 부탁하네. 내가 이렇게 간곡히 부탁하겠네.」

「여부가 있겠습니까?」

모어가 사내에게 미미를 잘 부탁한다고 말하자, 사내가 앞장서서 걷기 시작했다. 미미가 툴툴거리면서 뒤따라가자 요란하게 기계음이 들리기 시작했다.

「토머스 모어와의 대화가 끝났습니다. 다음 장으로 넘어가시겠습니까? 예, 아니오로 대답해주시기 바랍니다.」

「아니오.」

미미가 차갑게 대답하자 기계음이 한 번 더 울리고 전원이 꺼졌다. 미미는 주변을 정리하고서 체험실을 나왔다.

「일을 하면 할수록 가난해지는 세상이야. 아……, 그나저나 미천한 연습생 신분인 나는 오늘 따라 연습하기가 진짜 싫다.」

체험실을 나오면서도 미미는 혼자 나불거렸다. 그러고 나서 하품을 하면서 연습실로 향했다.

토머스 모어의 철학 노트

여러분, 토머스 모어가 왜 노동을 중요시하는지 이해가 되나요? 모어가 살던 시절에 양이 사람을 잡아먹는다는 말이 돌았습니다. 영국에는 소작농으로 생계를 이어가던 사람이 굉장히 많았습니다. 그러던 어느 날 대지주들은 양모가 돈이 된다는 말을 듣고 땅을 갈아엎고 양을 키우게 됩니다. 그러자 소작농으로 살던 대부분의 사람들은 일자리를 잃고 거리에 나앉게 되었습니다. 그러다 보니 범죄자가 되는 사람이 많았습니다. 모어는 이런 현실을 보고 실업이 해결되어야 사회가 안정된다고 알게 되었습니다. 여러분, 이제 토머스 모어가 노동을 중요시한 이유를 조금이나마 알게 되었나요?

CHAPTER

8

마르틴 루터
1483~1546

교황청은 왜 면죄부를 팔았을까?

「우현 오빠! 오빠, 저 미미예요. 교회에서 만나는 건 처음이네요.」

「어……. 그래. 여기는 왜? 원래 이 교회 다녔어?」

「나현이가 교회 같이 다니자고 해서요. 여기서 오빠를 만날 줄은 몰랐네요.」

미미는 수많은 인파 속에서 어떻게 한눈에 우현을 찾아냈는지 한걸음에 다가와 말했다.

「미미야, 굉장히 반갑다. 그런데 오빠 지금 데뷔 준비 때문에 빨리 회사에 가봐야 하거든. 나중에 회사에서 볼 수 있으면 또 보자.」

우현은 그렇게 급한지 어딘가로 뛰어갔다.

「여기 있는 줄 모르고 한참을 찾았네. 잠깐만, 너 왜 그래? 무슨 일 있었어?」

나현이가 미미에게 말했다.

「아니, 그게, 우현 오빠를 보고 싶었는데 겨우 말 한마디 하고서 가버리면 어떻게 해. 내 마음도 몰라주고. 아, 진짜 얼마나 이 순간을 기다렸는데…….」

미미는 우현이가 홀연히 가버리자 톡 건드리면 금방이라도 울 것 같이 말했다.

「너는 오빠하고 같은 회사에서 연습생 생활을 하자나? 뭘 그런 거 갖고 울려고 해.」

「회사에서 만나지도 못하니까 여기까지 온 거지.」

나현이의 말에 미미가 얼마나 서러운지 울상을 지었다.

「내가 잘못했다. 너 연습하러 갈 때까지 뭐할 거야?」

「어디 가서 시간 좀 때워야지.」

「그럼, 교회 근처에 맛집이 있는데, 거기에 가자.」

「아침에 한 화장이 망칠까 봐 밥도 못 먹었는데. 어디야? 빨리 가자.」

나현이가 음식이 맛있다고 하자 미미는 어린아이마냥 들떠서 빨리 가자고 보챘다.

「너, 무슨 한두 살 먹은 어린애도 아니고. 천천히 좀 가자.」

「너는 진짜 좋겠다. 교회에서 우현 오빠도 보고 맛있는 것도 먹고.」

「너는 교회에 오빠 만나러 와? 밥 먹으려고 와? 하나님 만나려고 오는 거잖아.」

「나현아, 왜 그래? 우현 오빠가 여기 교회 다니는 거 미리 좀 알려주지. 그랬으면 꼬박꼬박 교회 나오는 건데.」

「내가 잘못이지. 저기 저 식당 보이지?」

둘이 수다를 떨면서 걷다 보니 어느새 식당에 도착했다. 나현이는 교회 사람들과 인사하느라 정신이 없는데, 미미는 배가 고픈지 침을 꿀꺽 삼키면서 입맛을 다셨다.

「따라와. 이거 챙기고 음……. 그래. 우리 저 자리에 앉아서 먹자.」

미미는 나현이를 따라가 빈자리에 앉아 밥을 먹기 시작했다.

「교회, 정말 좋다. 여기 정말 좋다.」

「오늘만 그 소리를 몇 번째 하는 거야. 너 진짜. 괜히 말했어.」

「엄마가 밥을 안 해주는 걸 어떻게 해.」

「그래, 자기 전에 오늘 있었던 일 마르틴 루터한테 감사하다고 기도나 해.」

「마르틴 루터? 그게 누구야?」

미미가 어린아이같이 순진무구한 표정으로 나현이를 바라보면서 물었다.

「하……. 같이 온 내가 잘못이지.」

「에이, 그거 좀 모를 수 있지. 그리고 내가 교회를 다녀봤어야 알지. 어디서 많이 들어본 이름 같기도 하고.」

「그나저나 너 연습하러 몇 시까지 가야 해?」

「음……. 밥 먹고 바로 가면 딱 맞겠네.」

미미는 서둘러 밥을 먹고 회사로 갔다.

「안녕하세요, 저 미미……. 그런데 왜 이렇게 사람이 없지?」

미미가 회사에 도착했는데, 항상 반갑게 반겨주던 사람들도 없어 허전하다 못해 썰렁할 정도였다. 미미는 곧바로 4층으로 올라갔다.

「오늘은 누구와 대화를 할까요?」

체험실에 들어온 미미가 혼잣말을 했다.

「이제 시작해볼까? 오늘 따라 밥을 잘 먹어서 그런지 왜 이렇게 잠이 오냐.」

체험 준비를 마친 미미가 간드러지게 하품을 하면서 중얼거렸다. 그러자 익숙한 기계음이 들렸다.

「마르틴 루터와의 대화를 시작하겠습니까? 예, 아니오로 대답해주시기 바랍니다.」

「예.」

「거기 혹시 면죄부 아직 안 샀나? 지금이라도 사야지. 이거만 사면 바로 천국행이라고. 특별히 오늘만 할인해서 아주 싸.」

「그럼 사야지. 우리도 없어서 못 파는 거야. 오늘만 할인해주는 거야.」

「이거 한 장이면 다 해결되는데 뭐하고 있나? 나중에는 이 가격에 절대 못 사.」

「무슨 고민을 그렇게 해? 어서 사라니까. 이거 하나만 사면 바로 천국에 갈 수 있어. 여기 교황청 인증 안 보이나? 우리가 이 가격에 팔아도 하나도 남는 거 없는데, 오늘 하루만 밑지고 파는 거야.」

장사꾼들이 몰려들어 호객 행위를 하기 시작했다.

「거기 뭐하고 있는 건가? 지금 면죄부 팔고 있는 건가?」

「오늘 장사도 안 되는데 빨리 가자. 저 사람 만나면 우리만 골치 아파.」

「에이, 요즘 장사도 안 되는데, 하……. 우리는 뭐 먹고사나?」

「일단 여기를 피하자고. 저 양반 뜨면 피하는 게 상책이야.」

미미에게 접근하던 장사꾼들이 어디서 큰소리가 들리자 부리나케 뛰어 도망갔다. 남자가 미미에게 다가왔다.

「저들이 파는 거 샀나?」

「아……. 아니요. 안 샀어요. 저 사람들이 파는 게 뭔데요. 종이에 뭐라고 빽빽하게 쓰여 있던데.」

「정말 다행이야. 저 머저리들이 무엇을 믿고 저러는지 모르겠는데, 저들이 파는 건 사지 마라.」

「저 사람들이 계속 사라는 거예요. 그때 아저씨가 딱 나타나 소리쳐서 사람들이 도망친 거죠. 아, 아저씨, 마르틴 루터는 어디에 있는지 알아요?」

「응? 내가 마르틴 루터인데.」

「와! 저, 아저씨 만나러 왔어요. 정말 보고 싶었어요.」

미미가 보고 싶었다고 말하자 루터는 푸근한 미소를 지으며 바라보았다.

「너도 교황청이 하는 일에 신물이 나는 거니? 교황청에 있는 사람들이 아주 돈에 환장을 해서는 에휴. 세상이 말세야, 말세.」

「교황청이 왜요? 무슨 일 있어요?」

「음……. 아직 어려서 잘 모르겠구나. 혹시 시간이 되면 내 작업실로 가자구나. 내가 자세히 설명해주마.」

「그래요, 아저씨. 같이 가요.」

미미의 말이 끝나자마자 루터가 앞장섰다. 미미는 그 뒤를 졸졸 따라갔다.

「여기가 내 작업실이야. 요즘 하고 있는 일이 많아서 말이야. 정리할 걸 그랬나? 흠, 여기서 잠깐만 기다려라. 의자를 가져오마.」

루터는 작업실에 들어오자마자 여기저기 널브러진 것을 대충 정리하기 시작했다.

「흠, 그래. 아까 그 사람들이 팔고 있던 게 면죄부라는 건데, 그거 사면 천국 간다고 사람들을 현혹하고 있어.」

「음……. 그거 한 장이면 천국을 간다고요?」

루터의 설명이 잘 이해가 안 되는지 미미가 고개를 갸우뚱하면서 되물었다.

「설마 그거 하나 산다고 천국에 갈 수 있다고 생각하나?」

「그런 걸 사람들이 사요?」

「에휴, 그걸 사는 사람은 또 뭔지. 파는 사람이나 사는 사람이나 둘 다 문제야.」

루터는 뭐가 그렇게 마음에 안 드는지 연신 고개를 절레절레 흔들면서 말했다.

「왜요? 뭐, 원래 사기 치는 사람이 나쁜 거 아니에요?」

「그건 그렇지. 처음에 그딴 걸 만들어 팔 생각을 한 사람이 나쁜 건 맞지. 그런데 사람들은 면죄부를 한 집에 하나씩 아니지 몇 개씩 산다니까.」

「거기에 뭐가 적혀 있길래 그래요?」

「사람들은 거기에 적혀 있는 거 못 읽어. 그 사람들이 제대로 알지도 못하는데, 좀 배웠다는 사람들이 좋다고 하니까 너도 나도 사는 거지.」

「헐……. 그냥 좋다고 해서 사는 거예요? 뭔지도 모르고. 이거 완전 등쳐먹는 거네요.」

루터가 차근차근 설명해주는데, 미미가 갑자기 씩씩거리면서 말했다.

「흠, 그 말도 맞는 거 같구나. 독일어도 제대로 읽지 못하는 사람들이 라틴어를 어떻게 아나.」

「웬 라틴어? 라틴어가 뭐예요? 그리고 여기 글 못 읽는 사람이 많아요?」

「내가 방금 말하지 않았나? 아마 열에 아홉은 글을 못 읽어. 독일어도 제대로 아는 사람이 없는데 라틴어를 어떻게 알겠는가?」

「그럼, 아까 그 종이에 쓰여 있는 건 읽을 수 없다고 봐야겠네요.」

「그렇지 뭐. 뭐라고 쓰여 있는지 알 도리가 없으니 억장이 무너지지.」

루터가 한숨을 푹푹 쉬며 고개를 절레절레 흔들면서 말했다.

「아저씨, 그럼 라틴어는 누가 쓰는 말이에요? 여기 사람들은 독일어도 모른다면서요. 그런데 왜 라틴어를 써요?」

미미는 루터의 설명을 한참 듣고서도 잘 이해가 되지 않았다.

「흠……. 어떻게 설명을 하는 게 좋을까? 그래, 이거면 좋겠다. 혹시 로마라고 들어보았나?」

루터가 어떻게 설명해줄지 한참을 생각하다가 손뼉을 치면서 말했다.

「아저씨, 지금 로마제국 말하려는 거죠? 당연히 알죠. 언젠가 꼭 가보고 싶은 곳이 로마인데.」

「로마제국이 라틴어를 썼거든. 그때는 로마가 엄청나게 잘나가던 시기라 모든 사람이 라틴어를 사용했지. 그런데 로마제국이 멸망하자 라틴어를 쓰는 사람이 별로 없는 거야.」

「왜 그 면죄부라는 거는 라틴어로 쓰여 있는 거예요?」

미미는 잘 이해가 되지 않는지 다시 물었다.

「그게 바티칸이라고 교황이 사는 곳이 있거든. 거기에서는 웬만하면 라틴어만 쓰거든.」

「그냥 좀 번역해서 주면 안 되나? 독일어도 제대로 모르는데.」

「그 머저리들이 돈을 한 푼이라도 더 벌려고 그러는 거지. 생각을 해봐. 독일어로 쓰면 무슨 내용인지 다 알 텐데. 그러면 면죄부 장사가 되겠나? 그런 것들을 싹 다 갈아버려야 하는데…….」

그동안 점잖게 설명해주던 루터가 갑자기 열불을 냈다.

「아저씨, 왜 그래요?」

미미가 기어들어가는 목소리로 말했다. 그제야 루터는 진정이 되는 것 같았다.

「내 정신 좀 봐. 교황청 그놈들만 생각하면 화가 나.」

「무슨 말인지 알겠어요. 제가 사는 세상에서는 법전이 죄다 한자로 되어 있는데, 그거 자기네들끼리만 해먹을 생각에 한글로 안 바꾸고 계속 한자로 놔두잖아요.」

「그러니까 좀 배웠다는 사람들이 어떻게든 자기 밥그릇 챙기는 거지. 자신의 기득권이 빼앗길 것 같으니 저러는 거지.」

「아저씨가 보다 못해서 번역하는 거예요?」

「그게 옳다고 생각하는데, 나 때문에 다른 사람들이 힘들어질까 봐 걱정이네.」

루터가 말을 잇지 못하고 이내 고개를 떨구었다.

「아저씨, 왜 그래요? 무슨 일 있어요?」

미미가 루터를 여러 번 불렀지만 아무런 대답이 없었다. 루터가 다시 고개를 들자 그의 눈가에는 눈물이 몇 방울 맺혀 있었다.

「나야 괜찮지. 부인도 없고 애도 없으니 나 하나 죽는다고 크게 변하는 건 없겠지. 하지만 나를 지지해주는 사람들은 그냥 소시민들이네.」

「아저씨, 그래도 누군가는 해야 하는 일인데요. 아저씨 같은 사람이 있어야 세상이 바뀌는 거잖아요.」

「그건 그렇지. 반드시 누군가는 해야 하는 일이고. 잘못된 걸 고쳐나가야지. 뭐라도 해야 할 거 같아서 반박문도 쓰고 있지.」

루터가 말을 마치자마자 책상에 쌓여 있는 수북한 종이 더미를 가져왔다.

「우와, 이게 아저씨가 쓴 95개조 반박문이에요? 수업 시간에 듣기만 했지 이렇게 실제로 본 건 처음인데요?」

미미는 입이 쩍 벌어졌다. 루터는 미미가 왜 그런 표정을 짓는지 알 수가 없다는 표정으로 바라보고만 있었다.

「왜 그렇게 놀라나? 이게 뭐 대단한 거라고.」

「아니 그래도 아저씨. 이게 얼마나 대단한 건데요. 이 글이 엄청난 영향력을 가져다주었는데. 아저씨, 계속 써야 해요.」

「그래? 그런데 그걸 어떻게 아나?」

루터는 이해가 안 되는지 고개를 갸우뚱거렸다.

「아……. 그게 음 그러니까 음……. 하여튼 간에 아저씨는 이 글 무슨 일이 있어도 끝까지 써야 해요.」

미미는 루터에게 제대로 대답하지 못하고 대충 얼버무렸다.

「하……. 이 글이 엄청난 파장을 일으킨다 그 말이지?」

「아저씨, 도대체 면죄부는 왜 팔게 된 거예요? 진짜 궁금했거든요.」

루터는 95개조 반박문을 한참 동안 쳐다보았다.

「아차차. 내가 이 사단이 난 걸 설명하지 않았구나. 이것을 어떻게 설명해줘야 쉽게 이해할 수 있을까? 흠…….」

루터는 먼 산을 바라보며 생각에 잠겼다.

「음……, 그러니까 신성로마제국의 황제가 되려면 선거를 해야 하는데, 그 선거권을 가진 사람들을 선제후(황제의 선거권을 가졌던 7명의 제후)라고 하거든.」

「그럼 황제가 되려면 선제후들한테 잘 보여야 하는 거네요.」

루터가 한참을 고심하다가 말했다.

「그렇지. 그런데 선제후들이 주교 역할도 하거든. 마인츠 대주교가 시장에 나오자마자 그걸 사채로 산 거야.」

「사채로 샀어요? 헐…….」

「다 욕심 때문에 그런 거지. 마인츠 대주교가 중요한 역할을 한 것도 있고.」

「그게 그렇게 중요한 거예요?」

「나중에 선거할 때 제일 마지막에 투표할 권한도 있고, 명예직이지만 독일 왕국 재상 역할도 하네. 거기다가 알프스 이북 지역의 교황 대리인 자격도 있으니 누구나 탐낼 만하지.」

「그게 그 정도로 영향력이 크다니.」

루터는 계속 담담한 표정으로 설명하는데 미미는 아까부터 놀란 게 한두 가지가 아니었다.

「여기 사람이 아니면 충분히 놀랄 만하지. 문제는 사채업자한테 빌린 돈이지. 그것 때문에 이 빌어먹을 면죄부가 생겨난 거고.」

루터가 면죄부 이야기가 나오자 갑자기 화를 냈다.

「그 사채업자한테 돈을 갚으려고 면죄부를 찍어낸 거예요?」

「그것도 있고, 또 초입세 문제도 있었지.」

「초입세, 그건 또 뭐예요? 생전 처음 들어보는 말인데.」

「그건 십자군전쟁 때 생긴 건데, 사람만 있으면 전쟁을 할 수 있나? 갑옷과 무기와 물자를 사려면 돈이 필요하거든.」

「아저씨, 십자군전쟁이 끝난 지 200년이 넘었는데 아직도 전쟁이 안 끝났어요?」

「돈맛을 보니까 멈출 수가 없는 거지. 주교가 되고 첫해 수입은 모두 교황청에 보내야 해.」

「한 해 동안 번 돈을 모두 교황청에 보내요? 그건 좀 심했다.」

「교황청에서 성 베드로 대성당을 지으려고 했거든. 그 공사비도 마련할 겸 대주교 판매 자금도 뽑을 겸 초입세를 거둔 거지.」

「아무리 그래도 심한 거 같은데. 저라면 도저히 못 보내요. 돈 벌기가 얼마나 힘든데.」

미미가 몸서리치면서 말했다.

「뭐, 이걸로 놀라나? 로마 교황청에서도 인간 말종으로 알려진 요하네스 테첼을 이쪽으로 파견한 거야. 돈 더 보내라고. 어이가 없어서. 에휴……. 정말.」

「그러니까 사채 빚도 갚을 겸 교황청에서 보내라는 돈도 보낼 겸 해서 면죄부를 만들어낸 거네요.」

「면죄부를 팔아서 반은 교황청에 보내고 반은 사채업자한테 갚고 그렇게 합의를 했지. 이렇게 별짓을 다 해도 돈이 부족하다고 하니…….」

루터가 뭐가 그렇게 답답한지 담담하게 설명해주다가 손사래를 치기 시작했다.

「왜요? 교황청에서 돈이 부족하다고 해요?」

「교황청에서는 서로 죽어라 싸우고 있고, 여기는 황제가 언제 죽을지 모르는 상태야.」

「교황청에서 전쟁을 일으킨 거예요? 하나님은 서로를 사랑으로 보살피라고 하지 않았나? 왜 그렇게 전쟁을 하는 거예요?」

「지금 교황이 레오 10세거든. 능력이 있어 교황이 된 건 아니고 가문을 잘 만나서 교황이 된 거야. 능력은 없지만 교황이 되니 이런 일이 생긴 것 같기도 하고.」

「아저씨, 잠깐만요. 좋은 가문에서 태어났다고 해서 교황이 될 수가 있어요? 교황이 되는 게 엄청 힘든 걸로 알고 있었는데.」

「보통 잘나가는 가문이 아니거든. 메디치 가문이라고 들어보았나? 나는 새도 떨어뜨린다는 기세를 가진 가문인데.」

「어디서 많이 들어본 것 같은데. 아! 그 메디치 가문이 예술가들 후원한 거 맞죠? 그 가문에서 교황이 나왔다는 건 처음 들어보는데.」

「그 망할 머저리들 때문에 이 사단이 난 거야.」

루터는 교황이 그렇게 싫은지 갑자기 애먼 미미에게 화풀이를 했다.

「깜짝이야. 아, 아저씨 왜 그래요?」

「미안하네. 생각만 해도 화딱지가 나서.」

「왜요? 메디치 가문이 무엇을 했길래 그러는 거예요.」

「레오 10세의 아버지 로렌초가 전임 교황 인노켄티우스 8세와 거래를 한 거지. 아들을 추기경으로 꽂아주는 대신에 거액의 돈을 인노켄티우스 8세에게 주는 걸로. 그래서 레오 10세가 13세 때 추기경에 임명된 거지.」

「돈으로 추기경이 될 수가 있어요? 어머나 세상에!」

루터는 목소리가 점점 커졌다.

「그 정도 나이면 아직 초등학생일 텐데. 돈을 얼마나 많이 주었길래.」

「남아도는 게 돈이니까 추기경 자리를 샀겠지. 그리고 13세가 무엇을 알겠나?」

루터는 아직도 분이 덜 풀렸는지 주먹을 꽉 쥐고 애먼 책상을 치면서 말했다.

「능력이 없어서 추기경 자리에서 쫓겨난 거예요?」

「아니. 돈을 얼마나 받았는데 추기경 자리에서 쫓겨날 일이 있나? 3년 동안 피사에서 신학과 교회법을 배운 후에 정식으로 추기경단에 들어갔지.」

「교황청은 좀 깨끗한 줄 알았는데, 사람 사는 곳은 다 똑같나 봐요. 제가 사는 세상에서도 관직이나 신분을 사고팔고 하다가 결국 나라가 망한 적이 있었는데.」

미미는 뭔가 기분이 찝찝한 듯 표정이 점차 어두워졌다.

「하…… 세상이 정말 어떻게 되려고 그러는지, 에휴. 정말 생각만 해도 끔찍하다.」

「그나저나, 아저씨. 그 레오 10세라는 사람은 어떻게 된 건가요?」

「어떻게 교황이 되기는 했지. 우여곡절은 있었지만.」

「집에 돈이 다 떨어졌나 보죠?」

「로렌초가 죽으면서 메디치 가문이 조금씩 기울어지다가 결국에는 피렌체에서 완전히 쫓겨났어.」

「그런데 그 사람이 왜 교황이 된 거지? 돈으로 추기경이 된 거면 능력이 탁월한 거 같지는 않은데.」

「추기경단 중에 레오 10세를 안 좋게 보는 사람도 많았지. 그중에서 몇몇을 처단했지. 그리고 나머지 추기경들은 재산을 싹 다 긁어모아서 교황한테 갖다바쳤거든. 이런 상황에서 누가 교황한테 반기를 드나?」

「아무리 힘이 세다고 해도 그렇지 그건 너무 심한데.」

미미가 혀를 끌끌 차면서 말했다.

「거기에다가 돈 많은 가문 출신이라 그런지 낭비벽이 심했지. 뭐 그걸 다 교황청 재정으로 때워서 문제지.」

「대단한 사람이기는 하네요.」

「뭐, 그야. 그렇기는 하지. 그래서 여러 가지 무리수를 던진 거지. 그중에 하나가 면죄부인 거고.」

「그럼, 그거 말고도 더 있다는 거예요? 정말 파도 파도 죄가 계속 나오는 사람이네요.」

「흠……. 면죄부가 판매되기 전에 대사라는 게 있었는데, 그건 아주 옛날부터 있는 거라 크게 문제되지는 않거든. 그러니까 쉽게 말하자면 교회를 열심히 다녀서 일정 조건을 채우면 그동안 지은 죄를 면해주는 제도지.」

「아저씨가 말한 것들을 들어보면 이상한 일이 안 일어나는 게 더 신기할 정도인데요. 이제는 어떤 말을 들어도 안 놀랄 것 같아요.」

루터는 책상에서 무언가를 열심히 찾고 있었다. 루터가 한참을 찾다 겨우 미미에게 종이 한 장을 보여주었다.

「아저씨, 이게 뭐예요?」

「이 지역에 선포된 대사의 조건이야. 읽어보게.」

「흠……. 어디 보자……. 고해성사를 하는 건 문제가 되지 않을 거 같고. 대충 성 베드로 대성당의 건축을 위해 헌금을 내라는 말인 것 같고. 어, 그런데 이 말은 뭐예요? 가난한 사람들은 헌금 대신 기도로 대사를 받을 수 있다?」

미미는 루터가 준 종이를 쓱 읽어보고 말했다.

「그 문구가 눈에 거슬리나? 여태까지 교황청이 한 작태를 보면 충분히 그럴 만하지. 그런데 문제는 증서를 발급해주면서 시작이 돼.」

「증서요?」

「대사라는 게 성지순례나 고해성사를 하면 되는데, 갑자기 증서를 발행한 거 있지. 처음에는 대사의 조건을 채웠으니 이 증서를 받았다고 생각했는데, 나중에 가서는 사람들이 그 종이 쪼가리만 있으면 된다고 생각한 거지.」

「음……. 그렇게 되다 보니 사람들이 그 증서만 사면 된다, 이런 식으로 생각이 바뀐 거네요.」

루터의 설명을 들은 미미가 곰곰이 생각하더니 되물었다.

「거기에다 기름을 들이부은 건 레오 10세지. 자기의 수하였던 사람을 각지로 보내 면죄부를 팔게 했거든. 그런데 그 자가 면죄부 파는 것 하나만큼은 정말 탁월했거든.」

「그 사람 때문에 면죄부 판매 열풍이 불었다는 거네요.」

「그렇지 뭐. 너한테 면죄부를 팔려던 그 머저리들도 생겨난 거고.」

루터가 이렇게 말하고 자리에서 일어나 창가로 다가갔다.

「어디 보자. 동이 트려면 멀었고, 지금쯤이면 사람들이 다 잠을 청하고 있겠군.」

루터가 창밖을 살피면서 말했다.

「자네, 지금 가는 게 좋을 것 같아. 이 시간이면 어두워져서 사람들의 눈을 피하기도 딱인 것 같고. 내가 요 앞까지 데려다줄 테니까. 다른 사람들 눈에 띄지 말고 얼른 집에 가.」

「네. 알겠어요.」

루터가 신신당부를 하자 미미도 못 이기는 척하면서 고개를 끄덕였다. 그러자 루터가 미미에게 손짓을 했다.

「어서 오거라.」

미미가 작업실을 나섰다. 루터는 혹시 누가 볼까 봐 주위를 조심스럽게 살피면서 밖을 나서기 시작했다. 어느새 어둠이 내려 앞이 잘 보이지 않았다.

「나는 여기서 이만 가봐야겠다. 나와 같이 있었다는 게 알려지면 자네만 힘들 거야. 그러니 부디 다른 사람 눈에 띄지 말게.」

미미는 주위를 살핀 후 몇 번 고개를 끄덕였다. 그러고 나자 미미의 귓가에 요란하게 기계음이 들리기 시작했다.

「마르틴 루터와의 대화가 끝났습니다. 다음 장으로 넘어가시겠습니까? 예, 아니오로 대답해주시기 바랍니다.」

「아니오.」

미미는 주변을 정리하고 체험실을 나왔다.

「가만히 생각해보니 정말 정의로운 일을 하신 거네. 흠……. 그런데 정의라는 건 때에 따라 다르게 정의될 수 있구나. 참 철학이라는 건 알다가 모르겠고. 어렵다 어려워. 그건 그렇고 얼른 연습이나 하러 가야지.」

미미가 혼잣말을 하고서 부리나케 연습실로 향했다.

마르틴 루터의 철학 노트

여러분은 마르틴 루터가 처음에는 천주교 신부였다는 것 알고 계셨나요? 루터는 1507년에 수도 서품을 받았습니다. 다시 말하자면 천주교 신부가 된 거죠. 그 후 누구보다도 독실한 신부가 되었습니다. 그런데 문제는 1515년에 독일에서 면죄부를 팔기 시작했습니다. 이때 루터는 신학교수 겸 신부로 있었습니다. 그런데 그 누구보다 독실한 신부였던 루터의 눈에 면죄부가 곱게 보였을까요? 루터는 로마 교황청을 비판했습니다. 한 장이라도 더 팔아야 하는 로마 교황청에서는 루터가 눈엣가시였죠. 결국 루터는 천주교에서 파문을 당합니다. 루터가 이에 굴복했다면 지금의 개신교는 없었겠죠? 루터는 10개월간 성경을 번역합니다. 마침내 독일어로 된 성경이 나오자 독일 사람들은 로마 교황청에 놀아났다는 사실을 알게 되었고, 독일 전역이 분노로 가득 차게 됩니다. 그 분노가 바로 종교개혁의 시작이죠.

CHAPTER

장 칼뱅

1509~1564

믿음만이 우리를 구원할 수 있다

9

「나현아, 어디 가?」

미미가 나현이를 보고 소리치며 뛰어갔다. 그런데 나현이는 뒤돌아보지도 않고 잰걸음으로 계속 걸어갔다.

「나현아. 너무 그렇게 화내지 말고. 우리 카페 가서 이야기 좀 할까?」

「진짜? 그래 가자. 여기서 이야기하는 것보다는 낫겠지.」

나현이가 어금니를 꽉 깨물면서 말했다. 미미는 갑자기 신이 나는지 나현이의 손을 잡고 카페로 향했다.

「나현아, 왜 그렇게 화났어?」

「내가 누구 때문에 화가 났는데.」

「어제 일은 좀 봐주면 안 되니? 우리 사이에 너무 그렇게 야박하게 하면 안 되지.」

「내가 그 교회를 몇 년을 다녔는데……. 창피해서 교회를 어떻게 가, 진짜.」

「미안해. 그래도 나 어제 루터에 대해서 확실하게 공부하고 왔어. 진짜야. 이번에는 믿어도 돼.」

「진짜, 말이라도 못하면.」

미미 때문에 골치가 아픈지 나현이는 이마를 손바닥으로 짚으면서 말했다.

「교회에는 왜 하루 종일 있는 거야?」

미미가 조심스럽게 말했다. 창밖을 보고 있던 나현이가 고개를 돌려 미미를 바라보았다.

「뭐, 집에 있는 것보다는 훨씬 나으니까.」

「그 정도야? 집이 그렇게 싫어?」

「집에 가면 옆집 누구는 몇 점을 맞았는데 너는 왜 그것밖에 못하냐며 타박하니 차라리 교회에 있는 게 낫지. 학원 뺑뺑이 돌 일도 없고.」

「거기다가 우현 오빠도 볼 수 있고.」

「너는 진짜. 너한테는 교회가 그런 곳이야?」

나현이가 화를 냈다. 미미는 서운한지 입술을 살짝 깨물고 애처로운 눈빛으로 나현이를 쳐다보았다.

「나현아, 그래서 나와 함께 교회 가는 게 싫어?」

미미가 갑자기 표정이 싹 변하면서 말했다.

「그래. 교회에 대해서 아무것도 모르는데 어떻게 같이 가. 너 설마 종교개혁을 이끈 사람이 루터만 있다고 생각하는 건 아니지?」

「그럼, 루터 말고 다른 사람도 있는 거야?」

미미가 순진무구한 표정을 지으면서 말했다. 그 말을 들은 나현이가 갑자기 뒷목을 잡았다.

「진짜, 너. 일부러 그러는 거야? 아니면 몰라서 그런 거야?」

「일부러 그러는 게 아니야. 솔직히 우리 엄마 아빠가 교회를 다니는 것도 아니고, 나도 교회를 몇 년 만에 간 건데.」

「그래 뭐. 나야 부모님 두 분 다 교회를 다니니까. 그럼 이왕 공부하는 김에 칼뱅도 공부해야 해. 최소한 그 정도는 알아야 우현 오빠하고도 대화가 되겠지?」

「그래, 공부할게. 그럼 같이 교회 가는 거지. 그렇지?」

미미는 혼자 신나서 대답했다. 그런데 나현이는 그저 무심히 창밖만 보고 있었다.

「지금이 몇 시지? 시계가 없어서.」

미미는 주머니에서 스마트폰을 꺼내 시간을 확인했다.

「나현아, 지금 학원 안 가도 돼?」

미미가 나현이에게 스마트폰을 보여주면서 말했다. 나현이는 시간을 보고 화들짝 놀랐다.

「내가 미쳤나 봐. 이러다가 학원 늦겠네. 미미야, 미안하다. 나 먼저 갈게.」

나현이가 다급히 가방을 챙기며 뒤도 안 돌아보고 뛰쳐나갔다. 미미도 가방을 메고 느릿느릿 카페를 나와 회사로 향했다.

「안녕하세요. 저 미미 왔어요. 어! 이 실장님, 오랜만이네요.」

미미가 싱글벙글 웃으면서 말했다.

「그래 오랜만이야. 미미야. 실장이라는 말 오랜만에 들으니까 감회가 새로운데?」

「왜요. 실장님?」

「촬영장에서는 맨날 슬기 씨 하는데 여기 오니 다들 실장님이라고 부르니 어색하지.」

「실장님, 영화 찍는 거 때문에 잠깐 쉬는 걸로 알고 있었는데.」

「그 영화 다 찍었지. 그저께 마무리하고 서울에 올라와서 하루 푹 쉬고 오늘 출근한 거야. 지방에서만 영화를 찍느라 도저히 이 일까지 할 수 없을 것 같아서 잠깐 쉰 거야.」

「어제 끝났다면서요. 실장님, 그냥 며칠 더 쉬시지.」

미미의 말에 뭐가 그렇게 웃긴지 이 실장이 갑자기 웃기 시작했다.

「그럴 걸 그랬나? 피로도 좀 풀 겸 왕창 쉬고 복귀할까도 생각했는데, 내 개인적 신념 때문에 그렇게는 못하겠더라.」

「무슨 신념이요?」

「그러니까, 우리 집이 대대손손 기독교를 믿어. 기독교 중에서도 여러 가지 교리가 있는데 우리 집안은 칼뱅이 설파한 교리를 믿어.」

미미는 이 실장의 말이 잘 이해가 안 되는지 머리를 긁적였다.

「교회마다 교리가 다른 경우도 많지. 처음에 종교개혁이 시작될 때 루터와 칼뱅이 있었기 때문이지. 미미는 교회를 가지 않으니 내가 이렇게 말해도 이해가 안 되지?」

이 실장이 웃으면서 미미를 이해시키려고 노력했다.

「그래, 신자가 아니니 어쩔 수가 없지. 그런데 칼뱅은 직업 소명설을 강조했지.」

「직업 소명설?」

「음……. 간단히 말하면 열심히 일을 해야 천국에 갈 수 있다는 거지.」

「일만 하라는 거예요? 편하게 건물주 딸로 태어났으면 일을 안 해도 평생 잘 먹고 잘살 수 있을 텐데.」

「칼뱅은 놀고먹기만 하는 부자들 때문에 직업 소명설을 수없이 강조한 거야.」

「왜요?」

「옛날 유럽에서는 면죄부라는 걸 돈을 받고 팔았어. 부자들이야 돈이 많으니 그걸 몇 장씩 사기 시작한 거야. 그러면서 문제가 되었지.」

「면죄부 이야기는 알아요.」

드디어 자신이 아는 이야기가 나와서 그런지 미미는 손뼉을 치면서 말했다.

「그래, 그 면죄부를 구입하면 평소에 수많은 악행을 저질렀다 하더라도 천국에 갈 수 있다고 믿었지.」

「음……. 그래서 직업 소명설이 생긴 거네요.」

「그래. 방탕한 생활을 하다가 면죄부 하나 산다고 그 악행이 전부 사라지는 건 아니라는 게 칼뱅의 주장이지. 칼뱅은 평소에 꾸준히 선행해야 천국에 갈 수 있다고 한 거지.」

「아……. 그렇구나. 맞다. 실장님, 저 체험하러 가야 해요.」

미미가 고개를 끄덕이면서 맞장구를 치다가 다급하게 말했다.

「그래, 체험 잘하고 이따가 보자, 미미야.」

미미는 4층 체험실로 올라가 기계 전원 버튼을 엄지손가락으로 꾹 눌렀다. 그러자 요란한 기계음이 귓가를 맴돌기 시작했다.

「장 칼뱅과의 대화를 시작하겠습니까? 예, 아니오로 대답해주시기 바랍니다.」

「예.」

미미가 차갑게 말하자 기계음이 울리면서 화면이 바뀌었다.

「여기는 어디야?」

미미의 눈앞에 허름한 집 몇 채가 보일 뿐 사람은 한 명도 없었다.

「여기서 뭘 어떻게 찾아. 진짜. 사람도 없고. 그리고 이 냄새는 또 어디서 나는 거야.」

미미가 이상한 냄새가 나는지 손으로 코를 막았다.

「왜 이런 걸 구현해놓은 거야.」

미미가 다시 고개를 돌려 주위를 둘러보니 집은 많은데 하나같이 불이 다 꺼져 있었다.

「어떻게 찾으라는 거야. 좀 잘 만들어주면 안 되나?」

미미가 어린아이처럼 투정을 부리면서도 어디 누구 없나 찾아보려고 나섰다.

「사람 한 명 보이지 않네. 어떻게 찾지? 어, 저기 뭐지?」

미미가 주위를 살펴보는데 어디선가 사람들이 우르르 쏟아져나왔다.

「사람들이 다 나온 것 같기도 하고. 저쪽으로 가볼까?」

멍하니 서 있던 미미가 다시 길을 나섰다. 그러자 이 마을에서 제일 커 보이는 건물 앞에 한 남자가 서 있었다.

「음……. 자네, 예배 드리러 온 건가? 예배는 이미 끝났다네.」

남자가 쌀쌀맞게 말했다.

「저기, 저는 예배 드리러 온 게 아니라 누구 좀 만나고 싶어서 멀리서 온 건데요.」

「누구를 만나러 왔는가?」

「장 칼뱅이라는 사람을 만나러 왔는데요. 혹시 만날 수 있을까요?」

그 말을 들은 남자는 인상을 찌푸리더니 미미를 의심의 눈초리로 쳐다보고 나서 건물 안으로 들어갔다.

「뭐야. 멀쩡한 사람 세워놓고.」

미미가 그렇게 투정을 부리고 있는데, 그 남자가 한 무리를 이끌고 돌아왔다.

「이 사람인가?」

「네, 그렇습니다.」

「흠……. 자네가 나를 보러왔다고?」

「네?」

「내가 장 칼뱅이네.」

「아! 네, 저 혹시 만날 수 있을까 해서 이렇게 찾아온 건데요.」

「그런가? 나를 만나러 멀리서 온 것 같은데. 귀한 손님을 이렇게 맞이해서는 안 되지. 콜록콜록.」

장 칼뱅이 기침을 하면서 미미를 건물 안으로 안내했다. 칼뱅이 앞장서서 걷고 그 뒤를 미미가 종종걸음으로 따라갔다.

「여기, 여기가 내 연구실이네.」

칼뱅이 문을 열어주면서 말했다. 미미가 들어가서 주위를 살펴보는데 책장을 꽉 채운 책들과 여기저기 널브러져 있는 종이와 펜들이 보였다.

「그래, 오늘 일하다가 예배에 늦게 온 건가?」

「그게 아니라 제가 저기 저 멀리서 오느라, 거기다가 처음 와보는 길이라서 좀 헤매서 늦어졌네요.」

「콜록콜록, 그나저나 이름이 어떻게 되나?」

「저요? 미미요, 박미미.」

「미미라. 여기 사람은 아닌 것 같고. 음……. 그래 멀리서 온 사람을 홀대하면 안 되지. 잠깐 기다려봐라.」

칼뱅이 잽싸게 말하고 연구실 안으로 들어가 의자 하나를 가져왔다.

「여기 앉게나.」

「네에.」

「사실 나도 여기 사람이 아니야. 프랑스에서 살다가 여기에 오게 되었네.」

「그렇구나.」

「그래, 자네도 교회에 다니나?」

「교회는 지난 주말에 갔다 왔어요.」

칼뱅이 묻자 미미가 조금의 망설임도 없이 말했다. 칼뱅은 책장으로 가서 두툼한 책 한 권을 가지고 왔다.

「이게 뭔지 아나?」

칼뱅이 책 한 권을 보여주면서 말했다. 미미는 그 책을 유심히 쳐다보았다.

「이거 성경인 거 같은데. 맞죠? 성경.」

「음……. 콜록콜록, 그거 성경 맞아. 그런데 잘못된 게 너무나 많아.」

「왜요?」

「콜록콜록, 그러니까 지금 완성된 성경은 토마스 아퀴나스라는 사람이 만들었거든. 그 사람이 집대성한 걸 우리가 보고 있는 거지.」

「무슨 문제가 있는 건가요?」

「콜록콜록. 그래 좋은 질문이야. 신부라는 사람들은 성경은 제대로 안 보고 미사다 뭐다 하면서 허구한 날 수다나 떨면서 노는 걸 좋아하나 봐.」

「그런 것도 중요한 거 아니었어요? 미사나 세례 같은 것도 중요한 줄 알았는데.」

「콜록콜록, 그래 그런 것도 중요하지. 그런데 성경에 교황이 현실 정치에 관여하라는 말이 있었나?」

칼뱅의 말에 미미의 머리가 하얗게 되었는지 칼뱅만 쳐다보았다.

「콜록콜록, 그러니까 내 말은 성경에 적혀 있는 거 말고 자꾸 다른 거에 관심을 가지고 있다는 거지.」

「학교에서 들은 적이 있는데, 교황은 종교적 영향력뿐만 아니라 정치적 영향력도 굉장히 큰 사람이라고 했어요.」

「그래, 그게 내 말이야. 그런데 성경에 그런 말이 어디 있나? 그것들이 뭐 직함만 번지르르한 거 같고, 실상 하는 일은 별거 없어.」

「음, 면죄부 같은 거 팔아서 그 사람들이 싫은 거예요?」

「콜록콜록, 맞아. 그런데 그걸 사람들을 속여서 팔기 시작한 거지.」

「맞다. 독일에서도 그랬다고 들었어요. 까막눈인 사람들을 속여서 면죄부 같은 거 만들어서 팔았다고.」

「콜록콜록, 음……, 독일이라. 독일.」

칼뱅은 갑자기 뭐가 생각났는지 두툼한 책 한 권을 가지고 왔다.

「콜록콜록, 루터가 독일어로 번역한 성경이야. 사람들이 라틴어로 쓴 성경을 못 읽는 걸 보고 자신이 직접 번역했지.」

「성경을 번역한 거예요? 그거 양 엄청나게 많을 텐데.」

「콜록콜록, 혼자 다 한 거지. 뭐. 그분 덕분에 사람들이 면죄부를 안 사게 되었지.」

「그렇구나.」

「내가 지금 생각하고 있는 게 있거든. 다섯 솔라라고 일단 이름은 붙였는데, 그중에 하나가 오직 성경으로지.」

「오직 성경?」

미미가 혼자 중얼거렸다. 그런데 다시 칼뱅이 책장으로 가서 두툼한 책 한 권을 가지고 왔다.

「이건 뭐예요?」

「수많은 성당에서 자기들끼리 해석한 성경인데, 내가 모아놓은 거야. 어떻게 성경은 하나인데, 이렇게 해석이 많다니. 참 나.」

「왜 그렇게 해석이 많은 거예요?」

「각 지역마다 성당이 있기 때문이야. 자기들 멋대로 성경을 해석한 거지.」

「음……. 그럼 오직 하나의 해석만 있다고 생각하는 거예요?」

칼뱅이 고개를 끄덕이면서 자리를 박차고 일어났다. 그러고 나서 대문짝만한 종이를 펼치면서 미미에게 보여주었다.

「어느 나라 말이에요?」

「라틴어. 일반인은 잘 모르지. 이것도 빠른 시일 내 다시 번역을 해야 해.」

미미가 무슨 글자인지 잘 모르는 것 같자 칼뱅은 종이를 접으며 혼자 중얼거렸다.

「자네는 면죄부를 사면 구원을 받을 수 있다고 생각하나?」

「저는 그거 터무니없는 말이라고 생각하는데요.」

「콜록콜록, 뭘 좀 아는구나. 오직 믿음만이 우리를 구원할 수 있어. 다른 건 필요하지 않아.」

「아무것도 필요 없어요?」

「콜록콜록, 오직 믿음만이 필요할 뿐이야. 그건 그렇고. 내가 방금 말한 거 다섯 솔라 중에 오직 믿음이라고 규정했어.」

「믿음이요? 하나님만 믿으면 아무것도 필요 없으니까요?」

미미가 고개를 끄덕이면서 말했다. 그런데 칼뱅은 다시 책장으로 가서 종이를 가져왔다.

「음? 그건 뭐예요?」

「콜록콜록, 내가 두서없이 여기저기다가 써놓는 바람에……. 그건 그렇고 내가 뭐라고 적었더라.」

칼뱅이 손가락 끝에 침을 묻히며 종이를 펴서 빠른 속도로 읽기 시작했다.

「콜록콜록, 이것도 방금 전에 이야기한 면죄부와 어느 정도 일맥상통하는 것인데. 면죄부라는 게 어떻게 보면 구원을 받기 위한 대가라고 볼 수 있지 않나?」

「생각해보니 그러네요.」

「그래 맞아. 그것도 일종의 대가지. 그것도 로마 교황청 사람들이 면죄부를 어떻게 팔아보려고 하는 술수라고 생각해.」

「음. 하긴 사람들을 사탕 발린 말로 유혹해서 팔아야 하니까.」

「콜록콜록, 그게 하나님을 모욕하는 말이라고.」
칼뱅이 갑자기 자리에서 일어나 소리치며 말했다.
「콜록콜록, 미안하네. 내가 요즘 들어 감정 조절이 안 된다네.」
칼뱅이 미안한지 조심스럽게 말했다.
「하나님은 우리에게 아무 조건 없이 은혜를 베풀어준 거야.」
「음……. 그럼 우리는 하나님한테 뭐 드리는 건 없는 거네요.」
평소의 미미 같으면 자리를 박차고 일어났을 텐데 웬일인지 화를 참았다.
「콜록콜록, 아 맞아. 하나님이 엄청나게 자비로우신 분이라 그게 가능한 거지.」
「그런데 그걸 돈을 받고 팔았던 거고요.」
「콜록콜록. 맞아, 맞아. 분명 하나님은 조건 없이 우리에게 은혜를 베풀어주는 분인데, 로마 교황청 사람들이 돈에 환장해서 면죄부를 팔기 시작한 거지.」
「지금도 면죄부를 팔아요?」
칼뱅이 자리에서 일어나 다시 책장으로 가서 두툼한 책 한 권을 가져왔다.
「자네가 방금 물어본 내용이 여기 어딘가 적혀 있을 텐데. 아, 여기 있다. 독일에서 루터라는 사람이 95개조 반박문을 발표하면서 사람들이 그제야 진실을 알게 된 거지.」
「그럼, 면죄부는 언제 사라진 거예요?」
「콜록콜록. 그때쯤 사라지게 된 거지. 이제 라틴어를 모르던 사람들도 거짓말을 하고 있다는 걸 알게 된 거야.」
「그렇구나.」
「콜록콜록, 로마 교황청 머저리들은 하나님에게 구원을 받으려면 대가가 필요하다고 생각한 거야. 나는 그렇게 생각 안 해. 하나님은 우리를 모두 구원해주시지. 뭐 딱 하나 필요한 게 있다면 하나님에 대한 믿음뿐이지.」

「믿음이요?」

「그래 믿음. 하나님이 우리를 구원해준다는 그 믿음만 있으면 돼. 믿음이 부족하니까 면죄부를 산 거지.」

「믿음이라.」

「하나님은 워낙 자비로운 분이라 믿음만 요구한다는 거야. 예수 그리스도께서 십자가에 못박혀 돌아가셨다는 이야기 들어보았지?」

「그 이야기 어렸을 때부터 많이 들어본 것 같아요.」

칼뱅은 미미가 말을 끝마치기도 전에 책장에 가서 또다시 큰 종이를 가지고 왔다.

「이게 말이지. 예수 그리스도께서 십자가에 못박혔을 그때를 기리기 위해 후세 사람들이 그린 거야.」

칼뱅이 양팔을 크게 벌려 종이를 보여주면서 말했다. 그 그림은 오래되었지만 선명하게 보였다.

「우와, 그림 봐.」

미미는 자기도 모르게 감탄사가 나왔다. 칼뱅은 종이를 정성스럽게 접어서 일단 책상에 놓고 다시 자리에 앉았다.

「그래. 이 그림은 제네바에 오자마자 받은 거야.」

「신자분이 준 것일 수도 있겠네요.」

「콜록콜록, 그래. 생각을 해보니 그럴 수도 있겠네. 이 그림이 무엇을 의미하는지 알 것 같나?」

「뭐, 예수 그리스도의 희생? 그런 거 아닌가?」

「콜록콜록, 맞기는 한데. 정확한 게 아니야. 내가 좀 자세히 설명해주마.」

칼뱅이 자리에서 일어나 책장으로 가 두툼한 책 한 권을 가져왔다.

「콜록콜록, 아, 여기 있네. 우리 인간은 태어나는 순간부터 죄를 짓지.」

「음……. 사람은 죄를 짓고 태어나요?」

「콜록콜록, 인간은 태어날 때부터 죄를 짓지. 이런 상태에서 벗어나려면 오로지 한 가지 방법밖에 없어.」

「그게 뭐예요?」

「콜록콜록, 구원을 받으려면 십자가에서 못박혀 죽은 예수 그리스도의 공효(공을 들인 보람이나 효과)를 받는 수밖에 없어.」

칼뱅이 말을 마치자마자 다시 그림을 미미에게 보여주었다.

「이제, 이 그림의 의미를 알겠지?」

「이제 알 것 같아요.」

「콜록콜록, 내가 프랑스에서 로마 교황청을 비판했을 때 모진 핍박을 받았거든. 그때 나에게 도움의 손길을 줘 내가 여기 제네바로 왔거든. 그나저나 내가 설명을 해준다는 거 다 했나?」

「아니요. 하나 안 한 것 같은데.」

「콜록콜록. 자비로운 예수 그리스도께서 우리를 대신해 희생하셨지. 그래서 우리 같은 사람이 구원을 받을 수 있는 거지. 그러니 응당 모든 영광을 예수 그리스도께 드려야 하는 것 아닌가?」

「음……. 그건 그렇네요. 하나님께서 우리에게 은혜를 베풀어주셨으니까.」

「콜록콜록, 그런데 저 로마 교황청 머저리들은 자기네들이 하나님보다 위에 있는 줄 알아.」

칼뱅은 말하면서도 벽을 주먹으로 수차례 내리쳤다.

「그 정도예요?」

「콜록콜록, 우리가 구원을 받는 건 오로지 하나님 덕분인데, 우리 인간이 뭐 한 게 있나?」

그러더니 칼뱅이 갑자기 가슴을 부여잡고 거친 숨을 몰아쉬기 시작했다.

「아이고 또 말썽이네. 아이고, 아파라.」

칼뱅이 곡소리를 내기 시작하자 미미가 걱정이 되는지 자리를 박차고 일어났다.

「콜록콜록. 그렇게 걱정할 거 없네. 어릴 때부터 몸이 약해서 말이야. 좀 쉬면 될 거야. 이제 가봐도 되네.」

미미는 칼뱅이 마음에 걸리는지 선뜻 발걸음을 떼지 못했다.

「나, 괜찮아. 그러니까 걱정하지 말고 가봐도 돼. 시간도 늦었을 텐데 얼른 가봐.」

칼뱅이 말을 마치자마자 화면이 흐릿하게 바뀌면서 미미의 귓가에 요란한 기계음이 들렸다.

「장 칼뱅과의 대화가 끝났습니다. 다음 장으로 넘어가시겠습니까? 예, 아니오로 대답해주시기 바랍니다.」

「아니오.」

화면이 완전히 바뀌자 미미는 주변을 정리하기 시작했다.

「칼뱅과 루터 같은 사람이 불의에 맞서 싸워 세상이 변했구나. 나는 하지 못했을 텐데. 그렇게 용기를 내서 행동했으니 우리가 더 좋은 세상에 살고 있는 거 아닐까?」

미미는 체험실을 나와 연습실로 내려갔다.

장 칼뱅의 철학 노트

여러분, 혹시 칼뱅이 왜 직업 소명설을 주장했는지 아시나요? 교회도 안 다니고 장로교 신자가 아니라 잘 모르신다고요? 면죄부 아시죠? 그 면죄부를 사면 어떤 악행을 저질러도 천국에 갈 수 있다고 주장했습니다. 그렇게 되면 부자들은 악행을 저지를 때마다 면죄부를 하나씩 사면 되죠. 처음에는 부자들만 이렇게 하다가 나중에 가서는 일반인들까지 면죄부를 사게 됩니다. 그것을 본 칼뱅은 면죄부를 산다고 천국에 갈 수 있는 게 아니라 평소에 자신의 일을 성실하게 한 사람은 하나님의 구원을 받아 천국에 갈 수 있다고 주장한 겁니다. 이제 왜 칼뱅이 직업 소명설을 주장했는지 이해가 되시나요?

CHAPTER

프랜시스 베이컨
1561~1626

자신의 우상을 파괴하라

10

「학생, 거기서 뭐하는 건가?」

「아……. 저, 그게……. 학교에서 산에 직접 가서 관찰하고 오라고 해서요. 제가 뭐 잘못한 거라도 있나요?」

낯선 남자가 물어보자, 미미는 화들짝 놀라 공책을 보여주면서 말했다.

「나는 여기 관악산 관리사무소에서 일하는데, 어린 학생이 돌아다니면서 무언가 적는 걸 처음 봐서 물어보았어.」

「아……. 저는 또, 혹시. 처음 보는 것이 너무 많아서 그러는데 이름이라도 알려줄 수 있나요?」

「뭐, 그거야 어렵지 않지. 여기 식물들에 대해서 우리가 책자로 만들어놓은 게 있는데, 마침 나도 내려가는 길이니 사무실에 들러 한 권 받아가면 돼.」

「아……. 감사합니다.」

「우리가 하는 일인데 뭐. 관악산에는 혼자 온 건가?」

「네, 혼자 왔어요. 뭐 다른 산으로 가서 숙제한다는 아이들도 있고. 저는 신림동에 살아서 여기로 왔어요.」

「신림동? 여기서 가깝지. 공책에 빼곡히 쓴 걸 보니 조사는 많이 한 것 같은데?」

「이 정도면 더 안 해도 될 것 같죠?」

「내가 보기에는 충분한 것 같은데…….」

「그럼, 내려가요.」

「내가 여기 길은 잘 아니까 먼저 앞장설게.」

미미는 내려가면서도 관리사무소 직원과 한참을 대화했다.

「학교 선생님이 굉장히 독특한 숙제를 내준 거 같네.」

「집에서 해보는 것보다 밖에 나가서 직접 관찰하는 게 더 낫다며 숙제를 내주었죠. 그래서 제가 이 고생을 하는 거고요.」

「그래서 산에 온 거구나.」

미미와 관리사무소 직원은 어느새 사무실에 도착했다.

「아까 말한 책자가 이거야. 관악산에 있는 식물들을 정리한 건데, 도움이 될 거야.」

「감사합니다.」

미미는 사무실을 빠져나왔다.

「어디로 가야 하지? 항상 엄마 아빠와 같이 왔는데, 어떻게 가는지 도무지 감이 안 잡히네. 일단 지하철 2호선을 타야 하는데……. 여기서 이렇게 가야 회사에 가기 좋겠네.」

미미는 지하철과 버스를 타고 회사에 도착했다.

「안녕하세요. 저, 미미 왔어요.」

「미미 왔구나. 그래 어디 갔다 왔어? 너 땀 엄청 흘리는데.」

미미가 잠시 숨을 고르다가 문을 열고 인사하면서 들어가는데, 남 실장이 물었다.

「저 학교 숙제 때문에 새벽에 일어나서 산에 갔다 왔어요.」

「무슨 숙제인데, 산에 갔다 와?」

「요즘 애들은 너무 방구석에만 있어 문제라고 산에 직접 가서 어떤 식물이 자라는지 눈으로 보고 오라고 해서요.」

「요즘 그런 숙제를 내주는 선생님이 있어? 이야. 참. 대단하신 분이네.」

「실장님, 뭐가 대단해요. 그냥 인터넷에서 검색하면 다 나오는데, 이 더운 날 산에 오르라니. 정말 죽을 것 같다니까요.」

「너네 또래들은 식물을 직접 본 적이 별로 없으니 그런 거겠지. 그러고 보니 생각나는 철학자가 있는데, 오늘 체험은 순서를 바꿔서 하자.」

남 실장이 무언가 머릿속을 스쳐 지나갔는지 말했다.

「실장님, 또 뭐 이상한 거 아니죠?」

「궁금하면 직접 가서 체험해보면 알게 되겠지. 기대되지 미미야? 오늘 체험 잘하고.」

남 실장이 이렇게 말하고 자리를 떠나자 미미도 4층 체험실로 터벅터벅 올라갔다. 체험 준비를 마친 미미가 기계 전원 버튼을 엄지손가락으로 꾹 눌렀다.

「프랜시스 베이컨과의 대화를 시작하겠습니까? 예, 아니오로 대답해 주시기 바랍니다.」

「예.」

요란한 기계음이 미미의 귓가를 맴돌기 시작하면서 화면이 바뀌었다. 미미는 차가운 바람 때문인지 양팔로 몸을 감싸안고 부르르 떨었다.

「그러고 보니 여기 사람들 모두 한겨울 옷을 입고 있네. 에취. 아, 왜 이런 것까지 구현해놓은 거야.」

사람들은 모두 두툼한 옷을 입고 있는데, 미미만 반팔을 입고 있었다.

「아니, 어디서 찬바람이 불어오는 거야. 아우, 추워. 진짜 이거 너무한 거 아니야.」

미미의 코가 빨갛게 되었다. 주위를 두리번거리며 걸어가던 미미가 무엇을 보았는지 갑자기 발걸음을 멈추었다.

「저 집으로 가야 하는 거 아냐? 아, 몰라. 가보지 뭐.」

미미가 집 앞에 걸려 있는 문패를 보고 곧장 그 집으로 갔다.

「뭐야? 문도 활짝 열어놓고. 모르겠다. 들어가보자. 거기 누구 없어요? 거기 누구…….」

미미가 몇 번을 큰소리로 부르면서 스스럼없이 집 안으로 들어갔다. 그런데 웬 푯말이 걸려 있었다.

「'프랜시스 베이컨을 만나러 왔다면 닭장으로 오시오.' 뭐야. 진짜 철학자 중에 제대로 된 사람이 있기는 한 거야.」

미미는 푯말에 그려져 있는 약도를 따라갔다.

「거기 누구 없어요? 여기 있다고 해서 왔는데, 거기 누구 없어요? 퉤. 아 냄새, 어우 먼지, 이건 또 뭐야.」

미미가 닭장 밖에서 소리를 질렀다. 그런데 아무런 인기척이 없자 어쩔 수 없이 닭장 안으로 들어갔다.

「누구 왔나? 아, 자네는 누군가? 콜록콜록……. 일단 이리로 오게.」

인기척을 내며 한 남자가 나타났다.

「빨리 오게나. 여기 있으면 조금 나을 거야.」

남자가 닭장 밖으로 안내하자 미미는 이제야 조금 나아졌는지 표정이 좋아졌다.

「아……. 이제야 살 거 같네. 그런데 아저씨가 프랜시스 베이컨 맞아요?」

「내가 프랜시스 베이컨 맞네. 자네, 이제 좀 나아졌나? 음……. 옷차림을 봐서는 여기 사람은 아닌 것 같고. 여기 왜 왔나?」

「저, 에취…… 에취…… 아, 그게 아저씨 되게 유명한 사람이라고 해서 만나보려고 온 건데 잠시만요, 아저씨. 에취…….」

「내가 뭐 따뜻한 차나 먹을 것 좀 가지고 올게.」

미미가 연신 기침을 하면서 제대로 말을 못하자 베이컨은 안쓰러운지 차 한 잔을 들고 왔다.

「이거라도 마시면 좋을 거야.」

미미는 연신 기침하더니 이제 좀 나아졌는지 방금 전보다 안색이 좋아졌다.

「그런데 왜 나를 찾아온 거지?」

「아저씨는 학문적으로 엄청 대단한 사람이라고 알고 있는데요?」

「아……. 뭐, 아리스토텔레스라면 모를까 그 정도는 아냐.」

베이컨은 부끄러운지 손사래를 치면서 말했다.

「아리스토텔레스요? 그 사람은 왜요?」

「그게 말이지. 아리스토텔레스가 옛날 사람이기는 하지만 그래도 그 사람에게서 배울 게 많다고 생각하거든. 나도 이것저것 영향을 많이 받았고. 아리스토텔레스는『오르가논』이라는 엄청난 업적을 남겼지.」

「오……, 뭐요?」

「『오르가논』이라고 아리스토텔레스가 쓴 세기의 역작이지. 그 책에서는 논리를 삼단논법으로 정리했지. 음……. 그러니까 연역법으로 정리했지.」

「저, 그 삼단논법 알아요. 그게 무슨 문제 있어요?」

베이컨의 말에 미미가 잘 이해가 안 되는지 고개를 갸우뚱거렸다.

「물론 그 연역법이 단점만 있는 건 아니야. 그러니까 연역법에서는 전제가 참일 경우 결론은 무조건 참이지.」

「아저씨, 그게 무슨 단점이에요? 전혀 단점 같지 않은데.」

「그럼 연역의 반대에서 시작해볼까? 내가 해를 관찰한다고 생각해보자.」

「그래요, 아저씨.」

「오늘 새벽에 해를 보았더니 동쪽에서 떴지. 그다음 날 새벽에 해를 보았더니 동쪽에서 해가 떴지. 또 다음 날 새벽에 해를 보았는데 동쪽에서 떴네. 뭔가 감이 잡히지 않나?」

「3일 동안 밖에 나가서 해를 본 거요? 」

미미는 쉽게 이해가 되지 않는지 한참을 생각하다가 겨우 말했다.

「아니, 그게 얼마나 대단한 발견인데. 하 참……. 이걸 어디서부터 설명해줘야 하나? 음……. 그러니까 아리스토텔레스가 정리한 논리학은 거의 다 사고실험이라고 생각하면 이해하기 쉬울 거야?」

「음……. 사고라 사고……. 머릿속으로 생각하는 거죠? 아저씨?」

「그래, 그거야.」

베이컨은 자신이 원하는 대답을 들었는지 환호에 찬 목소리로 말했다.

「이제야 이해를 하는구나.」

「에이, 아저씨. 조금 전에 말한 거와 아무런 차이도 없는 것 같은데, 너무 억지 부리는 거 아니에요?」

「뭐? 이게 무슨 억지야. 참 나. 아직도 이해를 못한 거니?」

베이컨이 울화통이 터지는지 뒷목을 잡으면서 말했다.

「그래, 이해 못할 수도 있지. 아리스토텔레스는 사고실험을 했고, 나는 관찰을 했어. 이제 뭐 잡히는 거 없어?」

「음……. 그러니까 그게……. 아저씨는 직접 실험을 했고, 아리스토텔레스는 머릿속으로만 생각했다, 이건가요?」

「그래, 그거야.」

미미가 이렇게 말하자 베이컨은 집이 떠나갈 듯한 목소리로 외쳤다.

「아저씨, 귀 아파요. 저 귀 안 먹었는데 왜 이렇게 크게 말해요.」

「이 쉬운 걸 왜 이해를 못하나.」

「에이. 그거야 아저씨가 이상하게 설명해주니까 그런 거죠. 좀 천천히 쉽게 설명을 해주었으면 얼마나 좋아요.」

「이 쉬운 걸 어렵게 빙빙 돌려서 설명한 내 잘못이다.」

미미가 툴툴거리자 베이컨이 마음이 상했는지 고개를 돌리면서 말했다.

「내가 직접 관찰을 했다는 걸 계속 강조하는 이유가 뭔지 아나?」

「흠……. 아, 알 것 같아요. 눈으로 보는 거만큼 중요한 건 없으니까, 맞죠?」

「정답은 아니지만 뭐 그래도 좀 나아진 건 있네. 연역법은 전제가 참일 경우 결론도 항상 참이지. 그런데 내가 정리한 귀납법은 참이 아니야. 하지만 매번 관찰을 하니 결과가 참이 아니어도 새로운 지식을 얻을 수 있는 거지.」

「흠……. 그러면 실험하다가 실패할 수 있다는 거네요.」

「맞아. 하지만 그 실패를 통해 새로운 지식을 얻을 수 있지.」

「흠, 아저씨 말씀은 실패는 성공의 어머니다, 이 말인가요?」

「뭐, 그렇다고도 할 수 있지. 그런데 이제 몸은 좀 따뜻해졌나?」

「거의 다요. 아까 닭장에서 무슨 실험을 하셨어요?」

「그거? 지금 마당에 눈 오는 거 보이지?」

「에이 아저씨는. 당연히 저도 보이거든요.」

미미가 베이컨이 가리키는 곳을 보고 툴툴거리면서 말했다.

「닭의 배를 갈라 그곳에 눈을 채워서 관찰해보려고 했지. 그래서 우리 집 닭장에 있는 닭을 잡으려고 들어간 거지.」

「그냥 시장에서 닭 한 마리 사오면 안 돼요?」
「닭장에 닭이 있는데 무엇 하러 사오나?」
「실험은 어떻게 된 거예요?」
「실험 아직 못했어. 나도 이제 나이를 먹어서 그런지 닭 한 마리 잡는 게 왜 이리 힘든지 모르겠다. 그건 그렇고, 혹시 시장의 우상이라고 아나?」
「아니요. 그게 뭔데요?」
「하……. 그래 그러니까. 시장의 우상이 음……. 자네 혹시 운명이라는 말 들어보았나?」
「들어보았죠. 운명 같은 사랑, 이런 말을 할 때 쓰이죠? 언니 오빠들은 막 운명처럼 만나서 사귀던데. 그게 얼마나 부러운데요. 나도 우현 오빠와 운명처럼 만나서…….」
미미는 눈을 질끈 감고 세상을 다 가진 표정을 지었다. 그런 미미를 보고 베이컨은 고개를 절레절레 흔들었다.
「내가 운명이라는 말을 왜 했는지 감이 올 것 같나?」
「아뇨.」
베이컨이 묻자 미미가 한 치의 고민도 없이 고개를 흔들면서 말했다.
「물어본 내가 잘못이지. 음……. 그래 지금 나는 자네에게서 종족의 우상이 보여.」
「뭐…… 뭐요? 종족의 우상이요? 그게 뭐예요?」
「방금 누구 좋아한다고 했지?」
「우현 오빠요. 그 오빠가 얼마나 멋있는데. 뭘 해도 그렇게 멋있을 수가 없어요.」
미미는 그렇게 좋은지 배시시 웃으면서 말했다.
「왜 그렇게 생각하는 건가? 뭐, 둘이 무슨 일 있었나? 아니면 어떤 특별한 게 있나?」

「자주는 못 보지만, 음……. 오빠가 저를 바라볼 때마다 웃어주는데, 아마 저를 보고 웃는 게 분명해요. 같이 연습할 때 정말 친했는데.」

「뭐 다른 사람 보고 웃는 거 아니야? 아니면 혼자 궁상맞게 짝사랑하는 건가?」

「이 아저씨가 진짜 못하는 말이 없어. 우리 우현 오빠와 내가 얼마나 친했는데요.」

「종족의 우상! 어디서 들어본 적 없나?」

「없는데요. 아저씨, 그 말은 누가 한 말인데요?」

「내가 한 말이야. 그런 것도 모르다니, 나 원 참.」

「아저씨가 하신 말씀을 제가 어떻게 알아요. 아저씨가 설명을 해줘야 알죠.」

미미는 기분이 상했는지 얼굴이 순식간에 빨개지면서 소리쳤다.

「그래 설명을 안 한 내 잘못이다. 사람은 생각하는 동물이지, 그렇지?」

「뭐, 그렇죠. 그게 왜요?」

「그 생각이 때로는 문제가 될 수 있다고 생각해. 농사를 지을 때 잡초는 뽑아버리지?」

「그야 당연하죠. 잡초는 다 뽑아버리고 벼나 보리가 자랄 수 있게 해줘야죠.」

「흠. 그럼 잡초의 입장에서는 어떨까?」

「그걸 왜 생각해야 하는 거죠? 아니 잡초를 뽑아버리는 건 당연한데?」

「잡초도 존중을 받아야 하는 거 아닌가?」

베이컨의 말에 미미는 어이가 없는지 헛웃음을 지었다. 베이컨은 당황하지 않고 침착하게 말을 이어갔다.

「아니 잡초를 왜요? 아저씨, 왜 그런 이상한 말을 해요?」

「사람 말을 끝까지 들어야지. 자네는 인간이 만물의 척도라고 생각하지?」

「그게 어때서요?」

「이걸 어찌 설명한다……. 나는 세상에 쓸모 없는 생명체는 없다고 보는데.」

「저도 모든 생명은 존중받아야 한다고 생각해요. 그 이야기가 여기서 왜 나와요?」

「방금 전에 잡초는 뽑아버려야 한다고 말한 거 그새 잊어버렸나?」

미미는 순간 말을 못했다.

「생각의 오류를 고쳐주려고 하는 것이니 너무 기분 나쁘게 듣지 말게.」

미미가 말을 잇지 못하자 베이컨이 부드러운 목소리로 말했다.

「오로지 인간의 관점에서만 보기 때문에 문제가 발생하는 거지.」

「음……. 그럼 제가 뭐 잘못 생각하는 게 있다는 건가요?」

「자네는 몰랐으니 이제부터 잘하면 되는 거야. 호밀이라고 아나?」

「호밀빵 만들 때 들어가는 호밀 말하는 거죠?」

「맞아. 그 호밀이야. 원래 호밀은 잡초라서 농사를 지을 때 그냥 뽑아버렸거든. 그런데 나중에 알고 보니 농작물인 거야.」

「그냥 뽑아버리면 안 되는 거였네요.」

「그렇지. 잡초라는 편견 때문에 오류를 범한 거야. 방금 설명한 종족의 우상 말고도 다른 우상도 있는데, 차근차근 설명해줄 테니 잘 들어봐.」

「우상이라 음……. 알긴 아는데 아저씨가 이번에 제대로 알려주면 안 될까요?」

미미는 베이컨의 말이 잘 이해가 안 되는지 다시 물었다.

「질문은 언제나 환영이야. 우리가 진리에 도달하는 것을 가로막고 방해하는 것이 있거든. 그걸 나는 우상이라고 정의했네.」

「그러니까 아저씨 말씀은 사람이 잘못된 생각을 하고 있어서 진리에 도달하지 못한다고 보는 거네요.」

「흠. 맞아. 내 말을 아주 잘 이해한 거 같구나. 흠……. 나는 우상을 몰아낼 수 있는 확실한 방법은 귀납법이라고 생각해. 흠……. 그나저나 무엇을 예로 들어야 좋을까? 저기 저 책 보이나? 어떤 생각이 드나?」

베이컨이 그제야 생각이 났는지 책장을 가리키면서 말했다.

「저 책들 아저씨 책이니까 아저씨한테는 엄청 쉽게 느껴지겠죠? 저는 저 책 읽어도 무슨 말인지도 모를 텐데요.」

「나도 저 책을 몇 날 며칠을 봐야 겨우 이해하는 수준이지. 방금 말한 대로 보기 전에 어렵다고 거들떠도 안 볼 수도 있고. 이렇게 같은 걸 보고도 기준이 달라질 수 있는 거지.」

「그게 무슨 말이에요?」

「그러니까 모든 개인이 서로 다른 방식으로 사물을 받아들이게 된다면, 누구의 판단이 옳고 그른지를 알 수 없게 되지. 자네 혹시 거울 보나?」

「하루 종일 거울 봐야 하는데. 아침부터 저녁까지 거울 없으면 안 되는데…….」

「거울도 좋은 거울로 보면 상관이 없는데 표면이 고르지 못한 거울로 사물을 보게 되면 사물의 본모습을 볼 수가 없지. 인간의 지성도 마찬가지야. 편견을 가지고 보면 왜곡되지 않겠나?」

「아저씨 말씀은 편견을 가지고 보면 있는 그대로를 볼 수가 없다, 이 말이죠?」

베이컨이 말을 마치기 전에 재빨리 미미가 되물었다.

「그래, 내 말을 제대로 이해한 거 같구나.」

베이컨은 자신의 설명을 잘 이해한 미미가 기특한지 처음으로 해맑은 미소를 지었다.

「이제 다른 우상을 설명해주마. 혹시 시장은 자주 가나?」

「엄마 따라 마트는 자주 가는데 재래시장은 별로 안 가요. 그런데 갑자기 시장은 왜요?」

「시장은 온갖 물건과 사람으로 북적이는 곳이지. 사람이 많으니 이런 저런 말이 오가지.」

「사람 많은 곳은 항상 시끄럽기 마련인데, 그게 무슨 문제라도 있어요?」

「사람들과 소통하기 위해서는 언어가 필요하고 또 사고를 할 때도 언어가 많은 역할을 하는 건 알지?」

「그렇죠. 그런 당연한 말을 왜 길게 늘어뜨려서 해요?」

「흠……. 두 사람이 말을 할 때 한 사람이 잘못 이해하는 경우도 종종 있지?」

「그런 것도 있죠. 나는 분명 그런 말을 한 건 아닌데, 갑자기 화를 내고 그럴 때는 얼마나 답답한지. 진짜 속 터져 죽을 것 같다니까요.」

「그런가? 나는 그런 언어에서 나오는 문제를 시장의 우상으로 정리했다네.」

「시장의 우상이요?」

「혹시 전설의 동물들은 아나?」

「당연히 알죠. 뭐 용이나 봉황이나 아니면 유니콘 같은 거? 뭐 그런 거 말고도 찾아보면 엄청나게 많이 있겠죠.」

미미는 잠깐 동안 곰곰이 생각하다가 말했다.

「그게 시장의 우상의 첫 번째야. 명칭은 있는데 존재하지 않는 것들.」

「음……. 그럼 신화 속에서 나오는 것들이나 상상의 동물들 말하는 거네요.」

「그게 아주 커다란 문제지? 지금 말한 그 동물들 실제로 본 적 있나?」

「어릴 때 동화책에서 본 거 빼고는 없는데요. 뭐 괜히 상상의 동물이라고 했겠어요?」

베이컨의 말에 아주 잠깐 생각하는 척하더니 실없이 웃으면서 미미가 말했다. 그런데 베이컨의 표정이 영 심상치가 않았다.

「그런 존재들이 이 세상에 없다는 건 인정하는 거지?」

「에이, 아저씨, 뭐 사람들 다 웃자고 하는 말인데 너무 진지하게 따지고 들어가면 어디서 좋은 소리 못 들어요.」

「하……. 나는 이 세상에서 존재하지 않는 것에 대한 논쟁은 공허하고 쓸모가 없기 때문에 인간의 지성을 혼란에 빠지게 한다고 생각하지.」

「아저씨 왜 그래요? 뭐 그런 거 좀 좋아할 수도 있지. 아저씨는 그게 그렇게 마음에 안 들어요?」

베이컨이 책장으로 가서 종이 한 장을 가지고 와서 보여주었다.

「음……. 전부 다 처음 들어보는데요. 행성, 친구, 최초의 동자, 불의 원소, 흠……. 이게 다 무슨 말이에요?」

미미는 베이컨이 보여준 종이에 쓰여 있는 글자들을 읽었는데, 도통 이해가 안 되는지 한참을 보다가 겨우 말했다.

「그런 단어들을 일반인들이 어떻게 알겠냐고? 하여간 어줍지 않은 것들이 어떻게든 있어 보이려고 별짓을 다 해.」

베이컨이 연신 손으로 탁자를 내리쳤다.

「그럼 어떻게 해요? 공부한다는 사람들이 쓴다면서요. 그런 말을 모르면 어떻게 공부를 해요?」

「계속 쓰면 안 되지.」

베이컨은 잡아먹을 듯한 표정을 지으면서 말했다.

「아니, 아저씨는 왜 화를 내요. 누가 보면 아저씨한테 잘못한 줄 알겠네.」

「아……. 그건 미안해. 내가 나이가 들어서 그런지 요즘 좀 이상해.」

베이컨이 무안한지 뒤통수를 긁으면서 말했다.

「그러니까 시장의 우상은 잘못된 언어 사용으로 우리 인간의 지성을 혼란시켜 쓸데없는 논쟁을 불러일으킬 수 있다, 이 말이지.」

「그렇게 쉽게 설명해주지 왜 빙빙 돌려서 말해요.」

「내 설명이 지루해서 힘들었다는 말이냐? 그럼 머리나 식힐 겸 같이 연극이나 보러 갈까?」

「아저씨도 그런 거 봐요? 웬일이래? 그런데 여기에는 뭐 볼 거 있어요?」

「있고말고. 연극 하면 셰익스피어지. 셰익스피어는 우리 영국의 자존심이라네. 그만 한 사람은 어디 가도 없어.」

「저도 회사에서 로미오와 줄리엣으로 연습해서 알거든요. 연기 파트너가 우현 오빠여서 좋았는데. 아무리 연기지만 우현 오빠가 나를 불러주었을 때 얼마나 심장이 뛰던지.」

「너랑은 연극 보러 가지 못하겠다.」

「왜요? 아저씨. 사람 설레게 만들어놓고. 그러면 왜 연극 보자고 말한 거예요. 아. 진짜. 좋다가 말았네.」

「네가 극장의 우상에 빠져 있어 그것을 바로잡아준 거야.」

미미가 양쪽 볼이 금방이라도 폭발할 것처럼 부풀어올랐다.

「너무 환상에 젖어 있어서 한마디 한 건데, 그게 그리 기분이 나쁘더냐?」

「아니 아침 일찍 학교 가서 밤늦게까지 회사에서 연습하다가 겨우 힘든 몸 이끌고 집에 가는데, 저도 낙이라는 게 있어야 살죠. 안 그러면 이 재미없는 인생을 어떻게 살아요.」

미미가 쏘아붙였지만 베이컨은 아무 미동도 없었다.

「환상에 젖어서 사리분별 제대로 못하는 거지. 그 남자가 너를 사랑해서 그렇게 부르는 걸까? 시나리오에 적혀 있으니 그렇게 불렀을 뿐 너를 좋아하거나 사랑하는 감정으로 부른 게 아니라는 거지.」

미미는 원망 가득한 눈빛으로 금방이라도 베이컨을 잡아먹을 기세로 쳐다보았다.

「지금 자네는 유명한 사람의 학설에 맹목적인 지지만 하는 것과 똑같아.」

베이컨은 아랑곳하지 않고 말했다.

「이게 다 자네가 우상에 빠지는 것을 막으려고 말해주는 거니 기분 나쁘게 듣지 마.」

베이컨이 미미를 달래려고 말했지만 미미는 완전히 뒤돌아 앉았다.

「그래……. 그래 내가 잘못한 거 같네. 나 때문에 서운했지. 정말 미안하네.」

그제야 잔뜩 부풀어올랐던 미미의 양쪽 볼이 가라앉았다.

「그래 이왕 설명하던 것 끝까지 하는 게 낫겠지? 여기까지 잘 왔으니까 어렵게 느껴지지 않을 거야.」

「아직도 설명할 게 많이 남았어요? 계속 설명만 들은 것 같은데. 아, 진짜 머리 아프다.」

「그래도 이왕 하는 김에 끝까지 해야지.」

베이컨의 설명이 끝날 기미가 전혀 보이지 않자 미미는 응석을 부리기 시작했다.

「지금까지 우상에 대해서 설명했는데, 이번이 4번째 우상 바로 동굴의 우상이지.」

「동굴? 그건 또 뭐예요?」

「동굴 안에서 일생을 산다고 생각해보자. 동굴 안에만 있으니 그 안에서 무언가 자유롭게 할 수 없겠지? 그렇지?」

「에이, 어떻게 사람이 동굴에서 일생을 살아요. 저 같으면 돈을 아무리 많이 줘도 동굴에서는 도무지 못 살 것 같은데.」

미미가 손사래를 치면서 대답했다.

「예를 들어 그렇다는 거지. 그림자에 대해서는 알지?」

「에이, 아저씨. 진짜 계속 그렇게 저를 무시할 거예요?」

미미가 기분이 확 나빠졌는지 화를 냈다.

「혹시나 해서 물어본 거야. 작은 새가 나무에 앉아 있더라도 동굴 그림자는 다르게 나타나겠지.」

「그거야 그럴 수 있죠. 해가 어디에 있는지에 따라 그림자는 충분히 변할 수 있으니까 왜곡되는 게 좀 있겠죠.」

「음. 그래. 잘 이해하고 있구나. 동굴에서 왜곡된 걸 받아들이고 나서 밖에 나가면 큰 혼란이 오겠지?」

「그거야 당연하겠죠.」

「그림자를 보고 그것을 진리라고 믿을 수 있다는 거지.」

「아저씨 말씀은 잘못된 정보를 사실인 것으로 알고 있을 수 있다, 이 말인가요?」

「바로 그거야. 여태껏 설명을 들은 보람이 있지?」

「어느 정도는요.」

「가뜩이나 실험할 게 많아서 바쁜데도 설명해주었더니 힘이 드네. 너는 어서 가라, 나 실험하려면 닭을 잡아야 하니까.」

미미는 재빨리 집을 나왔다. 그러자 귓가에 요란한 기계음이 맴돌기 시작했다.

「프랜시스 베이컨과의 대화가 끝났습니다. 다음 장으로 넘어가시겠습니까? 예, 아니오로 대답해주시기 바랍니다.」

「아니오.」

평소 같으면 신이 나서 체험이 끝나자마자 후다닥 정리하고 나왔을 텐데, 오늘은 시간이 조금 걸렸다.

「아, 죽겠다. 죽겠어. 왜 그런 숙제를 내서……. 그런데 다시 생각해보니 몸은 힘들어도 직접 가서 보니 다르네. 아우, 그나저나 온몸이 쑤신다.」

미미는 축 처진 몸을 이끌고 연습실로 갔다.

프랜시스 베이컨의 철학 노트

여러분은 혹시 신을 보신 적이 있나요? 제가 갑자기 왜 이런 말을 하냐면요. 베이컨이 『신기관』이라는 책을 집필할 때가 1600년대인데, 그때까지만 해도 일상생활의 많은 것이 신과 결합되어 있습니다. 이처럼 신은 그 당시 사람들에게는 아주 중요한 부분이었습니다. 하지만 단점도 있었는데요. 중세에는 오로지 신의 존재에 대한 탐구만 했기 때문에 철학의 암흑기라고 합니다. 그런데 베이컨이 나타나서는 신과 사람의 영역을 분리하기 시작합니다. 그래서 우리는 베이컨을 근대 철학의 시작을 알린 철학자라고 하는 거고요.

CHAPTER

11

토머스 홉스
1588~1679

절대적 권력자가 왕이어야 할까?

「미미야. 너, 오늘 학교에서 무슨 일이 있었어? 왜 그렇게 힘이 없어?」

남 실장이 미미에게 웃는 얼굴로 말했다.

「아니, 실장님. 학교에서 조별 과제를 주었는데, 그게 사회계약론에 대해 발표하는 거예요. 아, 이걸 언제 해요.」

「조별 과제라, 흠……. 네가 맡은 역할이 무엇인데?」

남 실장이 미미에게 말했다.

「저는 자료조사 해야 해요. 그나마 친구들이 내가 바쁠 것 같다고 해서 배려해주었죠.」

「그런 거라면 도와줄 수 있는데.」

나라 잃은 듯한 표정을 짓고 있던 미미가 초롱초롱한 눈빛으로 남 실장을 바라보았다.

「진짜요. 실장님? 어떻게요?」

「너 체험하는 기계, 그걸로 하면 되겠네. 마침 순서도 딱 사회계약론 할 차례가 된 거 같은데.」

「실장님.」

미미는 기대가 컸던지 남 실장의 말에 실망했다.

「그럼, 체험하고 연습도 잘하고 가라. 나는 해야 할 업무가 많아서…….」

「네. 실장님, 체험하러 갈게요.」

남 실장이 손을 흔들며 자리를 떠나자 미미는 혼자 중얼거리며 4층으로 터벅터벅 올라갔다. 체험실에 들어온 미미는 기계 전원 버튼을 엄지손가락으로 꾹 눌렀다.

「토머스 홉스와의 대화를 시작하겠습니까? 예, 아니오로 대답해주시기 바랍니다.」

요란하게 기계음이 들렸다.

「예.」

미미의 말에 또 한 번 기계음이 울리면서 화면이 바뀌었다. 그리고 덩그러니 집 한 채만 보였다.

「저 집인가? 아, 모르겠다. 일단 가보자.」

미미는 망설임도 없이 문을 두드렸다. 미미가 문을 몇 번 두드렸는데 아무런 인기척이 없었다.

「어라. 문이 열리네? 설마 뭐 어떻게 되는 건 아니겠지. 그나저나 누구 없나? 여기 혹시 누구 없어요? 아무도 없어요?」

문을 열고 집 안으로 들어온 미미가 소리쳐 누군가를 찾았다. 미미는 몇 번을 애타게 불렀다.

「자네는 도대체 누군가?」

「저를 보고 그렇게 겁먹은 거예요? 저, 누구 해치고 그런 사람 아니거든요. 그러니까 아저씨 진정하시고, 제 말 좀 들어보세요.」

사내가 겁을 지레 먹고 두려운 듯이 말했다.

「혹시 영국에서 왔는가?」

「저번에 프랜시스 베이컨을 만난 적은 있죠. 그 사람도 영국 사람 맞죠?」

「내 스승님을 아는가? 스승님은 잘 계신가?」

「음. 뭐, 그건 저도 잘……. 모르겠네요.」

사내가 베이컨의 근황을 물어보자 미미는 어색하게 웃기만 했다.

「그분은 왜 물어보는 거예요? 많이 친했어요?」

「스승님 말인가? 스승님이 있었기에 지금의 나 토머스 홉스가 있는 거지. 내가 스승님을 만난 건 정말 크나큰 행운이었네. 그건 그렇고 자네는 스승님을 어떻게 알지?」

「뭐, 어떻게 만났죠. 그분이 이런저런 이야기도 많이 해주고 그랬어요.」

「무슨 이야기 말인가?」

「글쎄요. 우상 같은 것도 말해주고 또 뭐였지? 무슨 방법론에 대해서 말해주었는데, 음……. 그런데 왜요?」

홉스는 갑자기 안절부절못하면서 말을 이어나가지 못했다.

「무슨 일 있어요? 왜 갑자기 그래요? 저는 그냥 두 분이 친한 줄 알았죠.」

「음…… 그게 말이지. 음…… 사실 그러니까 이걸 어떻게 설명해야 하나? 내가 책을 쓰고 있는데, 그것 때문에 영국에서 쫓겨나 여기 프랑스에 왔거든. 그래서 스승님 소식을 알 도리가 없었어.」

홉스가 말을 마치자 미미에게 무언가를 보여주었다.

「이게 내가 냈던 책 원고라네.」

「무슨 원고요?」

「『리바이어던』이라네. 내가 영국에서 추방당한 이유가 다 이 원고 때문이라네.」

「그게 무슨 말이죠? 이 원고 때문에 추방당한 거라고요?」

「하아……. 그게 말이지, 잠시만.」

홉스는 한동안 말을 잇지 못했다.

「아저씨 괜찮아요? 뭐 말하기 싫으면 굳이 이야기할 필요는 없는데.」

「아니네. 괜찮네. 내가 이 책을 쓴다는 걸 사람들이 알고 죽일 듯이 달려들었어.」

「무슨 내용인가요?」

「사람들이 아직도 신을 믿지 않는가? 왕의 권위가 신에게서 내려졌다는 둥 말도 안 되는 소리나 지껄이면서 다니고 참. 나는 그런 말이 구시대적 유물이라고 생각하네.」

홉스는 화가 아직도 풀리지 않았는지 울분을 토해냈다.

「자네도 신이 존재한다고 믿는가?」

「네, 뭐……. 존재한다고 생각하는데요. 그건 왜요?」

「그럼, 권력은 신이 내려주는 거라고 생각하나?」

홉스가 미미에게 취조하듯이 물어보았다. 그러자 미미는 어이가 없는지 무심코 웃음이 나와버렸다.

「왜 웃는 거냐? 너도 내가 미쳤다고 생각하는 거지? 어서 썩 나가라.」

「아니, 아저씨 무슨 말을 하는 거예요. 제가 사는 세상에서는 왕 같은 건 없어요. 대신 선거를 하는데……. 여긴 아직 선거 같은 거 없나 봐요?」

「선거? 그건 도대체 무슨 말이냐? 그럼 왕이 없다는 말이냐?」

「무슨 왕이 있어요. 5년에 한 번씩 제일 높으신 분을 선거로 뽑고 그다음에 국회의원들이라고 무슨 일을 하는지는 모르지만 4년에 한 번씩 뽑아요.」

「뭐라고? 조금만 더 자세히 설명해주면 안 되나?」

「뭐, 궁금한 거 있으면 물어보세요.」

미미가 어깨에 힘을 꽉 주고 다리를 꼬면서 말했다.

「선거를 하면 일부 귀족만 하는 건가? 아니면 모든 사람이 하는 건가? 설마 여자들도?」

「이 아저씨가 무슨 말을 하는 거예요. 여자가 선거에 참여하는 게 뭐 어때서요.」

홉스가 이렇게 말하자 고상하게 앉자 있던 미미가 자세를 고쳐 앉으며 화를 냈다.

「아니 잠시만. 왕이 통치를 하지 않고 귀족도 없다고? 그게 어디에 있는 나라인가? 정말 그게 가능한가?」

「이 아저씨 불리해지니까 바로 말을 바꾸는 것 봐. 자꾸 그렇게 말하면 저 기분 상해서 말 안 할 거예요.」

「아니, 내가 한 말은 정말 미안하네. 그런데 솔직히 이해가 안 되네. 어떻게 왕이 없고 귀족이 없지?」

「그렇다면 제가 아는 선에서 말해주죠. 뭐가 그렇게 궁금한 거예요?」

홉스가 이렇게 간절하게 사과하자 미미가 온갖 고상한 척을 다 떨면서 대답했다.

「사실 선거라는 걸 생각해본 적이 없네. 나는 왕권신수설을 비판했다는 이유로 영국에서 추방당했어.」

「왕권……. 그거는 도대체 뭐예요?」

「나의 조국 영국에서는 신이 왕이 될 적임자를 하늘에서 내려준다고 믿고 있어. 이게 얼마나 미련한 생각인가?」

미미는 홉스의 말이 이해가 안 되는지 고개를 갸우뚱거렸다.

「인류가 처음 생겼을 때 우리의 모습을 생각해보면 이해하기 쉬워.」

「음……. 뭐 인류가 처음 생겨나면 일단 아무것도 없을 확률이 크니까 다 헐벗고 다니다가 그 이후로 사람들이 점차 기술이 생겨나면서 옷을 입고 다니겠죠?」

「내 말을 잘 이해했구나. 그럼 그다음에는 무슨 일이 생겨나겠나?」

「그다음에는 아마도 그 당시에는 위험한 게 너무 많아서 사람들끼리 모여 살았는데, 그러다가 자연스럽게 계급이 생긴 걸로 알고 있어요.」

홉스는 흡족한 표정을 지으면서 박수를 크게 몇 번 쳤다.

「그래. 인류가 점차 발전을 하면서 무리를 짓게 되지. 위험한 것에서 누군가가 우리를 지켜주게 되지.」

「그건 그렇죠. 안전한 곳에서 등 따스하게 사는 게 얼마나 편하고 좋은데요.」

「사람을 너무 좋게만 보는 것 아닌가? 나는 사람의 선한 본성을 믿을 수 없어.」

「그건 또 무슨 말이죠?」

홉스의 말이 이해가 잘 안 되는지 미미가 고개를 갸우뚱거렸다.

「내 말이 너무 어려웠구나. 다시 설명할게. 사람이 모두 착하기만 할까? 나는 그렇지 않다고 보네. 나는 사람들이 서로 죽이고 죽이는 것도 숱하게 많았다고 생각하네.」

「그건 그렇죠. 제가 사는 세상에서도 사람을 어마 무시하게 죽이는 일이 얼마나 많이 일어나는데요. 알고 보면 다른 것보다 사람이 제일 무서워요.」

「사람들이 자연스럽게 자기 자신을 보호해줄 사람을 찾게 되겠지?」

「누군가 나를 보호해준다면, 혼자 있는 것보다는 낫겠죠.」

「혼자서 세상을 살아간다는 건 무척이나 힘든 일이지. 그래서 누군가 나를 지켜줄 사람이 필요한 거야.」

「그게 바로 왕인가요?」

「왕이 필요한 거지.」

「그런데 굳이 왕일 필요가 있어요? 뭐, 선거로 대통령이나 그런 사람들이 뽑는 게 낫지 않을까요?」

「선거? 내 말은 강력한 힘을 가진 사람이 통치해야 한다는 말일세. 그런데 선거를 하자고? 그건 있을 수가 없는 일이네.」

「그럼, 왕이 통치하는 건가요?」

「왕이 통치해야 마땅하지.」

「왕이 있으면 그 밑에 있는 사람들은 무슨 역할을 하는 건가요? 뭐, 왕이 보호를 해주는 대가로 세금 같은 것만 내면 그걸로 끝인가요?」

「혹시 만인의 만인에 대한 투쟁에 대해 알고 있나?」

「아니요.」

「그래, 그것이 무엇을 의미하는 거 같나?」

「글쎄, 아마 투쟁이라는 말이 들어가는 걸 보면 서로 평화롭고 사이좋게 살고 있는 거는 아닌 것 같고. 음……. 서로 피 터지게 싸우는 거 아닌가요?」

미미가 아주 진지하게 대답했다.

「맞아. 우리 인류가 이 지구상에 처음 생겼을 때 서로 싸우기만 했지. 하지만 맨날 싸우기만 한다면 어떨까?」

「하루하루가 사는 게 사는 거 같지 않겠죠. 그래도 전쟁보다는 평화가 낫지 않겠어요?」

「내 생각이 바로 그거야. 개인의 안전을 위해 누군가에게 권력을 몰아주는 거지. 그래서 왕이 강력한 권력을 쥘 수 있는 거지.」

미미가 흡족한 대답을 했는지 홉스의 얼굴에 미소가 가득했다.

「그런데 꼭 왕이어야 하나요?」

「그렇고말고. 왕 말고 누가 하나? 설마 사람을 믿나? 나는 사람은 안 믿네.」

「다 큰 어른이 삐딱하게 사네요.」

미미가 비꼬듯이 말하자 홉스가 갑자기 가쁜 숨을 몰아쉬었다.

「그럼, 너는 사람을 믿는다는 거냐? 누군가 강력한 권력을 갖고 통제하지 않는다면 허구헌 날 쌈박질이나 하겠지. 그럴 바에는 강력한 권력으로 통제하는 게 백 배 천 배는 더 나아.」

그동안 점잖게 말하던 홉스가 노발대발하면서 큰소리로 말했다.

「아저씨, 몰라서 물어본 건데 왜 그렇게 화를 내요. 그리고 저 귀 안 먹었거든요. 이러다 귀 찢어지겠네.」

홉스는 자신의 행동이 무안한지 양쪽 볼이 빨갛게 변했다.

「미안하네. 내가 방금 전에 어디까지 말했나?」

「아저씨, 어설프게 말 바꾸려고 하지 마세요.」

「정말 미안하네. 사람들이 모이면 그 사람들끼리 평화롭게 살면서 성장한다고 하더군. 나는 그 말을 믿을 수가 없어. 어떻게 아무것도 없는 상태에서 평화가 유지된다는 건가?」

「그건 아저씨가 세상을 너무 삐딱하게 바라봐서 그런 거죠. 다 큰 어른이 무슨 사춘기도 아니고.」

「그럼 내가 하나 물어보지. 아까 자네가 사는 세상에 대해서 말했지? 그 세상은 평화롭기만 하나?」

「제가 사는 곳은 치안 하나는 끝내주죠. 그래도 살인 사건은 늘 있었어요. 살인사건이 벌어지면 한동안 무서워서 밖에 못 나가죠.」

「그러니까 사람들끼리 모여 살면 어떤 일이 생길지 몰라. 그래서 내가 늘 강조하는 거지. 강력한 힘을 가진 권력자가 있어야 한다고.」

「그건 대충 이해했어요. 누군가 우리를 보호해줄 필요가 있기 때문에 왕이 필요한 거다, 이거죠?」

홉스는 자신이 듣고 싶어 했던 말을 들어서 기분이 좋은지 어린아이처럼 들떠 어쩔 줄 몰라 했다.

「이제야 이해했군. 어떤 위험에서 우리를 보호해줄 사람이 필요한 거지. 언제까지 왕의 권력은 신이 준다는 그런 말도 안 되는 소리를 지껄이는지.」

「그게 왜요? 아저씨에게 도대체 무슨 일이 있었길래 그래요?」

홉스는 한참 동안 말을 잇지 못하고 가만히 앉아 있었다.

「사실은 많은 일이 있었어. 그때 진짜 억울했거든.」

「도대체 무슨 일이 있었는데요?」

「내가 이 이론을 처음 발표했을 때 왕권신수설을 세상의 전부라 여기는 왕당파의 반발은 어느 정도 예상했네. 하지만 교회나 의회파에서도 나를 강하게 몰아세웠거든.」

홉스는 말하면서도 그때의 서러움을 잊을 수가 없는지 울분을 토해냈다.

「그래도 뭐 어쩔 수 없지. 내가 이 일을 초래했는데, 누구를 탓하나.」

홉스가 땅이 꺼지도록 한숨을 쉬었다.

「그 이야기는 이제 그만하자. 나도 아픈 기억 다시 생각하기 싫거든. 그나저나 내가 어디까지 이야기를 했더라?」

「권력은 왕에게 집중되어야 한다. 또 왕권신수설 비판하다가 딴 길로 빠졌죠.」

「나도 이제 나이를 너무 많이 먹었나 봐. 기억이 잘 안 나. 내 잠시만 정리해놓은 것 좀 보고 올 테니 조금만 기다려주게.」

미미는 따분한지 홉스가 탁자에 놓은 원고를 가져다 읽었다.

「이건 분명 한글이 맞기는 한데, 무슨 말인지 하나도 모르겠네.」

미미가 원고를 몇 장 쓱 보더니 이내 질색하고 탁자에 올려놓았다. 때마침 홉스가 원고 몇 장을 가지고 나왔다.

「내가 아까 권력을 왕에게 집중시킨다고 했지?」

「그랬죠. 그게 왕이고. 갑자기 왜 그걸 물어보는 거예요?」

「그러니까 왕에게 많은 권력을 주었지. 그런데 막상 왕이 무소불위의 권력으로 말도 안 되는 걸 사람들에게 하라고 하는 거야. 그럴 때는 어떻게 하면 좋을까?」

「사람들이 권력을 몰아준 건데, 아저씨가 말한 대로라면 어쩔 수 없는 거 아닌가요?」

「아무리 왕이라도 부당한 명령을 내렸다면, 그것은 거부해야 해.」

「흠……. 부당한 명령을 내리면 거부할 수 있어야 한다. 음……. 하긴 제가 사는 세상에서는 권력자가 잘못하면 사람들이 시위하는 걸 꽤 많이 본 것 같아요. 」

「그래. 피 비린내 나는 전쟁이 벌어졌겠지? 내 말 맞지? 그런 일이 있을 때마다 아무 힘없는 애꿎은 사람들만 다 죽는 거지, 뭐.」

「제가 사는 세상에는 사람 하나 안 죽고 새로운 권력자가 집권했는데요.」

미미는 태연하게 말했는데, 홉스는 엄청난 충격을 받았는지 잠시 말을 잇지 못했다.

「뭐? 사람이 하나도 안 죽었다고?」

홉스는 아직도 충격이 가시지 않았는지 어안이 벙벙한 채 앉아 있었다.

「자네가 사는 세상은 잘 이해가 되지 않지만, 사람 사는 세상은 거기나 여기나 다 똑같구나. 내 정신 좀 봐. 내가 어디까지 이야기했나?」

「아저씨가 안전장치가 필요하다고 했죠. 그런데 자꾸 그러실 거예요. 저 이래 봐도 바쁜 몸이라고요.」

홉스가 말하다가 자꾸 딴 길로 빠지자 미미가 투덜거렸다.

「미안해. 자꾸 나도 깜빡깜빡 해서 말이야. 그래 안전장치라고 했던 건 권력자, 즉 왕이라는 사람이 시민의 안위를 보살피지 못했을 때 지도자를 교체하는 거지.」

「아저씨, 궁금한 게 있는데 왕 밑에 있는 사람들은 어떻게 살아가나요? 뭐, 따스한 손길 아래서 아무 탈 없이 잘 먹고 잘 살겠죠.」

미미가 재빠르게 주제를 바꾸었다.

「아무렴. 개인이 무슨 힘이 있나? 인간은 언제나 이기적인 존재이기 때문에 국가가 필요하다는 말을 내가 계속 했지?」

「네. 이제 좀 알 거 같아요.」

「권력을 양도했으니 평화로운 생활을 누릴 수 있지. 그렇지 않다면 누가 왕에게 권력을 양도하겠나?」

홉스가 이내 침착해졌는지 다시 미미에게 설명했다. 미미는 홉스의 설명을 가만히 듣기만 했다.

「그럼, 뭐 그 안에서 사고만 안 치면 되는 거예요? 다른 사람을 괴롭히는 일만 벌이지 않는다는 전제하에서.」

「음. 뭐, 그렇지. 이를테면 살인이나 절도는 국가가 못하게 막고, 또 그런 일이 일어난다면 국가의 권력을 이용해 그런 사람들에게 마땅한 벌을 줘야지. 특히 반란을 일으킨 자들은 더더욱 강하게 처벌을 해야지.」

홉스가 책상을 주먹으로 몇 번 내리치면서 말했다. 미미는 그 소리에 놀랐는지 가슴을 쓸어내렸다.

「아니, 아저씨. 사람 좀 놀라게 하지 좀 마요.」

「그나저나 내 아까부터 계속 궁금한 게 있었거든. 뭐 하나 물어봐도 되나?」

「제가 아는 내용이면 답해드릴 수 있죠. 뭐가 궁금하신데요?」

「왕이 없다는 게 정말 사실인가? 어떻게 왕이 없을 수가 있나? 프랑스나 영국에는 왕이 있는데……. 지금 나를 놀리는 거냐?」

「그게……. 그러니까 원래부터 왕이 없던 건 아니죠. 뭐, 전체적인 역사로 보면 왕이 없어진 건 얼마 안 돼요. 그러니까 음……. 어떻게 설명해야 하나?」

미미는 홉스가 빤히 쳐다보는 게 은근 부담이 되는지 쉽사리 대답하지 못했다.

「음……. 고대 그리스 아시죠? 그곳과 좀 비슷하다고 생각하면 좋을 텐데. 그때도 선거라는 게 있었죠? 그것을 발전시킨 제도를 도입한 거죠.」

「그럼, 귀족들만 좋은 일 아닌가? 그들만 참여할 수 있고 한자리 차지하는 것도 다 귀족인 거냐?」

「아저씨, 도대체 무슨 말을 하는 거예요? 남녀노소 다 선거에 참여한다고요. 왕, 귀족, 사제 같은 신분제는 없어요. 아셨죠, 이제?」

홉스는 미미의 말을 아직도 이해를 못한 건지 물끄러미 미미만 바라보고 있었다.

「도대체 이해할 수가 없네. 아니 어떻게 왕이 없고 귀족이 없는 나라가 있을 수가 있나? 이거 참, 내 원고를 다 버리고 다시 써야 하나?」

미미의 말에 적잖이 당황한 홉스가 떨리는 목소리로 말했다.

「그런데 아저씨, 원고 다시 안 써도 될 걸요. 생각해봐요. 제가 왜 여기 있는지 생각 안 해봤어요?」

「그건 또 무슨 말이냐? 너 어디서 나를 어떻게 하려고 보낸 사람이냐?」

「아니, 아저씨. 도대체 왜 그래요? 나잇값 좀 하시지 그래요. 제가 여기 오게 된 이유는 아저씨가 엄청 유명하다고 해서예요. 아저씨, 제가 아저씨를 해칠 사람으로 보여요? 적어도 저는 누구를 해칠 사람은 절대 아니거든요. 그러니까 진정하세요. 제발.」

미미가 어린아이 달래듯이 말하자 그제야 홉스의 마음이 안정되었다.

「그래그래. 아, 참. 어디까지 이야기를 하다가 또 이렇게 된 거지? 나이가 드니까 정신이 하나도 없네.」

「귀족 이야기를 하다가 딴 길로 빠졌죠. 그나저나 왜 계속 딴 길로 새요. 저 그렇게 한가한 사람 아니거든요. 저도 하루 종일 여기 있을 수가 없다고요.」

「내가 지금 장난치는 걸로 보이나? 나도 글 쓰고 있어서 바빠 죽겠는데.」

미미가 신경질을 내자 홉스가 미미를 꾸짖었다.

「아니, 아저씨. 혹시 민주주의라고 아세요? 다수가 통치를 한다. 뭐, 그런 뜻인데…….」

「뭐 민주주의? 다수가 통치한다. 음, 여기는 소수가 다수를 통치하는데? 솔직히 처음 듣는 이야기인데.」

「아저씨, 진짜 제 말 무슨 뜻인지 모르세요?」

「허 참, 장난치는 걸로 보이나? 나는 그렇게 한가한 사람 아니니, 그렇게 내 시간을 자꾸 빼앗을 거면 어서 가게나.」

「저도 바빠 죽겠거든요. 에라, 모르겠다. 아저씨, 저 이만 갈래요.」

미미가 단단히 화가 났는지 자리를 박차고 일어나 집에서 나왔다. 그러자 미미의 귓가에 기계음이 맴돌기 시작했다.

「토머스 홉스와의 대화가 끝났습니다. 다음 장으로 넘어가시겠습니까? 예, 아니오로 대답해주시기 바랍니다.」

「아니오.」

「음……. 홉스의 사회계약론에서는 왕처럼 강한 권력을 가진 권력자가 필요하다는 게 제일 중요하네. 이건 잊지 말고 정리해두어야지. 그나저나 학교 숙제에 체험에 연습에 할 게 너무 많아 힘들어 죽겠다.」

미미는 축 처진 어깨를 이끌고 체험실을 나와 연습실로 향했다.

토머스 홉스의 철학 노트

여러분 혹시 방송에서 과거 방송 자료를 보여주었을 때 어떤 느낌이 드나요? 너무 촌스럽다고요? 그런데 철학도 마찬가지입니다. 처음에는 왕이라는 존재를 당연하게 여겼죠. 그래서 왕의 말을 아무 비판 없이 들어야 했는데, 시간이 지나면서 사람들이 왕의 존재에 대해 의심하기 시작합니다. 우리가 왜 왕의 말을 들어야 하지? 이런 생각을 하게 되는 거죠. 그런데 사람들이 의문을 갖기 시작했을 때 홉스가 리바이어던이라는 이론을 들고 나옵니다. 왕의 존재에 대해 기존과는 다르게 해석한 거죠. 하지만 한계도 명확했습니다. 지도자를 왕으로 규정했는데요. 사실 그 당시에는 대부분 왕이 통치했습니다. 그러다 보니 아무리 뛰어난 철학자라도 시대를 뛰어넘을 수 없던 거죠. 여러분은 홉스의 리바이어던에 대해 어떻게 생각하시나요?

CHAPTER

르네 데카르트
1596~1650

나는 의심한다,
고로 존재한다

12

「나현아, 어디 가?」

미미가 나현이를 보자 냅다 뛰어가서 말했다.

「학원 가야지. 왜?」

「아니, 시간 있으면 카페나 들렀다 가자. 나도 연습하러 가려면 아직 시간이 남았어.」

「그래 가자. 1시까지 학원에 있으려면 카페인 충전 좀 해야 하니까.」

미미가 나현이의 손을 꽉 붙자고 카페로 향했다. 나현이도 나쁘지는 않은지 아무 말 하지 않고 순순히 따라갔다. 그들은 주문한 음료를 들고 한적한 자리에 앉았다.

「학원에서 1시까지 있는 거야?」

「뭐, 그렇지. 어차피 집에 가면 공부 안 한다고 들들 볶일 게 뻔한데. 그럴 바에는 학원에 있는 게 낫지.」

미미가 나현이의 얼굴을 빤히 바라보더니 가방에서 무엇을 꺼내려는지 뒤적였다.

「뭐해?」
「너 다크서클이 광대까지 내려왔는데. 이것 좀 써봐.」
「이거 화장품이네? 나 화장하면 집에서 쫓겨나.」
나현이는 화장품을 보고 손사래를 치면서 말했다. 미미는 좀 당황한 것 같았다.
「무슨 조선시대도 아니고.」
「그러게 말이다. 나 어렸을 때 공부 좀 한다고 집에서 학원만 몇 개를 끊어서 보내주었지. 사람이 성공하려면 공부를 잘해야 한다고.」
그동안 말수가 없던 나현이가 가슴속에 응어리진 게 많았는지 갑자기 푸념하기 시작했다.
「너도 힘들구나.」
「모르겠다. 학원에서 수학문제 풀 때가 집에 있는 것보다 훨씬 나은 것 같기도 해.」
「그 정도야? 나는 수학 참고서를 봐도 이게 무슨 소리인지 싶을 때가 많은데.」
「학원에서 자습 시간이 있거든. 그 시간에 수학 책 보면 시간이 잘 가더라. 다른 과목에 비해 그나마 할 만해.」
「그래도 수학을 잘하는 게 어디야. 솔직히 너 정도면 대학교 자유이용권 끊어놓은 거 아니야?」
나현이의 얼굴이 일그러지기 시작했다.
「무슨 말을 그렇게 하는 거야?」
「너 정도면 상위권이잖아.」
「아니거든. 나보다 공부 잘하는 사람이 얼마나 많은데. 내가 무슨 공부를 잘해.」
「수학 좋아한다고 해서 나는 네가 공부 잘하는 줄 알았지.」

나현이가 이토록 화를 낸 것은 처음 보는 것 같았다.
「나도 그나마 수학이 할 만하다는 거지. 수학 책 볼 때마다 머리는 아프다.」
나현이가 갑자기 시계를 보더니 다급하게 가방을 챙겨서 뛰어나갔다. 혼자 남겨진 미미는 씁쓸하게 음료를 마셨다.
「나만 다람쥐 쳇바퀴 도는 인생을 사는 게 아니구나. 나만 그런 줄 알고 참……. 나현이가 더 힘든 것 같네.」
미미도 카페에서 나와 회사로 향했다.
「저, 미미 왔어요. 어! 유소영 실장님, 여기 계셨네요.」
「그래, 미미 왔구나. 오늘도 카페에 있다가 왔어?」
미미가 올 때면 유 실장이 1층에 있는 경우가 별로 없었는데 오늘은 웬일인지 미미를 반겼다.
「네. 카페 갔다 왔어요.」
유 실장은 자신이 학교 다닐 때가 기억나는지 미미에게 말했다.
「나 학교 다닐 때는 부모님 욕심 때문에 학교 끝나자마자 학원 가서 집에 오면 거의 새벽이었거든. 그렇게 학원 뺑뺑이 친 덕분에 대학은 좋은 곳을 나왔지만, 사실 공부에는 별로 흥미가 없었지.」
「실장님도 혹시 수학 좋아했어요?」
「그나마 좋아했던 과목이 수학이지.」
「수학이 좋았어요? 어떻게 수학을……」
유 실장이 수학이 좋았다고 말하자 미미는 믿기지 않는 눈치였다.
「왜 그래? 수학이 얼마나 유용한데. 수학이 없으면 세상 불편한 게 한두 가지가 아닐 걸? 우리가 태어나기 전에 다 발명을 해줘서 편리하게 사는 거지.」
「아니. 그래도 그렇지 수학을 어떻게 좋아할 수가 있지?」

「미미야, 수학을 배울 때는 방법과 규칙을 중심으로 한번 해봐.」
「방법과 규칙이요?」
「그러니까 수학 공부를 할 때는 규칙이 보여. 그 규칙을 따라서 풀면 돼.」

유 실장의 말에 뭔가를 기대한 것 같은데, 미미는 전혀 피부에 와닿지 않았다.

「아, 맞다. 나 왜 이러고 있지. 얼른 수업 준비 하러 가야지. 미미야, 너 체험하고 노래 연습하러 와. 나 먼저 간다.」

유 실장이 갑자기 무언가 생각이 났는지 급하게 뛰어갔다. 미미도 4층 체험실에 올라왔다.

「오늘은 어떤 철학자를 만날까?」

그러자 요란하게 기계음이 들리기 시작했다.

「르네 데카르트와의 대화를 시작하겠습니까? 예, 아니오로 대답해주시기 바랍니다.」
「예.」

화면이 바뀌고 미미의 눈앞에 덩그러니 집 한 채가 보였다.

「뭐야. 이 집인가? 들어가봐야지.」

미미가 아무런 망설임 없이 문을 열고 들어가는데, 인기척이 느껴지지 않았다.

「괜히 들어왔나? 아무도 없네. 거기 아무도 없어요? 여기가 아닌가?」

미미가 목소리를 높여 불러보았지만, 인기척이 없었다. 그러자 뒤돌아 나가려는데, 그때 누가 칼을 들고 미미에게 다가와 위협했다.

「르네 데카르트의 집에 감히. 거기 서라! 서라니까!」

갑자기 어떤 남자가 칼을 들고 소리를 지르면서 뛰어왔다. 미미는 한심한 눈빛으로 바라보았다.

「칼 들고 달려오면 무서울 줄 아나? 찔러봐요, 찔러봐.」

미미가 오히려 남자에게 면박을 주었다.

「뭣이? 내가 이래 봐도 참전용사인데, 너 하나 상대를 못할까 봐. 내 오늘 너를 아주 참교육을 시켜줄 테다.」

미미는 전혀 무섭지 않은지 남자에게 으름장을 놓았다.

「칼은 도대체 왜 들고 있는 거야. 그런데 이 집은 아닌 것 같은데. 밖에 나가서 데카르트를 찾아봐야지.」

「내가 데카르트인데, 어디에서 찾나?」

「칼 들고 나대는 주제에 무슨 철학자라고. 사람을 속일 거면 좀 그럴듯하게 해야지.」

남자는 자기가 데카르트라고 말하는데, 미미는 거들떠도 안 보고 집을 나가려고 했다. 그러자 남자가 후다닥 미미 앞으로 뛰어왔다.

「내가 『방법서설』을 쓴 데카르트다. 흐흠. 나에 대해서 뭐 궁금한 게 있어서 그런가?」

남자가 책 한 권을 보여주면서 자기가 데카르트가 맞다고 말했다.

「아저씨가 데카르트라고요? 그걸 어떻게 믿어요?」

「아저씨라니. 이래 봐도 귀족 출신이니 예를 갖춰라.」

「뭐야, 진짜. 아, 몰라. 그냥 나가고 말지. 뭐하러 여기 있어.」

미미가 체험이고 뭐고 집에 가려고 했다. 그러자 데카르트가 미미를 막아섰다.

「흠……. 내가 얼마나 유명한지 몰라서 그러는 것 같은데, 지금 프랑스 파리에서 내 책을 구하는 게 하늘의 별 따기보다 어렵네.」

「뭐야. 아, 진짜. 재수 없어.」

데카르트가 미미를 회유하려고 했지만, 오히려 미미의 화를 돋우기만 한 것 같았다.

「마침 나도 할 일이 없어 따분하니 내가 친절히 설명해줄게. 어때?」

미미는 아직도 화가 풀리지 않은 것 같았다.

「우리 저기 가서 『방법서설』에 대해서 이야기해볼까?」

미미는 아무 말도 하지 않고 데카르트가 가리키는 곳으로 가서 자리에 앉았다.

「그래그래, 잘 생각했어. 나 데카르트의 강의를 직접 듣는 거는 흔하지 않아. 어디부터 시작해볼까?」

데카르트는 잘난 척을 하면서 말했다. 미미는 심히 언짢은지 깊은 한숨을 내뱉었다.

「왜 그렇게 한숨을 쉬는 거야 정말? 자, 정신 차리고.」

데카르트는 계속 자기 말만 했다.

「진짜, 자꾸 정신 사납게 그럴 거예요? 아, 좀 가만히 있어봐요.」

미미는 여태까지 이런 철학자는 처음 보는 것 같았다.

「아저씨. 그나저나 가만히 앉아서 조용히 말하면 안 돼요? 아니면 제가 그냥 나갈까요?」

「내가 좀 지나쳤나? 그래그래, 앉아서 설명을 해주지. 나는 이성이 중요하다고 생각해.」

「그게 왜 중요한데요?」

「아주 좋은 질문이야. 잘 생각해봐. 우리가 세상 모든 일을 경험해봐야 알 수 있나? 아니지 아니야. 우리가 꼭 경험을 해야 하는 건 아니지.」

데카르트는 잠시도 가만히 있지 못하고 오두방정을 떨면서 말했다.

「좀 가만히 있어봐요. 정신 사납게 왜 그래요. 나이도 있어 보이는데 가만히 있는 게 그렇게 힘들어요?」

미미가 참고 또 참다가 폭발했다. 데카르트는 어디로 뛰어가서 사과 두 개를 가지고 왔다.

「짜잔, 여기 사과 두 개가 있지? 이 사과 중에 자네가 먹는다면 어떤 것을 고르겠나?」

「아……. 진짜 그 다 썩어가는 사과를 누가 먹어요. 익은 걸 먹어야지. 설마 썩은 사과 주려고 한 건 아니죠?」

「맞아 맞아. 누가 썩은 사과를 먹어? 그런데 자네가 먹어본 기억이 있어서 그런 건가? 먹어본 적이 없어도 알 수 있는 건 자네에게 이성이 있기 때문이야. 내 말 이해되지?」

데카르트가 잘 익은 사과를 크게 한 입 베어 먹으면서 말했다. 사과를 먹으면서 말을 하니 입 속에 있는 게 뻔히 보였다.

「진짜. 더러워. 말을 할 거면 입에 있는 거 다 삼키고 해요.」

미미는 비위가 많이 상했는지 얼굴을 잔뜩 일그러뜨리며 말했다.

「왜? 사과 먹는 게 어때서. 사람이라면 누구나 이성을 가지고 있는 거야. 하지만 사람에 따라 어떻게 이성을 쓰는지 다르지.」

데카르트는 아직도 입 속에 사과가 남아 있는지 오물오물 씹으면서 말했다. 그 모습을 도저히 두 눈을 뜨고 못 봐주겠는지 미미는 아예 손으로 눈을 가렸다.

「아니. 내가 이렇게 열심히 설명해주는데, 왜 손으로 눈을 가려.」

미미는 이제 참을 수가 없었는지 드디어 폭발했다.

「아저씨, 먹은 걸 삼키고 말하든가. 더러워서, 진짜.」

「그래 입에 있는 거. 음냐, 이제 다 먹었네.」

데카르트는 그제야 입에 있던 걸 씹어서 목구멍 속으로 넘겼다.

「아니 진작에 그럴 것이지. 꼭 소리를 지르게 만드네.」

「흠흠. 왜 그래. 이제 다 삼켰다니까. 내가 이성에 대해서 이야기하던 참이었는데. 자네 말이야. 말 같지도 않은 말 하고 다니는 사람들 보았지?」

「아저씨처럼 말하는 사람이요? 많이 보았죠. 그런 사람들은 반이 사기꾼 아닌가?」

「내가 이렇게 친절하게 설명해주는데 사기꾼이라니. 그건 그렇고, 그런 사람들은 증명이 되는 말을 하지 않아.」

데카르트는 서운한지 갑자기 벽을 보고 혼자 떠들기 시작했다.

「자네 말이야. 혹시 증명이라는 거 아나?」

「그건 어떤 조건일 때 참이라는 걸…….」

미미는 생각이 안 나는지 아니면 자신이 없어서인지 한참을 망설이다가 말했다.

「맞아. 그 증명을 말하는 거야. 그런데 증명이 안 된 얼토당토않은 말을 해대는 사람들이 꼭 있어. 증명을 해서 참이라는 결론이 나기 전까지는 절대로 믿으면 안 되지. 아, 물론 내 말은 모두 다 참이니 증명할 필요 없어.」

데카르트는 잘난 척을 하고 싶은지 얼굴을 들이밀면서 말했다.

「수학도 마찬가지야. 어떤 명제가 있으면서 참인지 거짓인지 구별해야 할 거 아니야. 그것과 똑같다고 보면 돼. 어때, 귀에 쏙쏙 들어오지?」

「네. 좋습니다. 아주 좋아요. 진짜, 재수 없어.」

미미는 표정이 일그러지면서 아주 작은 소리로 중얼거렸다.

「지식이라는 건 순서대로 익힐 필요가 있어. 아주 차곡차곡 쌓아야 하는 거지.」

데카르트는 혼자 신나서 방 안을 방방 뛰어다니면서 말했다.

「왜 그러는 거야? 정말 내가 생각해도 내가 천재라는 건 명백한 참이자 의심할 수 없는 사실이지. 하하하.」

데카르트는 온통 자기자랑만 하고 있었다. 그러니 미미가 속이 탈 만했다.

「음……. 명백하게 참인 것이 또 뭘까? 흠, 자네 말이야. 삼각형은 변이 몇 개인 줄 아나?」

「3개죠. 또 그건 왜요?」

「당연히 3개지. 모양은 달라도 삼각형의 변은 언제나 3개지. 그게 내가 수학을 좋아하는 이유야. 히히히.」

데카르트는 또 뭐가 그렇게 좋은지 혼자 실실 웃으면서 말했다.

「저 아저씨 진짜 왜 저러는 거야?」

「자네 내가 너무 쉬운 거 물어봐서 불만이 있는 거야?」

「저러니까 아무도 없는 곳에 집 하나 덩그러니 지어놓고 살지. 왜 이런 곳에 사는지 감이 오네.」

「자네 무슨 말을 그리 하는 거야? 우리 둘이 있는데, 나 빼고 혼잣말하기야. 정말? 진짜 서운하게.」

데카르트는 토라져서 벽만 쳐다보고 있었다.

「뭐, 아량이 넓은 내가 이해해야지. 나는 수학을 단순히 기계 만드는 데 쓰는 걸 보고 아주 통곡을 했어. 수학은 어떠한 것에도 무너지지 않는 철학적 기초를 만들 수 있지.」

「수학이요?」

「수학이 얼마나 좋은 건데. 내가 많은 학문을 공부했지만 이 세상에서 수학이 최고야, 최고. 수학을 통해 증명을 이끌어낼 수 있으니까.」

데카르트가 꼬박꼬박 설명을 해주었다.

「음……. 그래 이번에는 사각형으로 해보자. 종이가 어디 있더라? 여기 이게 뭐지?」

데카르트가 갑자기 종이에 쓱싹쓱싹 무엇을 그려 미미에게 보여주었다.

「그야, 그거는 사각형이죠.」

미미가 일말의 망설임도 없이 말했다.

「맞아, 사각형이야. 자네가 그렇게 말한 이유는 뭘까? 흠, 내가 맞혀보지. 음……. 아! 자네는 직관으로 사각형이라는 걸 안 거야.」

「그게 뭐 그렇게 중요한가요?」

「그럼, 중요하지. 아주 중요하고말고. 또 뭐가 있었더라. 아! 참 그게 있었지.」

데카르트가 또 종이 위에 쓱싹쓱싹 무엇을 그리기 시작했다.

「짜잔! 이 도형의 넓이를 구할 수 있겠나?」

「아니 저건 또 뭐예요? 지금 장난해요, 아저씨? 그냥 애들 장난하듯이 그려놓은 걸 어떻게 넓이를 구하라는 거예요?」

미미의 눈에는 그저 해괴망측한 그림으로 보였다.

「무슨 그런 심한 말을……. 이거 도형인데? 이 그림이 그렇게 이상한가? 아무튼 이 넓이를 구하는 법을 알려주지. 여기 있는 것들을 알아보기 쉽게 쪼개는 거야. 이건 삼각형, 사각형, 저건 삼각형, 저것도 삼각형. 이렇게 작게 쪼개면 답을 구하는 게 엄청나게 쉬워진다 이 말이야.」

「뭐, 알겠네요. 그런데 이게 그렇게 중요해요?」

「그렇고말고. 잘 봐, 음……. 엄청나게 어려운 문제가 있다고 치자. 그 문제를 풀려면 어떻게 하는 게 좋을까?」

데카르트는 방방 뛰어다니면서 말했다. 그 말에 미미는 단번에 생각이 잘 안 나는지 쉽사리 입을 떼지 못했다.

「음. 그거야. 문제마다 다를 수 있겠죠. 그리고 문제를 보여줘야 어떻게 푸는지 알지, 그렇게 물어보면 알아요?」

「내 설명을 듣기나 한 거야? 응? 아니지 아니야. 내가 너무 어렵게 설명을 했나? 아무리 어려운 문제라도 가장 단순한 것부터 시작해. 그러면서 점점 어려운 부분으로 가라고. 이 방법은 모든 문제에 적용할 수 있지. 자! 어때 대단하지?」

「참, 대단하십니다. 그런 말을 누가 못 해요. 쉬운 것부터 시작해서 어려운 것으로 가라. 그건 초등학생도 다 아는 건데.」

데카르트가 온갖 잘난 척을 하면서 말하자 미미가 한심하다는 듯이 말했다.

「그럼. 거기 있어봐. 내가 아주 엄청난 걸 가져올 테니까. 그것을 보고 깜짝 놀라서 쓰러질 거야.」

데카르트는 자존심이 상했는지 어딘가로 뛰어갔다.

「아아아아악.」

데카르트가 갑자기 큰소리를 지르며 수식이 적혀 있는 칠판을 가지고 왔다.

「칠판을 잘 봐. 딱 보면 뭔가 수학사에 길이 남을 업적이 보이지 않는가?」

데카르트가 자신만만한 목소리로 말했다. 그런데 미미는 딱히 특별하다고 할 만한 게 보이지 않았다.

「아저씨, 장난해요? 그냥 평범한 방정식인데. 에휴, 속은 내가 바보지. 저 지금 장난할 시간 없거든요.」

「뭐, 뭐라고? 잘 봐. 저기 저기에 미지수를 내가 어떻게 표현했는지 잘 봐. 대충 보지 말고.」

「이 아저씨가 진짜. 아저씨, 미지수를 x와 y라고 표시하지 그럼 어떻게 표시하는데요. 남들 다 알고 있는 거 써놓고.」

「뭐, 뭐라고! 하……. 내가 처음으로 쓴 줄 알았는데. 아니 아니야. 아닐 거야. 나보다 먼저 쓴 사람이 있다고?」

데카르트가 바닥에 쓰러졌다.

「아니, 아저씨 뭐해요? 아니 바닥에 하……. 진짜 가지가지 한다.」

「내가 의심하고 의심했는데, 나보다 빨리 만든 사람은 아무도 없다고 생각했는데. 어떻게 이럴 수가 있지.」

「아저씨는 도대체 뭐하는 거예요?」

미미가 소리쳤다. 그제야 데카르트는 바닥에서 일어나 의자에 다소곳이 앉았다.

「내가 주로 검증할 때 쓰는 방법이 있거든.」

「아저씨!」

데카르트가 미미에게 설명해주다가 혼잣말을 하기 시작했다. 그 모습을 보고 속이 터지는지 미미가 소리쳤다.

「미안미안. 그러니까, 내가 쓰는 방법 중 하나인데 전부 다 열거한 다음에 그게 맞는지 아닌지 확인해보는 거지.」

「흠……. 그러니까 아저씨 말은 쭉 펼쳐놓은 다음에 일일이 확인을 해 본다는 거죠?」

「그래 그거야. 내가 뭐 틀린 게 없는지 전체적으로 봐야 해. 어디 보자……. 내가 어디서 실수를 했는지.」

데카르트가 오래간만에 얌전히 앉아 있는가 싶었는데, 곧바로 일어나 칠판에 쓰여 있는 수식을 뚫어져라 쳐다보았다.

「아저씨, 설명을 할 거면 좀 가만히 앉아서 해요.」

「설명? 음……. 이거 보면서 설명하면 되겠네. 거기 앉아 있지만 말고 일어나 봐.」

어쩔 수 없이 미미가 일어나 데카르트가 있는 곳으로 걸어갔다.

「내가 회의를 하거든. 그러면 뭐가 문제인지 더 빨리 알 수 있을 거야.」

「여기서 회의를 하자고요? 아저씨하고? 안 돼요. 싫어요. 저 그냥 갈래요.」

「자네, 무슨 밀을 하는 건가? 내가 언제 잡담을 나누자고 했어. 내가 말한 회의는 의심이야. 자네 집중력이 떨어지는 것 같은데, 집중력이 고작 그것밖에 안 되나?」

데카르트가 핀잔을 주었다. 그 말을 듣고 기분이 상했는지 미미가 눈에서 광선이라도 나올 듯이 무섭게 째려보았다.

「음……. 그러니까 문제는 나만 알고 있던 표기법을 다른 사람도 알고 있다는 거지. 일단 의심을 해보자면 음……. 나와 같은 표기법을 쓴 사람이 있을 수 있어. 그러면 저 책들을 다 확인해야지.」

데카르트가 차분히 설명을 해주나 싶었는데 아니나 다를까 갑자기 책장으로 뛰어갔다.

「진짜 아저씨, 저 가고 하면 되는 걸……. 설명이나 해주세요.」

「안 돼, 안 돼. 생각이 났을 때 딱 해결해야 한다고. 그나저나 나는 책에서 본 적이 없는 것 같은데.」

「아저씨!」

미미가 속이 타서 죽을 것 같이 소리쳤다. 그러자 책장에서 온갖 책을 뒤지던 데카르트가 다가왔다.

「아! 방금 생각난 게 있어. 그게 뭔지 알아? 바로 감각이야. 감각이 나를 속일 수도 있다고. 여태껏 내가 감각에 속고 있었던 거야.」

「이 아저씨는 또 무슨 말을 하는 거야.」

「자네 혹시 말이야. 착시 현상 같은 거 본 적 있어?」

「착시요? 뭐, 초등학교 때 신기해서 하루 종일 그것만 찾아본 적이 있는데, 갑자기 왜 물어보는 거예요?」

「우리가 갖고 있는 감각 때문에 사실과는 다르게 받아들이는 게 생각보다 많다고.」

「음, 그렇기는 하네요.」

「어쩌면 이것도 마찬가지일 수도 있다고. 자네, 감각의 오류 때문에 사실은 처음 보았는데 이미 보았다고 주장하는 것일 수도 있지, 맞지?」

간만에 진지하게 설명하던 데카르트가 미미한테 얼굴을 들이밀고 캐묻기 시작했다.

「네. 다 제 잘못입니다. 제 감각의 오류 때문에 어디서 보았다고 말했어요.」

「그것 봐. 이 데카르트가 실수할 리가 없지. 그래. 기분이다. 내가 설명해주지. 자네 수학적 진리를 의심할 수 있다고 생각하나?」

「뭐, 할 수 있겠죠.」

「아니야 아니라고. 그런 일은 없어.」

미미가 딱히 잘못 말한 건 없어 보이는데, 데카르트가 가만히 있지 못했다.

「수학은 그럴 일이 없어. 없다고. 내 말 잘 들어봐. 자네가 생각하는 건 아주 옛날에 간단한 기하학 원리를 잘못 추론한 멍청이들 때문이야.」

데카르트가 노발대발하면서 말했다. 미미도 이제 포기한 건지 아니면 싸울 힘이 없는지 팔짱을 끼고 지켜보고만 있었다.

「수학을 좀 하는 사람이라면 절대 그런 말이 안 나와. 제대로 추론한다면 올바른 증명을 해낼 수 있거든. 그게 뭐 내가 수학을 좋아하는 이유 중 하나지.」

데카르트는 또 신이 났는지 폴짝폴짝 뛰어다니기 시작했다. 이제 미미는 한숨조차 쉬지 않았다.

「아, 맞다! 도덕 법칙을 설명하지 않았지. 참. 내가 설명해줄 테니 들어봐.」

「저렇게 뛰어다니면 지칠 만도 할 텐데.」

「왜 이리 표정이 안 좋은가?」

데카르트가 미미의 표정을 보고 말했다.

「도덕 규칙이라는 건 쉬워. 음……. 옛날부터 이어져온 걸 지키고 종교를 따르며 가장 현명한 사람의 말을 들을 것. 쉽지?」

「네. 여태까지 아저씨가 하신 말씀 중에 제일 정상적인 거 같네요. 도덕 규칙이라는 게 딱 하나예요?」

「음, 몇 개 더 있지. 흠, 뭐였지. 내가 분명히 책에 썼는데 생각이 잘 안 나네. 음……. 하필 이럴 때 기억이 안 나다니.」

오랜만에 의자에 얌전히 앉아 있나 싶더니 데카르트는 그새 일어나서 요망한 자세를 취하기 시작했다.

「아……. 내 눈. 진짜 아저씨 뭐해요? 진짜 안 본 눈 사고 싶어요. 빨리 앉아요, 앉아.」

데카르트의 자세를 보고 미미가 손으로 눈을 가리며 말했다.

「이게 뭐 어때서? 생각하는 자세인데.」

미미가 뭐라고 한들 아랑곳하지 않고 데카르트는 계속 그 자세를 취했다.

「이제 생각났다.」

「그게 뭐예요. 진짜 더러워서 정말. 그런 자세를 꼭 취해야 해요? 아저씨야말로 도덕 규칙 운운하지 말고 도덕 좀 지키세요.」

「여기서 두 번째 규칙. 아무리 의심스러워도 일단 그것을 하기로 했다면 우직하게 행동할 것.」

데카르트가 말했다.

「이 자세를 취하면 집중력 향상에 도움이 된다고 하더라. 그래서 가끔씩 생각이 잘 안 날 때 하는 자세인데 문제 있나?」

「아니, 그래도. 할 때가 있고 하지 말아야 할 때가 있는 거죠.」

「내 집인데 뭐 어때. 내 집에서 이런 것도 못하나?」

「됐어요. 아저씨, 빨리 도덕 규칙인가 하는 거 설명해주세요.」

미미가 간절하게 말하는 것을 보니 빨리 여기서 나가고 싶은 모양이었다. 데카르트는 그것도 모르는지 보기 민망한 자세를 다시 취하려고 했다.

「아저씨!」

「깜짝이야. 왜 소리를 지르고 그래? 여기에 단 둘밖에 없는데. 아오, 귀먹는 줄 알았네.」

「혼자 계실 때 그 자세를 하시고 빨리 도덕 규칙인가 뭔가 좀 설명해 주세요.」

「그래 세 번째 규칙. 세계 질서를 바꾸려 하지 말고 자기 자신을 지배할 것. 그러니까 내 말은 우리가 달의 움직임을 마음대로 바꿀 수 있나?」

「그건 불가능하죠.」

「그래, 맞아. 우리가 바꿀 수 있는 건 아니지. 그러니까 애초에 불가능한 건 해보려고 시도하지 말고 우리의 삶 속에서 바꿀 수 있는 걸 바꾸려고 노력해야지.」

이제야 데카르트는 눈치를 좀 챘는지 의자에 앉아서 차분하게 설명했다.

「가령 뭐 엄청나게 힘든 일이 있어서 극단적인 생각을 한다고 치자. 그런 생각이 머릿속에 있으면 아무것도 못하겠지. 그런데 그 생각을 바꿔서 그 힘든 일을 극복해내려고 마음을 먹고 열심히 하게 된다는 거지.」

「오늘 아저씨한테서 들은 말 중에 제일 와닿네요.」

「음……. 이 정도 설명을 들었으면 내 『방법서설』을 다 읽은 거나 마찬가지야. 이제 가봐도 되네.」

데카르트가 가도 된다고 하자 미미는 제일 기뻐 보이는 표정을 지었다.

「드디어 간다. 그럼, 저 갑니다.」

미미가 집에서 나오자 기계음이 들리기 시작했다.

「르네 데카르트와의 대화가 끝났습니다. 다음 장으로 넘어가시겠습니까? 예, 아니오로 대답해주시기 바랍니다.」

「아니오.」

미미의 말에 다시 한번 기계음이 들렸다.

「철학에 수학을 더한다……. 생각하는 건 어디에 사는지에 따라 조금씩 다를 수 있지만, 수학 법칙은 미국이나 한국이나 같으니까. 오히려 하나의 법칙을 설명하는 데는 좋을 거 같기도 하고……. 아, 생각만 해도 어렵다 어려워. 그나저나 오늘 따라 왜 이리 힘드냐? 에구구, 빨리 정리하고 가야지.」

미미가 얼른 체험실을 나와 연습실로 향했다. 미미의 얼굴이 무척 수척해진 것 같았다.

르네 데카르트의 철학 노트

여러분은 데카르트가 수학자로서도 엄청난 업적을 이루었다는 사실을 알고 계신가요? 데카르트가 병영 내무반에서 날파리의 움직임을 알아보려고 만든 게 바로 좌표입니다. 이 좌표가 여러분들 학창시절에 꾸준히 괴롭혔던 함수를 탄생시켰고 뉴턴이 미적분을 만드는 데 큰 공을 세우기도 합니다. 거기다가 낯선 길을 갈 때 우리가 사용하는 네비게이션까지 데카르트가 만든 좌표가 없었으면 만들어지지 않았을 가능성이 큽니다. 이렇게 살펴보니 데카르트가 만든 좌표 덕에 현재를 살아가는 우리의 삶이 엄청나게 편해진 게 아닐까요?

CHAPTER

존 로크
1632~1704

개인의 소유권을 주장하다

13

「안녕하세요. 저, 미미 왔어요.」

미미가 오늘 따라 유난히 활기찬 표정으로 인사했다.

「왜 이리 기분이 좋아?」

미미를 유심히 쳐다본 유 실장이 말했다. 그러자 미미가 약간 서운한 기색을 보였다.

「자주 가는 카페 쿠폰 모은 거 쓰고 왔어요. 조각 케이크가 얼마나 맛있든지. 헤헤헤.」

케이크의 달콤한 맛이 아직 가시지 않는지 미미는 말을 하면서도 침을 꿀꺽 삼켰다.

「음……. 그 말 하니까 생각나는 게 있는데, 우리가 돈이 없다면 어떻게 될까?」

「흠……. 아무것도 못 먹고 카페도 못 가고 쫄쫄 굶게 되겠죠?」

「그렇지! 재산이 없으니까! 그래서 재산을 소유해야 한다고 주장한 철학자가 있지. 오늘 체험할 사람이니 마침 잘됐네.」

「실장님도, 참, 속 시원히 말해주면 좋을 걸.」

유 실장의 말에 미미는 서운한 표정을 지었다.

「너 마침 학교 숙제도 사회계약론에 대해서 자료조사 하는 거라며? 숙제도 할 겸 궁금증도 해결할 겸 체험하고 와라.」

「네…….」

미미는 유 실장이 체험하고 오라고 하자 갑자기 인상을 찌푸렸다.

「너 오늘 할 일 많지. 연습에 체험에 할 일 다 하고 가야지.」

「네. 실장님.」

유 실장의 재촉에 미미가 풀이 죽어 4층으로 터벅터벅 올라갔다.

「다람쥐 쳇바퀴 도는 것처럼 사는 내 인생, 이 지겨운 생활이 언제 끝날까?」

미미가 신세 한탄을 하면서도 어느새 체험실로 들어가 체험할 준비를 마치고 기계를 가동시켰다.

「존 로크와의 대화를 시작하겠습니까? 예, 아니오로 대답해주시기 바랍니다.」

「예.」

미미가 단호하게 말을 하자마자 요란하게 기계음이 울리면서 화면이 바뀌었다.

「여기는 또 어디야? 저 집 하나 빼고 아무것도 안 보이는데?」

집 한 채만 덩그러니 있고 그 뒤에는 황량한 벌판이었다.

「일단 들어가봐야지. 여기, 누구 있어요? 거기, 아무도 없어요?」

미미가 문을 열고 들어가는데, 아무도 보이지 않자 소리를 질렀다.

「당신, 누구야? 어디서 왔어? 토리당에서 보낸 거지, 그렇지? 내가 여기 있는 걸 어떻게 알아낸 거지?」

남자가 식은땀을 뻘뻘 흘리면서 불쑥 튀어나왔다.

「아니, 토리당? 거기서 보낸 사람 아니고, 저, 그게 여기 유명한 사람이 있다고 해서 만나보려고 온 거예요. 저, 이상한 사람 아니에요.」

「내가 그런 얄팍한 술수에 넘어갈 것 같나? 나 존 로크를 죽이려고 온 거지. 그렇지? 빨리 말해!」

「도대체 무슨 소리를 하는 거예요? 내가 칼이 있어요, 뭐가 있어요? 말도 안 되는 소리 하지 마요.」

남자가 떨리는 목소리로 말하자 미미가 안심을 시켰다.

「저, 누구 안 해쳐요. 제가 그럴 사람으로 보이나요?」

남자는 계속 경계를 놓지 않았다. 그러나 미미는 태연하게 의자에 앉아서 말했다.

「정말인가? 토리당에서 보낸 게 아닌가?」

「토리당은 처음 들어본다니까요. 사람 말 참 못 믿네. 여태까지 속고만 살아왔어요?」

남자는 아직도 의심스러운지 미미를 쳐다보았다.

「불쑥 찾아와서 깜짝 놀라서 그래. 나 존 로크가 그렇게 망나니처럼 행동할 사람으로 보이나? 토리당과 제임스 2세에 반대하다가 이곳 네덜란드로 망명을 온 거라고.」

「아니, 아저씨도 영국에서 혁명인가 뭔가 때문에 여기까지 온 거예요?」

「나는 내 조국 영국을 지키기 위해 싸우다가 이렇게 된 거지. 언제까지 여기에 있을 건 아니고 곧 돌아갈 거야.」

로크가 괜히 무안해서 그런지 큰소리로 말했다.

「그럼 아저씨는 언제 돌아갈 생각이에요?」

「조만간 갈 것 같아. 지금 영국에서 제임스 2세 퇴진을 요구하고 있으니까.」

「아저씨도 홉스처럼 왕권에 반대한 인물이네요. 그 아저씨도 왕권을 비판했다가 고생이란 고생은 다 한 걸로 알고 있는데요?」

로크가 말을 마치자 가만히 듣고 있었던 미미가 말했다.

「나도 홉스에 대해서 알지. 그의 영향을 받은 게 한두 가지가 아니니. 내 명저『정부론』도 영향을 많이 받았지.」

「그럼, 아저씨도『사회계약론』을 쓴 거예요?」

「그걸 어떻게 아나? 내 책『정부론』1권을 내기는 했는데……. 그나저나 2편은 아직 쓰지도 않았는데.」

미미의 말에 로크가 잔뜩 놀라서 말했다.

「아니, 왜, 또 그런 눈으로 쳐다봐요?」

「망명 생활이 길어지니 그렇게 된 것 같구나. 그래, 1권은 어떻게 해서 읽은 것 같고. 흠……. 내가 쓰고 있는 내용을 좀 알려주지.」

「그럼, 저야 좋죠.『정부론』을 집필한 사람은 어떤 사람일지 항상 궁금했는데 저자가 직접 설명해준다니 이게 웬일이야.」

미미는 로크가 설명해준다고 말하자 표정이 싹 바뀌어 가식적인 웃음을 지으면서 말했다.

「잠깐만, 기다려봐라. 흠, 아직 집필을 다 끝낸 게 아니니 좀 뭔가 엉성할 수 있어.」

「이렇게 직접 설명해주시는 것만으로도 저야 영광이죠.」

로크가 방에 들어가 잠시 뒤적이다가 종이 뭉치를 가져와서 말했다.

「그럼, 어디 보자. 어느 정도는 아는 것 같은데 말이야. 흠……. 그래 여기서부터 시작하면 되겠구나. 지금까지 전쟁도 많이 치르게 되면서 사람들은 처음에는 신에게 하소연을 하지. 그러다가 누군가에게 권력을 부여하기 시작하고 그 권력에 보호받기를 원하지. 그런 사람이 하나 둘 모여 사회를 형성하지.」

로크는 혼잣말처럼 구시렁거리다가 헛기침을 한 번 하고 설명하기 시작했다.

「그다음 장이 어디 있더라? 분명 여기 어디 있어야 하는데. 흠…….」

로크는 차근차근 설명해주는가 싶었는데 무언가 빠졌는지 허겁지겁 찾기 시작했다.

「여기 있어. 진작에 정리 좀 할 걸. 이렇게 사람이 모이면 사회가 형성되고 자연 상태에서 개인이 갖고 있던 권리를 상당수 잃게 되지.」

「하지만 권리를 잃어도 혼자 있는 것보다는 다 같이 모여 사는 게 좋으니 사회를 형성하려고 하는 거죠?」

「그렇지. 여러모로 그쪽이 나으니 사회를 형성하려는 거지.」

「에이, 아저씨. 제가 이 정도도 모를 줄 알았어요? 저도 다 알고 있거든요.」

로크의 말에 미미는 뭐가 찔리는지 팔짱을 끼고 거들먹거리면서 말했다.

「왕권신수설에 대해서 알고 있겠구나?」

「왕의 권력은 신이 내려준다는 거 말하는 거죠?」

「로버트 필머라는 사람이 있거든. 그 인간이 말하기를 최초의 인간이 아담이라는 남자인데 그 후손의 왕이 영국의 왕이라는 거지. 그게 말이 된다고 생각하나?」

「잠깐만요. 에덴동산에서 생겨난 태초의 남자 그 아담 말하는 거 맞죠? 그 후손이 영국 왕이라 흠…….」

「토리당이 생각하는 게 거기서 거기지 뭐. 에휴.」

로크는 토리당을 생각하기만 하면 화딱지가 나는지 혼자서 열불을 내기 시작했다.

「다른 생가을 갖고 있는 거 맞죠? 그렇죠?」

「음, 맞아. 신이 에덴동산에서 아담을 만들 때 가장 큰 선물을 주었지. 그게 바로 뭐냐 하면 자유의지야.」

「자유의지?」

「우리가 자유롭게 생각하고 그 생각을 토대로 행동하는 것을 자유의지라고 할 수 있지. 뭐 자네가 나를 우러러보는 것도 자유의지라고 볼 수 있지?」

「갑자기 뭐라는 거야. 누구는 이거 하고 싶어서 하나. 아, 진짜 재수 없어.」

로크가 기고만장해져서 잘난 척을 하는 것 같아 보이자 미미는 슬며시 고개를 돌려 작은 목소리로 말했다.

「그런데 이 자유의지라는 게 항상 좋기만 한 게 아니야.」

「어떤 경우가 있는데요?」

「나는 그걸 전쟁 상태라고 생각했어. 이기심 때문에 다른 사람의 것을 빼앗으려다가 싸움이 나지.」

「잠깐만요. 그러니까 자유의지는 우리를 자유롭게 생각하고 움직이게 하는데, 그 자유의지 때문에 싸움이 일어날 수 있다, 이 말인 거죠?」

「흠, 그렇지. 그 전쟁 상태에서는 개인의 안전을 보장할 수가 없지.」

「그것은 알 것 같아요. 왜 광고할 때 잠깐씩 나오는데 전쟁 때문에 아무 이유 없이 피해를 보는 거. 몸이 크게 다치거나 아니면 먹을 게 없어서 죽어나가는 거. 거기에 있는 사람들은 무슨 죄야.」

「뭐라고? 광고? 흐음…… 그건 뭔가? 처음 들어보는 말인데?」

「아니, 그런 게 있어요. 그럼, 그 전쟁 상태에 있는 사람들은 하루하루가 힘들 거 같은데. 언제 어떻게 될지 모르는데, 거기에다가 먹을 것도 구하기 힘들고.」

로크는 미미가 무슨 말을 하는지 물어보았지만, 미미는 적당히 얼버무리며 넘어갔다.

「인간의 욕심이 끝이 없기 때문에 어떤 일이 일어날지 모르지. 잘나가던 사람들도 욕심 때문에 한순간 구렁텅이에 빠질 수 있으니까. 그래서 사람들은 전쟁 상태에서 자신을 보호해줄 정부가 필요하다고 여기는 거지.」

「그런데 정부가 있다고 해서 전쟁이 멈추는 건 아닌 것 같은데. 아저씨가 말하는 그 정부가 세워져도 꼭 막 나가는 사람은 있는 것 같은데요.」

미미가 잠깐 동안 곰곰이 생각하다가 로크의 말에 트집을 잡기 시작했다.

「이봐, 이봐. 사람이 말을 하면 끝까지 들어야지. 설명이 아직 안 끝났는데, 그렇게 제멋대로 알아듣나?」

이번에는 미미가 너무 대놓고 말해서 그런지 로크가 화를 내며 소리쳤다.

「잘 들어봐라. 자연 상태에서 다른 사람과 문제가 생겼을 때와 달리 정부가 있으면 공정한 재판으로 해결할 수가 있겠지?」

「판사가 공정하게 재판을 해요? 에이, 판사들도 그렇게 공정하게 재판하는 것 같지 않던데요.」

「하……. 그래도 정부가 있으면 법이 있고 그 법에 따라 재판을 진행하게 될 테니 그나마 낫지 않겠나?」

「뭐, 그렇다고 치죠.」

「하……. 정부가 있으면 사람들이 권력을 넘겨주게 되지. 다만 이때의 권력은 무소불위의 권력이 아니라 제한된 권력이라는 걸 명심해야 하네. 알겠지?」

미미가 지지 않고 꼬박꼬박 말대꾸를 하자, 이제는 지쳤는지 로크는 애써 참으면서 설명했다.

「사람들이 넘겨주는 권력이 제한적이라……. 그것을 어기는 사람들이 있을 거 같은데, 그런 사람들은 어떻게 해야 해요?」

「흠……. 지도자가 언제나 현명한 것은 아니니까. 그래도 그 힘은 확실히 강력하지. 이때 힘으로는 개인이 도저히 이길 수가 없게 되지.」

로크는 크게 심호흡을 하고 담담하게 설명했다.

「흠……. 힘의 차이가 너무 커지니 정부를 이길 수가 없지. 그러니까 이때를 대비해서 권력은 사람들이 일시적으로 위임한 것이며 정부는 사람들의 재산과 생명과 자유를 지키기 위해 노력해야지. 그러니까 무소불위의 절대 권력을 누리는 일은 없어야 한다는 거야.」

미미가 웃으며 얼렁뚱땅 넘어가려고 하자, 로크는 씁쓸한 표정을 지으며 설명했다.

「그러니까 방금 한 말이, 독재자 한 명이 나타나서 권력 욕심 때문에 여러 사람 죽여가면서 권력을 유지하는 거를 말하는 거네요.」

「그렇지. 권력은 일시적으로 국민들에게서 위임을 받은 것이며, 그 권력은 국민의 재산과 생명과 자유를 지키는 것에만 쓰여야지.」

로크가 갑자기 뭔가 생각이 났는지 목에 힘을 꽉 주면서 말했다.

「여기 오다가 벌판을 보았지?」

「네. 그게 뭐 어때서요?」

「그 벌판에 아무도 손을 대지 않았는데, 거기에서 과실이 생겨났다고 하자. 그러면 그 과실의 소유권을 누가 가질까?」

「아무도 손을 대지 않았는데 자연스럽게 과실이 열렸다. 음…… 누가 가져가야 맞는 걸까?」

미미는 도통 생각이 안 나는지 한참을 고민했다.

「답은 먼저 발견한 사람이야.」

「에이, 그런 게 어디 있어요. 먼저 발견한 사람이 갖는 거면 아까 말한 대로 계속 전쟁 상태일 걸요?」

미미가 어이가 없는지 헛웃음을 지으며 손사래를 쳤다.

「내가 먼저 발견한 사람이 주인이라고 했지. 그런데 항상 꼭 그런 건 아니야.」

「그럼, 싸워서 이기면 주인인가요?」

로크가 미미를 타이르고 나서 설명을 이어갔다.

「허 참. 끝까지 들어보라니까. 개인이 정성 들여서 과일 나무를 키웠다고 하자. 그럼 이때 그 과일의 소유권을 가져야 하는 게 마땅할까?」

「당연히 그 나무 키운 사람이 가져가죠?」

「맞아. 나무를 키워서 열매가 열리게 하려면 온갖 정성을 들여야지. 그 정성 덕에 나무의 가치가 높아졌고. 그런데 사람들은 내가 이렇게 말하면 정신병자 취급해.」

로크가 잠자코 듣기만 했던 미미에게 화풀이를 했다.

「아저씨, 왜 저한테 자꾸 그래요? 생사람 잡아먹으려고 하네.」

미미는 자신에게 화풀이를 한 로크가 미운지 결국 폭발해버렸다.

「미안하네. 내가 영국에서 쫓겨나다시피 와서 그래. 화낸 건 정말로 미안하네.」

로크는 연신 미미에게 사과하고 황급히 말을 돌렸다. 그런데 미미는 팔짱을 끼고 말없이 로크를 바라보았다.

「이 황량한 땅을 어떤 사람이 와서 열심히 일구어 비옥한 땅으로 만들었다고 하면, 그 사회도 그 사람 덕분에 많은 이익을 취하게 되지.」

「왜 사회가 이득을 보는데요?」

미미는 퉁명스러운 말투로 대답했다.

「그 땅을 비옥하게 하면 몇 배 이상의 생산량이 증가하게 되지? 거기에 농작물이 얼마나 나왔든지 간에 자기가 필요한 것만 갖고 나머지는 다 처분할 거라는 거지. 그래서 사회도 이익을 보는 거야.」

「에이, 아저씨. 아저씨가 방금 처분한다고 말한 것은 다른 사람한테 판다는 건데, 힘들게 농사지어서 헐값에 팔 것 같아요? 저 같아도 제값 받아낼 것 같은데.」

「무슨 소리야. 헐값에 뭐? 그건 또 무슨 소리야? 무슨 말을 하는 거야?」

「아니 돈 받고 판다고요. 딱 봐도 돈 벌려고 농사지은 거 같은데, 제값 다 받고 팔아야지.」

서로 이야기를 하는데 무슨 말을 하는지 알아듣지 못하는 거 같았다.

「돈이라, 으음. 그러니까 나는 농사를 지어서 자기가 먹을 만큼만 챙기니까 다른 사람들에게도 도움이 된다는 거지. 왕이 전부 다 차지하는 것보다는 열 배 아니 백 배 낫지. 안 그러냐?」

「그런데 왕을 그렇게 비꼬는 거 보니까 정말 싫어하나 보네요.」

「나는 언제까지나 합리적 비판을 하는 것뿐이라고. 내가 허무맹랑한 소리를 하는 것 같으냐?」

로크가 어깨에 힘을 꽉 주고 혼자 우쭐해졌다.

「아저씨도 국회의원인 거예요?」

「여기 오기 전까지는 그랬지.」

「국회의원 그거 완전 편한 일 아닌가? 음……. 일단 선거에 나가서 표 필요할 때만 '이 한 몸 이 지역에 바쳐 무궁한 발전을 이루겠습니다' 하고 말하고 임기가 시작되면 설렁설렁 있다가 사람들 관심 좀 사라지면 어디 좋은 해외에 슬그머니 나갔다가 눈치 보일 때쯤 와서 일하는 척 좀 하고 얼마나 좋아.」

로크가 미미를 잡아먹을 듯한 눈빛으로 바라보았다.

「국회의원이 얼마나 중요한 자리인데, 그렇게 말하나? 국회의원이 허구한 날 놀고 있는 것 같아?」

「뭐, 그런 거 같은데요. 선거 때는 국민의 일꾼이 되겠다고 목이 아플 정도로 외치고 다니다가 정작 당선되면 허무맹랑한 것으로 서로 싸우고. 솔직히 지금 국회의원 수가 너무 많은 거 같은데, 한 100명 정도로 줄여도 좋을 것 같은데.」

로크는 그 말을 듣고 소리쳤다.

「자꾸 이상한 소리 할 거야. 그럼, 왕이 막 나가면 그건 누가 견제해?」

「왜 그렇게 화를 내요? 솔직히 틀린 말 한 건 아닌데.」

「하……. 이걸 어디서부터 설명해줘야 알아들을 수 있을까? 흠……, 어쩔 수 없지. 다시 고대시대부터 설명해줄 테니 잘 들어라.」

로크는 금방이라도 심장이 터질 것 같았다.

「옛날 옛적에도 사람들은 다 같이 모여 살았지. 왜? 어떤 위협이 그들을 기다리고 있을지 모르니까. 당연히 그 시절 지도자들은 사람들을 지켜줄 능력이 있어야지. 즉, 힘센 사람이 우두머리였다는 거야.」

「건국 초반의 영웅 이야기하는 건가? 그거 말하는 건가요?」

「우두머리가 죽으면 누가 그다음에 부족을 이끌 것 같나?」

「그야 그 아들이겠죠. 옛날에는 웬만하면 남자가 대를 이어갔다는데.」

로크는 애써 참고 설명했다.

「그 대를 이은 아들들이 자연스럽게 우두머리가 되는 거지. 잘 생각해봐라. 처음에는 능력 있는 사람이 우두머리였어. 자식이라는 이유만으로 우두머리에 오르면 능력이 없는 사람도 우두머리가 될 수 있다는 게 문제야.」

「음……. 뭔지 알 것 같은데. 조선시대 연산군 시절에 아무 사람이나 이유 없이 엄청 죽였다는데. 지금 그거 말하는 거죠?」

「너 자꾸 이상한 소리를 할래? 조선? 연산군? 그건 또 뭐야.」

미미는 자꾸 로크에게 꾸중만 들었다.

「고대부터 지금의 영국까지 그러고 있지. 그런데 왕이 그렇게 엇나가면 어떻게 해야 할까?」

「뭐, 방법이 있나요? 못하게 막아야 죄 없는 사람들이 다치는 일이 없겠죠.」

미미는 생각해보지도 않고 곧바로 말했다.

「아니지. 애초에 그런 일이 없도록 해야지. 법으로 왕의 행동에 제약을 만들어놓는 거야. 마음대로 날뛰지 못하게 말이지.」

「과연 그걸 왕이 해줄까요?」

「내가 아까부터 왕은 무소불위의 권력을 갖고 있는 사람이 아니라고 누누이 말했지? 왕의 권력은 국민이 잠시 빌려준 것 일뿐이지.」

「흠……. 쉽지는 않을 것 같은데.」

미미가 팔짱을 끼고 곰곰이 생각하다고 혼잣말을 했다.

「아까 말한 국회의원은 1년 내내 일하는 게 아니고 정해진 시기에만 일하는 거지.」

로크는 스스로 생각해봐도 머쓱했는지 다시 정신을 차리고 설명해주었다.

「일반 서민들은 1년 내내 일해 겨우겨우 먹고살아가는데, 국회의원들은 며칠 일하고 다시 쉰다고요.」

미미가 딴죽을 걸기 시작하자 로크의 표정이 점차 어두워졌다.

「말 좀 끝까지 들어봐라. 내가 이렇게 말하는 건 이유가 있어서야.」

로크가 화를 냈다.

「국회의원이 의회에만 있으면 서민들의 삶을 어떻게 알겠나? 일정 기간은 의회에 있고 나머지 기간은 사람들이 어떻게 사는지 알아야지. 그 사람들을 어떻게 도와줄지 생각하고 오라는 거지. 국회의원은 자기들 유리한 대로 법을 만들게 뻔한데 결국 피해를 보는 사람이 누구야? 바로 서민들이지.」

로크는 얼굴이 빨갛게 타올라서 겨우겨우 참으면서 설명해주었다.

「아이 참. 자기 자신한테 관대하고 남은 막 대하네. 영국에서 쫓겨나서 성격이 이상하게 변한 건가?」

미미는 로크가 들리지 않게 소곤소곤 말했다.

「뭐? 뭐라고 말한 거야?」

「저요? 저 아무 말도 안 하고 있었는데, 왜요? 무슨 일이 있었어요?」

미미는 시치미를 뚝 떼고 아무 일 없었다는 듯이 말했다.

「방금 의회에서 모여 일을 한다고 했지? 거기서 만들어진 법은 꼭 지켜야 되지.」

「법 지키는 건 당연하죠. 그런데 그게 왜요?」

「의회에서 법을 만들었지. 법만 있으면 뭐 하나? 지키는 사람이 없는데. 나는 이걸 집행권이라고 생각하지. 입법만큼 중요한 거지.」

로크가 점잖게 설명했다.

「사람을 죽여도 아무렇지 않게 돌아다니는 사람이 있으면 어떻게 해요? 그런 사람들은 함부로 돌아다니지 못하게 해야죠. 그래야 다른 사람들이 안전하게 돌아다닐 수 있으니까요.」

「맞아. 그렇게 법을 지키도록 하는 게 집행권이지. 하……. 그건 그렇고 이만큼 설명을 했으니 이제는 어서 가라.」

로크가 퉁명스럽게 말하고 자리에서 일어나 사라졌다. 미미는 퉁퉁거리면서 집에서 나왔다.

「존 로크와의 대화가 끝났습니다. 다음 장으로 넘어가시겠습니까? 예, 아니오로 대답해주시기 바랍니다.」

「아니오.」

미미가 말하자 기계음이 들리고 화면이 바뀌었다.

「내가 이렇게 열심히 하는 게 다 뭐 때문인데……. 얼른 가서 연습해야지.」

미미는 이렇게 말하고 연습실로 발걸음을 재촉했다.

> ### 존 로크의 철학 노트
>
> 여러분은 존 로크가 젠트리 출신이라는 거 아셨나요? 젠트리라는 계층은 지방에 많은 땅을 가진 귀족입니다. 로크의 아버지가 돌아가신 후에 로크가 재산을 상속받는데요. 그중에 땅도 있었죠. 그 땅을 소작농에게 빌려주었죠. 소작농은 땅을 빌리고 일정량의 수확물을 지주에게 주는 게 관행이었는데, 로크가 악랄하게 소작농을 쥐어짰다고 합니다. 그 당시에 소유권이 어떻게 되었는지 아세요? 영국의 왕은 아담의 후손이기 때문에 모든 소유권은 그에게 있었습니다. 당시 대지주였던 로크의 눈에는 그게 아주 눈엣가시였던 거죠. 그래서 개인의 노력으로 얻은 결과물은 개인이 가져야 한다고 주장했죠. 이것이 현대의 사유재산권으로 이어지게 됩니다. 존 로크 덕분에 우리가 사유재산권을 당연한 권리로 가지게 된 게 아닐까요?

CHAPTER

장 자크 루소 1712~1778  국가가 꼭 필요할까?

14

「저, 미미 왔어요.」

학교에서 곧장 회사로 달려온 미미가 인사하자, 남 실장이 미미에게 다가왔다.

「미미, 왔구나. 저번에 그 사회계약론 숙제는 다 끝났니?」

「아직이요. 조별 과제를 하면서 정말 많은 걸 느낀 것 같아요. 일례로 공산주의가 망한 이유나 아니면 왜 성악설이라는 말이 나왔는지도요.」

「그래? 그건 너무 비관적인 거 아니니? 세상의 어두운 면만 보는 거 같은데. 성선설을 주장한 사람도 있는데.」

「성선설은 너무 세상을 낭만적으로 보는 거 아닌가요? 차라리 홉스가 현실적이라고 생각해요.」

미미의 말을 들은 남 실장이 무언가를 곰곰이 생각했다.

「음……. 홉스의 주장도 일리는 있지만, 루소의 말도 일리 있다고 생각해. 물론 어떻게 세상을 바라보느냐에 따라 많이 달라지는 것 같기도 해.」

「세상을 어떻게 바라보는지에 따라 달라진다. 흠…….」

미미는 남 실장의 말을 곱씹어 생각했다.

「아직 잘 이해가 안 될 수 있어, 미미야. 철학이 워낙 어려운 거니까.」

「철학은 하면 할수록 어려운 거 같아요.」

「그건 나도 그래. 대학원에 들어간 친구들을 보면 대단하다고 생각해.」

「이 어려운 철학을 공부하기 위해 대학원을 가다니. 저는 못할 거 같네요. 실장님, 저 체험하러 갈게요.」

미미가 체험실로 올라가 엄지손가락으로 전원 버튼을 누르자 요란하게 기계음이 들리기 시작했다.

「장 자크 루소와의 대화를 시작하겠습니까? 예, 아니오로 대답해주시기 바랍니다.」

「예.」

기계음이 들리면서 화면이 바뀌었다.

「이번엔 뭐야. 아니 체험할 때마다 사람을 찾아야 하는 거야. 이왕 만들 거 편하게 만들어주지.」

미미가 쌀쌀맞게 말했다.

「사람을 어디서 찾아. 죄다 나무 아니면 풀인데. 여기에 사람이 있을리가.」

미미는 무언가를 찾으려고 분주히 움직이고 있었다.

「이렇게 올곧게 자란 나무는 없는 것 같아. 이대로 쭉쭉 자라면 소원이 없어.」

근처에서 말소리가 들리자 미미는 한걸음에 달려갔다.

「여기는 무슨 일로 왔는가?」

노년의 남성이 미미를 웃으면서 반겼다.

「그게 잠시만요. 헉헉……. 그게 말이죠. 그게 그러니까 하하…….」

「뛰어왔구나. 흠. 나 장 자크 루소를 찾아온 것 같은데. 흠……. 여기서 이럴 게 아니지. 우리 집에 가자.」

「잠시만요. 오늘 따라 많이 뛰어서 그래요. 하……. 이제야 좀 살 것 같네요. 여기서 집이 많이 멀어요?」

미미는 숨이 차서 제대로 말이 안 나오는지 겨우겨우 말했다.

「많이 힘들어 보이는구나. 저기 저 나무 그늘에서 잠깐 쉬다 들어가자. 좀 쉬면 나아질 거야.」

미미가 안쓰러웠는지 루소가 나무 그늘을 가리키며 말했다.

「진짜, 시원하네. 뭐 하나 없는데. 그런데 여기 있는 식물 전부 다 할아버지께서 키우는 거예요?」

「음……. 여기서 식물 좀 기르면서 여유 있게 사는 거지. 내 나이쯤 되면 각박한 도시보다는 이렇게 한적한 시골이 좋아.」

루소가 깊게 패어진 주름 사이로 흐르는 땀을 닦으면서 말했다.

「가끔씩 사람들이 나를 찾아와서 질문하면 다행인데, 나를 죽이려고 안달이 난 사람도 많이 찾아오지.」

루소는 아무렇지도 않게 말했는데, 미미는 깜짝 놀라 입이 다물어지지 않았다.

「죽이려고 와요? 이런 한적한 곳에 있는 할아버지를 죽이려고요?」

「나는 『에밀』이라는 책을 썼고, 이렇게 다행히 나를 잘 알고 있는 후작의 영지에서 살고 있지. 참, 자네도 『에밀』보다는 『사회계약론』에 대해 물어보려고 왔지?」

「네. 그건 어떻게 알았어요?」

루소는 뭔가 씁쓸한지 영 표정이 좋지 않았다. 미미는 그런 루소의 표정을 보고 어쩔 줄 몰라 그저 눈치만 보고 있었다.

「나는 사실『에밀』에 애착이 가는데, 사람들은『사회계약론』에 대해 관심이 많은 것 같아. 아, 땀 다 식었으면 들어갈까? 아니면 그냥 편하게 여기서 이야기할까?」

「저는 여기가 좋은데요. 이런 정원 같은 데 처음 와서요.」

「흠……. 어디서부터 시작해야 좋을까? 그래, 고대 인류를 같이 생각해보자구나.」

「고대 인류요?」

「그때 사람들은 어떻게 살았을까?」

미미가 턱을 괴고 무언가를 생각하는 것 같은데, 떠오르지 않는지 말문이 막혔다.

「아마 가죽으로 된 옷을 입고 다녔을 거예요. 거기다가 사냥을 해야 하니 무기 같은 걸 들고 있을 거 같아요.」

「그래. 그럴 수 있겠구나. 그럼, 사람들은 모여 살고 있었을까?」

「제가 알기로는 고대 시대에도 무리를 지어서 살았다고 해요. 그런데 지금 사람들 사는 것처럼은 아닐 거 같아요.」

「무리 지어서 생활하기는 했는데 지금처럼 살지는 않았다. 그래. 일리 있는 말이야. 그럼, 무리의 지도자가 있었을까?」

이번에도 미미는 쉽사리 말문을 열지 못하고 한참을 생각하고 또 생각했다.

「음……. 있었을 것 같아요. 사냥감을 잡거나 그럴 때 힘 센 사람이 앞장서서 잡으려고 하고 그 사람이 우두머리일 것 같아요.」

「사냥감을 잡기 위해서라. 일리 있는 말이기는 해. 내가 이런 질문을 한 이유가 있지. 인간은 누구나 자유를 추구하지. 그것은 인간의 본능이야. 그런데 그 자유를 포기한 이유가 있다고 생각했지.」

「혼자 사냥하는 게 쉽지 않겠죠. 거기다가 다치기라도 한다면 끔찍할 텐데.」

미미가 말하면서도 무엇을 상상했는지 부들부들 떨었다.

「그래. 생존을 위해서 뭉치다 보면, 누군가 뛰어난 사람들이 나타나기 마련이지. 그런 사람이 우두머리가 되지.」

「저도 역사책에서 본 적이 있는데요. 뭐, 활을 엄청나게 잘 쏴서 당해낼 사람이 없다면 그 사람이 지도자가 되겠죠.」

「그래. 방금 말한 것처럼 활 잘 쏘는 사람이 지도자가 될 수 있지. 그런데 활을 잘 쏘는 사람들만 있을까?」

미미는 또다시 무엇을 곰곰이 생각하는지 쉽게 대답을 못했다.

「음…… 잠시만요. 그런 사람만 있을 거 같지는 않은데요. 재능이라는 게 사람마다 달라서 서로 잘하는 게 다를 수 있죠.」

「맞는 말이야. 사람의 재능이라는 게 똑같을 수는 없지. 어떤 사람은 무기를 잘 만들고, 어떤 사람은 옷을 잘 만들지. 그렇기 때문에 무리에서도 서로 분업이 이루어지는 거지.」

「이렇게 서로 오순도순 잘 사는데, 왜 옛날에는 노예가 있었던 거예요?」

「전쟁 때문이야. 전쟁이 없었으면 노예도 당연히 없었겠지만, 불행하게도 노예는 엄청나게 오랫동안 존재했지.」

「전쟁은 옛날부터 지금까지 계속 있었죠. 전쟁이 나면 승자와 패자가 나뉘고, 그 승자가 패자의 것을 가지게 되니까.」

루소는 뭐가 그렇게 씁쓸한지 전쟁 이야기가 나오자 표정이 영 좋지 않았다.

「전쟁이 일어나는 이유는 왕들의 탐욕과 어리석음 때문이야. 사람은 욕심을 적당히 부릴 줄도 알아야지.」

루소가 말하면서도 손에 잡히는 돌들을 마구 던졌다.

「하……. 전쟁에서 이겼다고 사람을 복종시킬 권한이 있다고 보는가? 나는 전혀 그렇지 않다고 생각해.」

루소는 팔꿈치로 아무 죄 없는 나무를 퉁퉁 쳤다.

「복종을 한다는 것은 서로에게 이익이 될 때만 하지. 노예를 부린다고 해보자. 그때 이익을 얻는 사람은 노예 주인이야. 노예는 아무 이익이 없이 복종만 하는 거지. 노예의 아들로 태어나면 자식도 노예가 되는 거야.」

「할아버지 말을 듣고 보니 노예가 없는 게 정말 다행이네요. 세상도 변하기는 변하는 거 같네요.」

「뭐, 많이 변한 것을 부정할 수 없는 사실이지. 하지만 지금 시대에도 문제가 있어.」

「무슨 문제요?」

「요즘에는 정당에서 후보를 추천하고 그 사람들 중에서 투표로 선출하는데, 그것도 내가 보기에는 문제가 있어.」

루소는 아까부터 나무를 계속 치고 있었다.

「뭐가요? 노예제는 아닌 것 같고. 빈부격차? 아니면, 정치인들 말하는 건가?」

「정치인들이 문제지. 자신을 뽑아준 국민을 위해 일해야지, 자기들끼리 똘똘 뭉쳐서 뭐 해먹을 생각만 하고 말이야.」

루소가 목에 핏대가 설 정도로 소리치면서 말했다.

「무슨 당에 무슨 파가 있다는 거 그런 거 말하는 거예요? 흠……. 하긴 뭐 제가 보기에도 하라는 일은 제대로 안 하고 맨날 쓸데없는 말싸움만 하고 있는 것 같아요.」

「흠……. 나도 들어는 봤다. 차라리 그렇게 될 거라면 아예 더 많이 뽑는 게 낫지.」

루소의 얼굴에 깊게 패인 주름살만 보였다.

「국회의원이 하는 일이 뭔가?」

「국회에서 법을 만드는 게 국회의원의 일 아니에요? 뭐, 제대로 일을 하고 있는 것 같지는 않지만.」

「입법이야말로 정말 중요하지. 그리고 법을 투명하게 제정해야지.」

「그거야, 그렇죠. 그런데 그렇게 투명하지 않아서 문제인 거죠. 제가 보기에는 세상에서 가장 편한 직업이 국회의원일 것 같아요.」

「아무리 그래도 국회의원은 필요해. 왜 그런지 알아? 대중은 우매하니까 현명한 사람들이 나서서 법을 만들어야지.」

「무슨 사람을 개돼지 취급하는 거예요? 선거철에는 굽신거리더니 선거 끝나면 나 몰라 하는 건 어디 가도 변함이 없네요.」

미미는 루소의 말꼬리를 잡았다. 그러자 루소가 갑자기 미미를 째려보았다.

「사람들은 대의명분 같은 거 별로 중요하게 생각하지 않아. 거기에다가 정치에 관심이 없는 사람이라면? 아마 자기 이익만 우선적으로 생각할 거야. 이럴 때 입법자가 사람들의 이익만 보면 안 된다는 거지.」

「무슨 대의명분이요? 국회의원들은 국민을 위해서 일해야 하는데, 국민에게 좋은 쪽으로 법을 만드는 게 국회의원들이 해야 하는 일 아닌가요?」

미미의 말에 루소는 고뇌에 빠진 듯 한참을 곰곰이 생각했다.

「너는 법이 존재하는 이유가 뭐라고 생각하나?」

「음……. 글쎄요. 생각해볼 겨를이 없어서. 제가 몸이 열 개라도 모자를 정도로 좀 바쁘거든요.」

「법은 소수만을 위해 만드는 게 아니라 모두를 위해 만들어야 해. 못사는 사람도 있을 수 있지. 그런 사람들을 도와줘서 잘 살게 해줄 수 있도록 해주는 게 법이지.」

미미가 순진무구한 표정을 지으며 말하자 루소는 답답한지 고개를 푹 숙이고 있다가 말했다.

「흠, 이제 알겠다. 잘사는 사람이 있으면 못 사는 사람이 있는데, 그 사람들까지 전부 다 보호해야 한다는 거죠? 그렇죠?」

「이제야, 내 말을 알아듣는구나. 이 늙은이가 입에 단내가 나도록 여태 설명을 해줘서 겨우 하나 이해하다니, 정말.」

루소가 미미를 노려보면서 말했다.

「귀족은 돈이 넘쳐나다 못해 썩는 수준이지만, 노예는 하루하루 사는 것도 벅차지. 이런 걸 보면서 자유도 중요하지만 평등도 중요한 거라고 생각했어.」

「귀족은 자고 싶을 때 자고 먹고 싶을 때 먹고 하고 싶은 거 있으면 다 할 수 있고. 나는 언제 그렇게 자유로운 인생을 살 수 있을까?」

루소는 한심하다는 듯이 고개를 절레절레 흔들었다.

「또 시작이야. 귀족이 돈과 힘이 있다고 한들 법 위에 있을 수는 없어. 또한 돈으로 사람을 매수할 수 없고.」

「그냥 해본 말 갖고 또 왜 그래요.」

「부자와 가난한 자의 차이가 너무 벌어지면 그 공동체는 무너지게 될 거야. 그래서 그 차이를 좁히도록 노력해야지.」

「하긴, 너무 그 차이가 벌어져서는 안 되죠.」

「또 특수성이라는 게 있지. 나라마다 똑같은 환경을 가지고 있을까?」

「그건 아니겠죠. 뭐, 섬나라도 있겠고, 아니면 바다가 없는 나라도 있을 수 있고. 그건 왜요?」

「입법자라면 그런 특수성을 다 고려해야지. 주변에 산 밖에 없는 나라가 항해술을 장려한다면 말이 안 되지.」

「스위스에서 알프스를 이용해 돈 버는 걸 말하는 건가요?」

「알프스처럼 특수성을 잘 이용할 줄 알아야지. 그런데 이렇게 공을 들여 법을 제정했는데, 국민들이 지키지 않는다면 어떻게 될까?」

「어디 보자, 어떻게 될까……. 누구도 법을 안 지키면 뭐 다 자기 마음대로 어디 가게 가서 돈 안 내고 물건 가져오고, 누구를 때리고 죽이고 그렇겠죠. 그런데 왜요?」

미미는 루소에게 다른 이유가 있는지 물었다.

「아무리 환경이 좋아도 그것을 쓰는 사람이 제대로 활용하지 못하면, 그 또한 문제가 되지. 방금 자네는 형법을 말하는 것 같은데, 그 부분 먼저 짚고 가자. 국민들은 국가와 계약한 사이라는 거 누누이 말했지?」

「그런데 그게 형법과 관련이 있어요?」

「죄인들은 계약을 어기고 법을 위반한 거지.」

「음……. 그러니까 할아버지 말은 계약을 했는데, 계약 내용을 어긴 거라는 거네요. 그럼 그 계약 내용을 어겼으니까 감옥에 가고 그러겠네요.」

미미는 루소의 말이 잘 이해가 안 되는지 천천히 곱씹으면서 생각을 정리했다.

「그것도 법을 어긴 사람을 처벌하는 방법이지. 그 처벌 중에 사형도 있지. 사형에 대해서는 어떻게 생각하나?」

「사형이요? 그거 요즘 엄청 말 많던데. 나라에서 그렇게까지 할 필요가 있나? 아니면 피해자의 심정을 고려해서라도 사형을 해야 한다고 그러던데, 저는 잘 모르겠어요. 할아버지는 어떻게 생각해요?」

「내 말은 그게 아니라 사형 집행의 의미에 대해서 물어본 거야. 좀 진득하니 생각해보고 말해봐.」

미미가 루소의 말을 잘못 알아들었는지 잔소리만 된통 들었다.

「사형의 의미라, 음……. 그 사람이 용서받을 수 없는 큰 죄를 지어서 그런 거 아니에요?」

「아까 죄를 진다는 건 계약을 위반한 거라고 했지. 다르게 말하면 공동체의 질서를 어긴 거야. 그래서 죄인을 추방하거나 사형해야지.」

루소는 자신의 말을 잘 이해하지 못하는 미미가 못마땅한지 다시 설명했다.

「그럼, 범죄자가 많아지면 그 사람들을 사형하는 거예요? 그러면 사람들이 무서워서 법을 잘 지킬 것 같기도 하고…….」

「아니, 그건 아니야. 무조건적으로 사형이 옳은 건 아니야. 사형이 많다고 하면 그건 정부 운영이 잘못되고 있다는 신호야.」

「음……. 그러니까 할아버지 말은 사형은 있는데 사형을 많이 하면 그 나라는 상황이 안 좋다는 거네요?」

「그렇지. 사형을 자주 하면 안 되지. 집행할 때는 신중하게 해야지. 그러니까 정말 위험한 경우만 아니면 사형하면 안 되지.」

「그러니까 할아버지 말은 사형은 있지만 자주 하면 안 되고, 사형을 하더라도 신중하게 결정해야 한다는 거네요. 이를테면 사람을 엄청나게 많이 죽이고 죄책감을 못 느끼는 그런 사람 정도만 사형해야 한다. 이거죠?」

루소는 미미가 잘 이해해서 뿌듯한지 미소로 화답했다.

「사실 방금 말한 사형 집행이 자주 일어나는 나라는 이미 기울어진 상태인 거지. 범죄자가 없으면 사실 사형을 할 일이 거의 없어. 사람들이 알아서 법을 잘 지키거든. 그러니까, 사형을 집행할 이유가 없다는 거지.」

「범죄가 많을수록 나라가 기울고 있다는 신호네요.」

「흠……. 그럼, 여기서 설명할 건 다 한 것 같고 다음으로 넘어가보자.

너는 나라가 잘되려면 땅의 크기는 얼마가 적당하다고 보니?」

미미는 루소의 눈치를 보면서 말을 잇지 못했다.

「음……. 땅, 그거 크면 클수록 좋은 거 아니에요? 제가 사는 곳은 땅이 너무 좁아 닭장처럼 아파트에서 사는데, 땅이 큰 나라들은 땅값도 엄청나게 싸다고 들었는데.」

루소는 고개를 푹 숙이고 있다가 겨우 고개를 들었다.

「이 늙은이가 입 아프게 계속 떠들었는데. 참……, 왜 너는 하나를 알려주면 하나밖에 모르는 거야. 국가가 크면 클수록 안 좋은 거지.」

「에이. 그게 무슨 소리예요. 땅덩어리가 작으면 집값이 얼마나 비싼데, 그런 말을 해요.」

미미는 말 한마디를 안 지려고 또박또박 말대꾸를 했다.

「땅이 크면 사람들이 뭉쳐서 살게 될까, 아니면 따로 살까?」

「당연히 따로 살겠죠. 뭐 하러 모여 살아요. 땅도 넓은데. 나도 마당에 큰 개 한 마리 키워보고 싶은데. 땅덩어리 좁은 곳에서는 상상도 못하죠.」

미미는 무슨 달콤한 생각을 하는지 배시시 웃으면서 대답했다.

「땅이 큰 게 그렇게 부럽나? 나는 땅이 큰 걸 좋게 보지 않아.」

「왜요?」

「땅이 크면 서로 모여 살기 힘들지? 그렇게 되다 보니 서로 얼굴 마주칠 일은 없지. 그럼, 사람들끼리 유대감이 생기지 않겠지?」

「그러고 보니 땅 큰 나라들 중에는 아예 기후가 완전히 다른 지역도 있는 것 같기도 하니까.」

「계절이 다른 것도 있지만, 서로 연락하는 것도 힘들지.」

「할아버지 말이 맞는 것 같기도 하네요. 땅이 크다고 좋은 줄만 알았는데, 그건 또 아니네요.」

미미가 잠자코 루소의 말을 듣고 있었다.

「거기다가 다른 나라가 침략을 하면 가는 데만 몇 날 며칠이 걸리는데, 땅이 크다고 무조건 좋은 게 아니야.」

「그렇게 오랜 시간이 걸리면 괜히 죄 없는 사람들만 죽어나가죠. 그렇게 보면 땅덩어리 좁은 게 좋을 것 같기도 하고.」

「그래서 눈앞에 이익만 보면 안 된다고 한 거야. 입법자는 저 먼 미래까지 볼 수 있어야 하는 거야.」

「입법자도 힘든 거구나. 그런데 할아버지는 국회의원 할 생각은 없어요? 그렇게 잘 아는데 할아버지 같은 사람이 정치를 해야 하는 거 아니에요?」

루소가 말문이 막혀서는 한참 동안 입을 떼지 못했다.

「뭐, 따지고 보면 내가 이런 연구를 하기 시작한 건 프랑스대사관에서 일을 할 때지. 그때가 언제인지 까먹었는데, 흠, 대사관에서 정치라는 게 엄청나게 중요하다는 걸 알게 되었지.」

루소가 말하면서 옛 추억에 잠겼는지 눈을 슬며시 감고 자신이 걸어온 길을 회상했다.

「대사관이라……. 좋은 데서 일한 거 아닌가? 거기서 일하면서 책을 쓰기 시작한 거예요? 아니면 그 일을 그만두고 나서 나중에 쓴 거예요?」

「그때는 워낙 일이 바빠서 연구할 시간이 없었지. 대사관에서 일하지 않았다면 이런 연구를 하지 않았겠지.」

「음……. 그렇구나. 그런데 그다음에 나라에서 부르지 않았어요? 할아버지 같은 사람이 정치를 해야 하는 거 아니에요? 현명한 사람이 정치를 해야 나라가 잘 돌아갈 것 같은데.」

미미가 잘못 말했는지 루소의 표정이 영 좋지 않았다.

「내가 정치를 해? 아마 그런 일은 없을 거야. 아니지 그게 아니라, 내가 무슨 나라에 직을 맡을 가능성은 완전히 없다고 보면 돼.」

루소가 엉덩이를 털며 일어나면서 말했다.

「할아버지, 어디 가요?」

「내 나이를 좀 생각해봐라. 요 녀석아. 요즘 들어 하루하루가 서 있는 것도 힘든데, 몇 시간 동안 말하니까 더 힘들다. 나는 들어가서 한숨 좀 자야겠다.」

루소는 그렇게 말하고 뒤도 안 돌아보고 집으로 들어갔다.

「아니, 나는 어쩌라는 거야. 이게 뭐야. 나만 혼자 남겨두고 사라지면 어떻게 하라고.」

미미는 듣고 싶어 하는 기계음이 들리지 않자 잔뜩 뿔이 나서 애먼 나무에게 화풀이하면서 말했다.

「장 자크 루소와의 대화가 끝났습니다. 다음 장으로 넘어가시겠습니까? 예, 아니오로 대답해주시기 바랍니다.」

「아니오.」

요란하게 기계음이 울리며 화면이 검은색으로 바뀌었다.

「개인의 자유를 위해 국가가 필요하다. 이것이 사회계약론의 핵심이네. 아, 이제 사회계약론 숙제 끝났다. 그런데 내 연습생 생활은 언제 끝날지……. 힘없는 연습생은 연습이나 하러 가야지.」

미미는 체험실에서 나와 연습실로 향했다.

장 자크 루소의 철학 노트

여러분은 성선설이라고 들어보신 적이 있으신가요? 루소는 사람은 태어날 때부터 선한 본성을 갖고 태어난다고 보았습니다. 그런데 왜 국가가 필요할까요? 루소는 선한 사람들끼리 모이더라도 자신들의 목적에 따라 행동하게 되면 그 국가는 어지러워질 거라고 보았습니다. 그래서 국가의 질서를 유지하기 위해 사람들의 의견을 모으고 공동의 목표를 이루기 위해 법을 만들어야 한다고 보았습니다. 이렇게 개인의 목적이 서로 상충될 때 법으로 조정하는 거죠. 이런 이유로 루소는 국가의 필요성을 제기한 거죠. 여러분은 국가가 왜 필요하다고 보시나요?

CHAPTER 15

애덤 스미스
1723~1790

소수가 부를 독점한다면

「안녕하세요. 저, 미미 왔어요.」

미미가 명랑하게 인사하자 마침 1층에 있던 유 실장이 다가왔다.

「오늘 날씨 많이 덥지?」

「그러게 말이에요, 실장님. 부자들은 좋겠어요. 에어컨 빵빵한 곳에 있을 수 있으니까.」

미미가 물을 한 모금 마시면서 말했다.

「그런 말을 하면 자본주의 아버지인 애덤 스미스가 서운해하시겠어.」

유 실장이 이렇게 말하자 미미는 이해가 잘 안 되는지 멍하니 쳐다보았다.

「음……. 그래, 아직은 애덤 스미스가 말한 '보이지 않는 손'이 어려울 수 있어. 나도 처음 들었을 때 무슨 말인지 잘 몰랐거든.」

「음……. 부자들 편에서 그런 주장을 한 줄 알았는데.」

「시간이 지나면서 와전된 거 같아. 아……, 벌써 시간이 이렇게 되었네. 나는 먼저 가서 수업 준비 하고 있을게.」

유 실장은 미미에게 이렇게 말하고 손을 흔들며 사라졌다. 미미도 체험실에 올라와 준비를 마치고 엄지손가락으로 전원 버튼을 꾹 눌렀다. 그러자 기계음이 울리며 화면이 바뀌었다.

「애덤 스미스와의 대화를 시작하겠습니까? 예, 아니오로 대답해주시기 바랍니다.」

「예.」

미미가 말하자 화면이 바뀌고 주택가가 보였다.

「이건 또 뭐지? 타운센드 남작의 흠……. 그런데 이게 왜 내 손에 있는 거지?」

미미의 손에 편지 한 장이 들려 있었다.

「저기……. 혹시 애덤 스미스라고 아세요?」

미미가 때마침 지나가는 여자를 붙잡고 물었다.

「내가 스미스 엄마인데. 흠……. 그나저나 우리 집 근처에서 서성이는 걸 보니 저번에 우리 아들 보고 싶다고 편지 보낸 아이니? 스미스가 누가 온다고 해서 물건 좀 사서 집에 들어가는 길인데, 잘됐네.」

「네? 제가 편지를……. 제가 보냈어요! 혹시 초면에 실례가 안 된다면, 저와 같이 가주시면 안 될까요?」

「나도 집에 가는 길인데, 같이 가자. 이름이 뭔가? 나는 마거릿이야.」

「제 이름은 박미미. 그냥 편하게 미미라고 불러주세요.」

「미미야, 우리 집은 여기에서 그렇게 안 멀어. 그나저나 걱정이네.」

「뭐가요?」

마거릿이 앞장서서 걸으면서 근심 가득한 목소리로 말했다.

「우리 애가 다른 건 다 좋아. 그런데 여성 공포증이 있어서 문제야. 에휴. 학계에서 인정을 받으면 뭐해. 다른 것은 알아서 잘하는데, 여자를 그렇게 무서워해.」

「얼마나 무서워하길래……. 혹시 뭐 여자와 같이 있으면 말도 못하고 그런 거예요? 그러면 안 되는데.」

「우리 애는 무서워하는 걸로만 끝이지. 어휴……. 지금은 좀 나아졌는데. 여기가 우리 집이야. 어서 들어가자구나.」

미미가 노심초사하는 사이 어느덧 스미스의 집에 도착했다.

「아들! 집에 손님 왔다. 손님 왔어. 스미스!」

마거릿이 몇 번이나 스미스를 불렀다.

「스미스! 왜 그렇게 뛰어들어가. 손님이 왔는데, 그러면 안 되지. 스미스, 어서 나와!」

애덤 스미스가 나오다 말고 미미를 보고 방으로 뛰어들어가자, 마거릿이 큰소리로 스미스를 불렀다.

「스미스. 누가 너 만나러 먼 곳에서 온 것 같은데, 이러면 안 되지. 내가 보니까 괜찮은 아이 같은데.」

「알았어요.」

마거릿이 몇 번이나 어르고 달래자 스미스가 방문을 열고 나와 미미에게 다가갔다.

「내 이름은 애덤 스미스라고 하네. 여기는 어쩐 일로?」

「저, 저번에 편지를 보냈던 사람인데, 만나보고 싶어서 왔어요.」

「여기 온다고 했지, 참. 그런데 여자라는 말은 안 했는데.」

「스미스, 꼭 그렇게 해야 하니? 너 때문에 엄청 멀리서 온 것 같은데, 예의가 아니지.」

「알았어요. 어머니. 그……럼 방에 들어가서 대화를 나누죠.」

「그래, 잘 생각했다. 내가 먹을 것 좀 갖다주마.」

「네……. 알았……어요.」

마거릿이 스미스를 겨우겨우 타일러서 방으로 들여보냈다.

「감사해요. 저 때문에……..」

「감사는 무슨. 휴……, 내 아들이 왜 여자만 보면 저러는지 모르겠다. 어서 방에 들어가. 우리 아들 방은 저기야.」

마거릿이 손가락으로 스미스의 방을 가리켰다.

「음……. 그래. 이리 와 앉게나. 내가 유럽을 여행하며 보고 느낀 것들을 책으로 쓰고 있는 중이라서.」

「아저씨가 교과서에 나오는 그 『국부론』이라는 책 쓴 사람 맞아요? 만나보고 싶었어요.」

「뭐라고? 내가 『국부론』을 쓰고 있는 건 어떻게 알고 있나? 아직 반도 못 쓴 걸?」

미미의 말에 스미스는 적잖이 당황했는지 눈이 휘둥그레져서 물었다.

「그게 아니고, 그러니까…… 제가 사는 세상에서는 아저씨 엄청 유명해요. 아저씨는 잘 모르겠지만, 뭐 몇 백 년이 흘렀는데도 아저씨보다 뛰어난 사람이 나오지 않고 있어요.」

「내가? 흠……. 나는 이 책 그냥 심심풀이로 쓰는 것뿐인데? 내 책 중에서 제일 유명한 책은 『도덕 감정론』인데?」

「제가 사는 세상에서는 『국부론』에 나오는 '보이지 않는 손'이라는 말이 가장 유명해요.」

「그게 무슨 말이냐? 왜 이렇게 허무맹랑한 말만 늘어놓는 거냐? 그저 심심풀이로 쓴 책이야. 『도덕 감정론』이면 모를까?」

미미가 말하자 스미스는 손을 심하게 떨면서 물을 벌컥벌컥 마시기 시작했다.

「이상하다. 아저씨 하면 『국부론』에 그 '보이지 않는 손' 딱 그것만 기억하던데……. 특히 부잣집 사람들이 아저씨를 좋아하죠.」

「뭐? 부자들이 좋아해?」

「보통 부잣집 사람들이 그 말을 쓰던데요, 뭐. 아저씨가 쓴 책이고 그 '보이지 않은 손'이라는 말도 아저씨가 한 말 아니에요?」

「아직 다 쓰지도 않은 책 내용을 어떻게 아나? 그리고 내가 부자를 옹호해? 그런 말에 동의할 수 없네.」

스미스는 미미의 말에 발끈해서 또박또박 반박하기 시작했다.

「지금 쓰고 있는 그 책 부자들이 엄청 좋아해요. 그런데 아저씨가 말하는 보이지 않는 손이라는 건 도대체 뭐예요?」

「하……, 이걸 어떻게 설명해줘야 하나. 혹시 중상주의라고 아나?」

「중상주의? 중상주의는 몇 번 들어본 적 있는데, 그게 왜요?」

「금 같은 귀금속들이 값비싸게 거래되는 건 알지?」

「에이, 그 정도는 알아요.」

「여기서는 귀금속을 모으는 데 혈안이 되어 아예 나라에서 귀금속을 싹쓸이하고 있네. 뭐 광산이 있다면 다행이지만 그렇지 않으면 다른 나라에서 사와야 해. 그렇다 보니 서로 경쟁자라고 생각하면 무역을 안 하는 수준이라네.」

스미스가 자신 있는 분야여서 그런지 물 흐르듯 막힘없이 설명했다.

「귀금속이 얼마나 좋길래. 무역을 안 할 정도면 뭐…….」

「문제는 이게 다가 아니네. 국가에서 개입하지 않으면 아예 무역이 일어나지 않는다 해도 과장이 아니지. 국가의 개입 때문에 시장에서는 자유로운 경쟁이 일어날 수 없어 독점이 생기지. 문제는 그 독점 때문에 수없이 많은 사람이 고통을 받는다네.」

「그러니까 아저씨 말은 국가에서 개입하는 것보다 자유로운 경쟁이 오히려 좋을 수도 있다. 이 말이죠?」

「음……. 그래, 이제야 말이 통하는구나. 자유로운 경쟁 뭐 그것도 중요하지만 그게 전부는 아니야? 나는 그것 말고도 분업을 중요하게 생각하네.」

막힘없이 설명해주던 스미스가 갑자기 식은땀을 흘렸다.

「분업이 왜요?」

「그러니까 음…… 뭐가 좋을까? 여기 책장을 예로 들자. 책장을 만드는 공장이 있다고 치자. 열 명이 온종일 매달려서 책장 하나를 만들 수 있다면 열 명이 각자의 역할을 정한다면 오히려 그 이상을 만들어낼 수 있다고 생각했지.」

「그게 그렇게 차이나나요? 역할을 맡아서 만들면 뭐가 달라요?」

「노동자들의 숙련도가 향상되고 시간도 절약되지. 거기에다가 매일 같은 작업만 하다 보니 생산량을 늘릴 수 있는 장비도 생각해낼 수 있게 되지. 이건 내가 머릿속으로만 생각한 게 아니고, 공장에 가서 보고 느낀 거야.」

스미스는 뭐가 불편한지 고개를 좌우로 정신없이 흔들었다.

「요즘은 증기기관이 생겨나서 사람들이 수작업으로 하는 것보다 기계를 돌리는 곳도 많은데, 이렇게 되면 생산량은 더 늘어나겠지.」

「그 증기기관이라는 거 들어보았어요. 영국에서 산업혁명이 발생한 이유가 증기기관이 발명되어서라는 것도 알고 있어요.」

「증기기관의 등장으로 공장에서 생산량이 폭발적으로 늘었지. 그런데 생산량만 늘어난 게 아니야. 내가 말한 분업이 이루어졌어. 단순히 마을 단위로만 이루어지지 않고 더 크게 발전할 수 있다고 생각했어. 그러니까 때마침 수송 비용이 확 줄어든 거야. 이전과 비교할 수 없을 정도로.」

「뭐……, 운송 가격이 많이 떨어지면 단가도 낮아지니까 그렇겠죠?」

「전혀 틀린 말은 아니야. 농촌에서는 원자재가 많아. 하지만 외지고 사람도 별로 없다 보니 이걸 활용하기가 힘들어져. 거기에다가 운송 비용도 비싸니까 어디에 팔 생각도 못하고 있어. 만약 운송 비용이 떨어지게 된다면 대도시에 있는 공장들도 운송비에 대한 부담이 비교적 덜하니까 더 많은 걸 사가겠지. 이제 농촌 사람들도 의욕이 생겨서 작업 능률이 오르겠지. 그렇게 되다 보니 농촌도 같이 발전되어가는 거지.」

「아저씨 말대로라면 도시 사람들도 좋고 농촌 사람들도 좋고, 서로 좋은 거네요.」

「농촌에는 아직도 대지주가 많은 소작농을 거느리고 있어. 그렇다 보니 소작농들은 아무리 열심히 농사를 지어 풍작을 이루어도 손톱만큼밖에 못 가져가지.」

미미는 차분하게 스미스의 설명을 들었다.

「아! 저, 그거 들어보았어요. 한 1700년대인가 1800년대까지 악덕 영주 때문에 소작농들이 고통 받으면서 살았다고 해요.」

「그래 맞아. 그러니까 아까 말한 그 중상주의 때문에 이 대지주라는 사람들은 어떻게 해서든 귀금속을 사려고 자기 농지를 소작농들에게 빌려주고 임대 계약을 해. 땅을 빌려서 농사를 지으면 거기서 수확한 건 다 땅을 빌린 사람 소유가 되지.」

「아! 아저씨 말은 그 땅에서 농사지은 걸 다른 데다 팔았다는 거죠.」

「흠…… 맞아. 여러 번 거듭되니 소작농들도 어느 정도 돈이 모이게 되고 그 돈으로 땅을 사서 지주에게서 벗어나는 거지.」

「오, 열심히 농사를 지은 보람이 있네요.」

「그래. 거기다가 종속에서도 풀려나지. 또 주변 도시들과 교류하면서 법이나 치안 행정 같은 것들도 자기네 지역으로 들여오게 되지.」

「몇 개 바뀐 거 밖에 없는 것 같은데, 정말 많은 게 변하네요.」

스미스가 자리에서 일어나 서재로 발걸음을 옮겼다. 뭔가를 찾고 있는지 한참 동안 서재를 뒤지다가 책 한 권을 가지고 돌아왔다.

「흠……. 이거 말고 또 있어. 내가 아까 도시와 교류한다고 했지? 얼마 전까지만 해도 물물교환밖에 없었어. 그러니까 서로가 상대방의 것이 필요할 때만 거래가 이루어져. 그러면 농사가 아무리 풍작이 되어도, 상대방과 거래가 이루어지지 않으면 그냥 창고에서 다 썩게 되는 거지. 이렇게 문제가 심각해지자 금이나 은 같은 귀금속을 쓰기 시작했지.」

「그거 몇 번 보았어요. 영화에서 뭐 큰 거래를 할 때 금화를 몇 상자씩 가져다 놓고 거래하는 모습이요.」

「영화? 그게 뭔가?」

「아, 아저씨는 잘 모르겠구나. 제가 사는 세상에서는 그런 게 있어요.」

「귀금속 같은 걸 활용한 건 맞는데, 거래를 할 때마다 무게를 재야 하고, 순도를 확인해야 하니 여간 까다로워서 이걸 대체할 뭔가를 찾게 되지.」

「아저씨, 잠깐만요. 제가 맞춰볼게요. 종이로 된 화폐 말하려고 하는 거죠?」

「그게 아니라 귀금속의 순도를 표시한 주화가 생겼지. 뭐…… 주화가 좀 무겁고 불편한 게 있어서 나중에는 종이로 바뀔 수도 있겠지.」

「그런데 아저씨. 아저씨가 여태까지 말한 거 보면 부자들을 위해서 그 『국부론』이라는 책을 쓴 거 같지는 않은데, 왜 제가 사는 세상의 부자들은 아저씨의 책을 그렇게 좋아할까요?」

「지금까지 내 말을 들었는데도, 내가 부자들을 옹호했다고 생각하나?」

「에이, 그건 아니죠. 제가 사는 세상에서는 사람들이 다 그렇게 쓰는 걸 어떻게 해요.」

스미스가 주먹을 내리쳤다.

「이걸 어떻게 설명해줘야 하나. 음……, 가만 있어 보자. 오늘 아침에 뭐 먹었나?」

「음……. 엄마표 된장찌개와 할머니가 담가서 보내준 김치 먹었는데요? 왜 물어보는 거예요?」

「아, 그거 좋은 질문이야. 자네 집이 농사를 짓는다고 해도 오늘 아침에 먹은 식재료를 모두 다 자급자족할 수는 없지. 그러니까 나머지는 가게에서 사와야 할 것 아닌가?」

「그건 맞죠. 그걸 어떻게 집에서 다 해먹어요. 뭐, 호랑이 담배 피우던 시절도 아니고 당연히 시장에서 사와야죠.」

「뭐……? 호랑이가 담배를 피워? 그런 말은 처음 들어보는데…….」

「에이, 그냥 해본 농담인데. 그렇게 심각하게 받아들이지 마요.」

미미가 손사래를 치면서 말했다. 그러자 스미스가 갑자기 고개를 들어 천장을 바라보았다.

「아침밥 재료를 어디서 사온다고 했지? 그러니까 우리가 그런 재료들을 구할 수 있었던 건 상인들의 이기심 때문이라고 생각했네.」

「웬 이기심? 아침밥 이야기하다가 그 말이 왜 나오는 거예요?」

「상인들이 재료를 많이 팔면 돈을 많이 벌겠지?」

「그렇죠. 아저씨는 돈 벌려고 좋은 재료 쓰고 그러는 걸 개인의 이기심이라고 말하려고 하는 거죠?」

미미가 갑자기 뭔가 생각났는지 손뼉을 치면서 말했다. 스미스는 조용히 고개를 끄덕였다.

「흠……. 이제 내 말을 잘 알아듣는구나. 뭐 좋은 재료를 만들려면 많은 시간과 정성을 들여야지.」

「그건 그렇죠. 돈 받고 파는 건데 대충 만들면 누가 그 집에 가서 사먹어요? 저도 밖에서 사먹을 때 한 번 먹어보고 맛없으면 그 집 다시 안 가는데.」

「음. 그래, 그럴 수도 있지. 이기심이 경제발전을 가져왔다고 생각해. 뭐 다른 사람들은 이기심을 별로 좋지 않게 생각하지만, 나는 이기심이 없으면 경제발전도 없다고 생각해. 내가 하나 물어봐도 될까?」

「이상한 거만 아니면 상관없어요. 뭐, 물어보게요?」

「자네가 빵을 사먹으려면 어떻게 해야 되나?」

「그야, 빵집 가서 돈 내고 사먹어야 하는 거죠. 아저씨, 너무 당연한 걸 묻는데요.」

「아, 그래. 그럼, 빵집에서 빵을 훔치는 건 어떻게 생각하나?」

「에이, 아저씨는 참. 뭐 또 그런 걸 물어보고 그래요. 그게 도둑이지. 아저씨, 너무 뻔한 것만 물어보는 거 아니에요?」

스미스의 질문에 미미는 어떻게 그런 걸 물어보냐는 투로 대답했다.

「나는 이기심이 있더라도 그 이기심을 무제한으로 허용하면 안 된다고 생각했어.」

「그러니까 아저씨 말은 이기심을 인정하지만, 그래도 지킬 건 지키면서 살아가자는 뜻이네요.」

「그 말도 틀린 말은 아니지. 내 책『도덕 감정론』에서 말한 공명정대한 관찰자가 우리 마음속에 있다고 생각했어.」

「아저씨 말은 이해는 하는데, 사람들은 아저씨 말 그렇게 받아들이지 않는 것 같은데요. 뭐 있는 사람들이 더한다고 돈을 더 벌려고 하던데요.」

스미스는 많이 당황했는지 입을 다물지 못했다.

「에이, 아저씨가 잘못한 건 아닌데, 그렇게 죄책감을 가질 필요는 없어요. 너무 상처받지 마요.」

「이런, 사람들이 내 말을 그렇게 이해할 줄은 몰랐는걸. 그냥 이걸 확 불태워버릴까?」

스미스는 아직도 충격이 가시지 않은 거 같았다.

「에이, 아저씨 잘못은 아니죠. 그냥 그 책 쓰던 거 쓰세죠. 그래도 아저씨가 나쁜 건 아닌데요, 뭐.」

미미가 스미스를 달래듯 말했다.

「흠. 아저씨 말은 어느 정도 맞는 거 같기는 해요. 뭐, 제가 사는 세상에서도 가난한 사람들은 엄청나게 가난하고 돈 많은 사람들은 엄청나게 많고. 빈부격차가 엄청 심해요.」

「내가 이기심에 대해서 6가지로 정리했는데…….」

「6가지로 정리를 했어요? 아저씨 진짜 심심해서 책 쓰는 거 맞아요? 누가 보면 어디에다가 박사 논문으로 제출하려고 쓰는 줄 알걸요.」

「내가 그 정도인가? 음, 아무튼 6가지를 좀 설명해줄게. 그전에 하나만 물어보자. 우리가 왜 일을 한다고 생각하나?」

「에이, 아저씨 질문이 너무 쉽다. 돈 벌어서 먹고살려고 일을 하죠. 그런데 이거 아까 물어본 거 아닌가?」

「자네가 방금 말한 대로 이익을 위해 사람들은 일하지.」

「그렇죠. 열심히 일해서 번 돈으로 월세 내는 사람도 있겠고, 보통 먹는 데 많이 쓸 걸요? 저는 이다음에 돈 많이 벌면 일단 먹는 데 쓰고 그다음에는 음, 돈 많은 백수가 되기 위해서 건물 사는 데 써야죠.」

미미는 흐뭇한 표정을 지었다.

「응? 건……건물 뭐라고 했나.」

「아무것도 아니에요. 아저씨.」

「아, 그래. 사람은 더 많은 이익을 얻고자 하는 이기심 때문에 경제활동을 한다고 했지. 그런데 이때 성공에 대한 욕심이 더 클수록 더 많은 이익을 얻는다고 생각해.」

「잠깐만요. 아저씨. 그건 제가 맞춰보죠. 흠. 아마 더 많은 이익을 얻고자 하는 마음 때문에 많은 일을 하고 또 작업 능률도 오르다 보니 돈도 더 많이 따라오는 거죠. 제 말 맞죠?」

「음. 그래. 자네 말이 맞아. 그렇게 욕심이 클수록 작업 능률도 오르고 노력도 더하니까 이익도 커지게 되는 거지.」

스미스는 자신의 말을 미미가 잘 이해하고 있는 것 같아 뿌듯한 마음에 미소를 지었다.

「그래. 세 번째 인간의 이기심은 최소한의 자원으로 더 많은 이익을 올리려고 하지. 이것도 무슨 말인지 알겠나?」

「음…… 제가 맞춰보죠. 아! 희소성이 있는 자원들이 있는데, 아무래도 별로 없으니까 최대한 많이 쓸 수 있게 하는 그런 거 말하는 거 아닌가요?」

미미는 무슨 말을 해야 할지 잘 생각이 안 나서 잠깐 골똘히 생각하다가 겨우 말했다.

「음, 그 말도 맞는 말인 거 같은데. 내가 살을 좀 붙이자면, 금 알지?」

「당연히 알죠. 그런데 그건 왜요?」

「여기 금덩이가 있다고 치자. 이걸 아주아주 잘 가공한다면 남는 거 없이 잘 활용할 수 있겠지?」

「그렇죠. 그리고 그런 금덩이를 남는 거 없이 써야 되죠. 그거 남기면 돈 낭비 아주 제대로 하는 건데.」

「그렇지. 남기면 안 되고 최대한 활용하려고 밤낮없이 연습을 하거나 연구를 하겠지. 이런 노력이 이익으로 돌아오겠지.」

「그건 아저씨 말이 맞죠. 그 아까운 금덩이를 그냥 버리는 직원이 있으면 사장은 진짜 싫을 거예요.」

스미스가 말하자 미미가 맞장구를 치면서 말했다.

「그래. 아깝겠지. 이런 희소한 자원을 얻기가 보통 힘든 게 아니지.」

「그야 그렇죠. 그 금덩이가 사방팔방에 깔려 있는 것도 아니고, 그거 찾으려면 온갖 고생을 해야 하니까. 아, 인생 참 편한 게 하나도 없네요. 그렇죠, 아저씨?」

「그래 쉬운 게 없지. 자네가 말한 대로 이런 한정된 자원을 얻는 게 쉬운 게 아니야. 여기 영국은 옆 나라 프랑스처럼 뭐 땅이 비옥한 것도 아니고.」

「참, 세상 사는 게 편하면 얼마나 좋을까요? 뭐 세상 살기 쉬우면 그런 노력을 할까요?」

미미는 또 신세 한탄을 했다.

「그러니까 내 말은 한정된 자원으로 최대한 많은 이익을 얻기 위해 노력한다는 말이야.」

「금 같은 건 구하기도 힘들고 아무 데서 구할 수 없으니, 그런 노력을 해야 하는 건 어쩔 수 없는 것 같아요.」

「맞아. 구하는 게 많이 힘들지. 잠깐만 생각난 게 있는데 뭐였더라?」

스미스는 한참 책을 뒤져보다가 무언가를 미미에게 보여주었다.

「이게 뭐예요. 아저씨?」

「내가 그림으로 정리를 해둔 건데. 여기 봐. 그림이 조금 이상하지만, 식민지를 지도로 표시한 거야.」

「이 식민지 이야기는 들어보았어요. 콜럼버스가 신대륙을 발견하고 그 신대륙에서 사람들을 죽이고 알짜배기만 자기네 나라로 보내서 원주민들을 살기 힘들게 했어요. 그런데 그게 왜요?」

「그러니까 생산량이 늘면 당연히 원재료도 많이 필요하겠지?」

「그야 당연하죠. 갑자기 생산이 늘어나면 엄청나게 음, 그걸 감당할 수 없는 공장도 있을 거 같은데요?」

「뭐, 그럴 수도 있겠지. 영국 내에서만 구하는 것도 한계가 있어. 아까 말했듯이 자원이라는 게 희소성을 갖고 있지. 이걸 구하려고 식민지를 더 가지기 위해 나라들끼리 경쟁하는 거지.」

「잘사는 나라들은 아무 문제없겠죠. 제가 사는 세상에서는 하, 생각만 해도 끔찍하네요.」

갑자기 미미가 땅이 꺼질 듯 한숨을 쉬면서 말했다.

「왜, 그런가?」

미미가 깊은 한숨을 쉬자 크게 당황한 스미스가 물었다.

「아니, 제가 사는 나라도 식민 지배를 받은 적이 있거든요. 뭐, 저는 그 세대 사람들에 대해서 기록으로 보았지만 얼마나 고통스러웠을지……. 아저씨는 식민지에 대해서 어떻게 생각해요?」

「여기는 지금 나라들끼리 식민지 경쟁이 정말 치열해.」

스미스가 미미의 눈치만 살피다가 겨우 말했다.

「뭐, 그건 저도 알고 있어요. 미국도 한때 영국 식민지고, 인도도 영국 식민지, 또 영국은 아프리카의 반을 식민지로 만들었죠.」

「음. 그래? 내가 책 쓰는 동안에 많은 게 바뀌었네. 한번 확인해봐야지.」

미미의 말이 자신의 기억과 많이 다른지 스미스는 책장을 이리저리 뒤졌다.

「지금 각국이 식민지를 갖기 위해 치열하게 경쟁하는 것도 자원을 구하기 위해서 그런 거지. 이제 4개 설명했고 가만 보자.」

「아저씨 얼마나 정리를 했길래, 아직도 멀었어요. 그냥 핵심만 골라 설명해주세요.」

「지금 설명하는 게 다 핵심만 골라서 하는 거야. 거의 다 했어.」

스미스는 아랑곳하지 않고 설명했다.

「내가 아까 빵집 이야기를 했지?」

「네. 그런데 그게 왜요?」
「빵집이 하나만 있을까?」
「빵집이 하나만 있을 리가 없죠. 널리고 널려 있는 게 빵집인데. 많아도 너무 많아서 이제는 빵집을 해서 먹고살기 힘들 거 같아요.」
「그래 그 정도인가? 그렇게 되면 경쟁을 할 수밖에 없지?」
「뭐, 그거야 어쩔 수 없는 거죠. 그래서 누가 빵집 한다면 말리고 싶어요. 요즘 자기 이름 걸고 하는 빵집이 어디 있어요? 빵집 하는 사람들 다 가맹점으로 시작해서 건물 임대료에 가맹비에 어디 그래서 남는 게 있어요?」
「음, 뭐, 가맹비가 뭔가? 나는 그런 말 처음 듣는데.」
「제가 사는 세상에 있는 거예요. 아저씨는 아마 처음 듣는 말일 거예요.」
미미가 자세히 설명해주면 더 길어질까 봐 실없이 웃으면서 어물쩍 넘어갔다.
「빵집이 한두 개만 있지는 않겠지? 그렇지?」
「뭐, 그렇죠. 그런데 그게 왜요?」
「빵집이 한두 개면 경쟁이라는 게 없을 수도 있지. 하지만 두 개 세 개가 넘어가면 경쟁이 치열하겠지?」
「그야 당연하죠. 빵 한두 개 팔아봐야 얼마나 남아요. 엄청나게 팔아야 그나마 남는 게 있을까 말까 한데.」
「음……, 그러니까 빵집이 경쟁에서 이기려면 다른 가게들보다 노력해야지. 어떻게 하면 더 맛있는 빵을 만들지 연구해야 하고.」
「그러니까 아저씨 말은 빵집끼리 경쟁하게 되는데, 이때 다른 빵집보다 많은 빵을 팔려면 사람들이 찾을 수 있는 더 맛있는 맛으로 승부하기 위해 밤낮없이 노력해야 한다는 거죠.」

미미가 답답했는지 끼어들어서 말했다.

「그렇지. 그래 내 말 여태까지 잘 듣고 있었구나.」

「그럼, 제가 대충 들으면서 딴짓 하는 줄 알고 있었어요? 그 정도는 아니에요. 아저씨.」

미미가 못마땅해하자 스미스가 멋쩍게 웃었다.

「이제 마지막이야. 잘 들어봐.」

「진짜, 마지막인 거죠? 아저씨, 이번이 마지막이라고 믿을게요.」

「다른 가게와 경쟁에서 이기려면 기존의 관점으로만 해도 충분할까?」

「뭐, 아무리 노력해도 새로운 게 필요하기는 하죠. 그래야 빵집에 새로운 단골손님도 생기는 거고. 뭐, 빵집이라고 치면 새로운 빵도 가끔은 필요하죠.」

「그래. 빵집도 가끔은 새로운 빵을 팔아야지. 그러니까 경쟁에서 이기려면 새로운 관점에서 생각해야 한다는 거야.」

「뭐, 창의적인 생각도 필요하죠. 아저씨, 이제 설명 다 한 거죠. 그럼, 저 이만 가도 될까요? 아니다. 아저씨 책 쓰는 데 여태 제가 방해한 것 같은데, 저 이만 갈게요.」

「아니야, 아직 안 끝났어.」

「아저씨, 저 다 이해했는데……. 그냥 이대로 끝내주면 안 될까요?」

스미스가 미미를 붙잡자 미미는 울상이 된 얼굴로 돌아와 자리에 앉았다.

「진짜, 마지막이야. 내가 가장 이상적으로 생각하는 시장은 수요와 공급에 따라 가격이 결정되는 거지.」

「수요와 공급 말하는 거예요? 그건 뭐, 학교 수업 시간에 들어본 것 같은데. 그게 그렇게 중요해요?」

「그게 채소를 예로 들어보자. 가격이 비싸면 사는 사람이 많을까?」

「뭐, 꼭 필요하면 사겠죠. 식당 같은 데 아니면 솔직히 안 사겠죠. 식당이야 가격이 올라도 어쩔 수 없이 사야 하죠. 우리 엄마는 채소 가격 비싸지면 안 사고 가격 떨어질 때까지 기다리던데.」

「식당이야 어쩔 수 없지. 가격이 떨어지면 어떻게 될까?」

「그야 사람들이 많이 먹겠죠. 그런데 저는 맨날 같은 음식만 먹으면 쉽게 질려서 많이 못 먹겠던데.」

「방금 네가 말한 것처럼 가격에 의해 생산과 소비는 모두 조절되지. 그리고 또 가격에 의해 공급과 수요도 조절되지.」

「그럼 아저씨 설명 끝난 거죠? 맞죠? 저, 갈게요.」

스미스의 말이 끝나기가 무섭게 미미가 자리에서 일어나면서 말했다.

「아직 하나만.」

미미가 한 번도 보지 못했던 해맑은 표정으로 나가려고 하자 스미스가 큰소리로 불렀다.

「아, 아저씨 왜 그래요.」

스미스가 부르자 미미의 표정이 순식간에 울상이 되었다.

「진짜 하나야. 자, 그게.」

「알았어요. 진짜 설명해줄 거 하나 남은 거죠? 그렇죠?」

「그러니까 시장에서 정부의 역할이 뭐냐면. 일단 개인이 할 수 없는 것만 해야 하네. 뭐 배가 드나들 수 있는 항만이나 아니면 도로 같이 개인이 만들 수 없는 일을 해야지.」

「음……. 뭐 큰돈 들어가는 것은 국가가 하는 거구나. 그런데 아저씨 또 설명해줄 거 남은 건 아니죠? 아까부터 조금만 한다고 해놓고 지금 얼마나 오래 했는지 알아요?」

「이번이 진짜 마지막이야. 그러니까 정부가 해야 할 일은 독점을 막아야지. 뭐, 아까부터 입이 닳도록 이야기했으니 이제 말 안 해줘도 알겠지?」

「그럼요. 저 잘 알아듣는 거 알면서. 그럼, 진짜로 가볼게요.」

「그래, 잘 가게.」

드디어 미미는 고대하던 스미스와의 대화가 끝났다는 기쁨 때문에 마지막 인사도 하지 못하고 재빠르게 방문을 열고 나왔다.

「미미야. 지금 저녁 하고 있는데, 어디 가니. 저녁 먹고 가.」

마거릿이 말했다.

「저 사정이 있어서 오늘 먼저 가야 할 것 같아요. 안녕히 계세요.」

「애덤 스미스와의 대화가 끝났습니다. 다음 장으로 넘어가시겠습니까? 예, 아니오로 대답해주시기 바랍니다.」

미미가 그렇게 듣고 싶었던 기계음이 들렸다.

「아니오.」

미미가 단호하게 말하자 체험이 끝났다.

「그런데 생각했던 거 하고 많이 다르네. 애덤 스미스가 부자들을 위해 그런 말을 한 줄 알았는데, 그게 아니네.」

체험실을 나온 미미는 혼자 재잘재잘 떠들면서 연습실로 향했다.

“

애덤 스미스의 철학 노트

여러분 혹시 자유방임주의라는 말을 들어보았나요? 애덤 스미스는 이익집단이나 소수자가 독점하는 것을 문제 삼았습니다. 독점이 시장경제에 문제를 일으킬 소지가 크다고 본 거죠. 정부가 그런 사람을 심판해야 한다고 했습니다. 왜냐하면 독점 때문에 시장경제가 망가질 거라고 본 거죠. 즉, 정부는 경제활동에 관여하지 않는 게 맞습니다. 하지만 손을 놓고 아무 일도 하지 않는 게 아니라 심판자 역할을 하는 거죠. 그런데 문제는 시간이 지나가면서 전혀 엉뚱한 방향으로 흘러갑니다. 애덤 스미스가 『국부론』에서 말한 ‘보이지 않는 손’을 이용해 독점을 옹호했다고 하는 거죠. 그러나 독점에 대한 대상이 다릅니다. 현대에서는 대기업과 자본가들이 시장을 독점하지만, 애덤 스미스가 말하는 대상은 중상주의자라는 겁니다.

”

CHAPTER 16

이마누엘 칸트
1724~1804

사람은 양심에 따라 행동해야 한다

「미미 학생 맞죠? 잠시 이야기 좀 할 수 있을까요?」

「수녀님. 무슨 일 있어요?」

「제가 듣기로는 가수 연습생이라고 알고 있는데, 혹시 다음에 올 때 공연해줄 수 있나요?」

수녀님이 조심스럽게 물었다. 그런데 미미는 고민이 되는지 쉽게 대답하지 못했다.

「저, 수녀님. 저, 그게……. 제 마음대로 결정할 수 있는 게 아니에요. 회사에 물어보고 말씀드릴게요.」

미미가 식은땀을 뻘뻘 흘리면서 말했다.

「미미 학생, 너무 부담 갖지 마요. 공연이 가능한지 물어본 거니까.」

수녀님이 인자한 미소를 띠며 말했다. 미미는 어쩔 줄 몰랐다.

「하……. 이렇게 말하는 게 맞나? 어떻게 해야 맞는 건지.」

미미가 땅이 꺼질 듯 한숨을 내쉬며 중얼거렸다.

「무슨 일 있어. 미미야?」

「아! 선생님.」

담임선생님이 뒤에서 미미에게 물었다. 그러자 미미가 화들짝 놀랐다.

「그게……. 그러니까……. 그게.」

담임선생님이 수녀님과 무슨 이야기를 했는지 꼬치꼬치 물었다.

「제가 가수 연습생인 걸 알더라고요. 그래서 여기서 노래 좀 불러줄 수 있는지 물어본 거예요.」

「그래서 어떻게 할 거야?」

「제가 결정할 수 있는 게 아니라서요.」

담임선생님이 미미의 말을 듣고 곰곰이 생각했다.

「미미야. 봉사라는 건 마음에서 우러나서 하는 거야. 네가 하기 싫으면 하지 않겠다고 말하는 게 좋을 거 같아.」

「진짜요?」

「수녀님도 이해해주실 거야. 봉사는 누군가에게서 대가를 받거나 억지로 남의 손에 이끌려서 하는 게 아니야.」

「그럼, 집에 가서 생각해볼게요.」

「그래. 그렇게 해. 미미야, 너무 부담 갖지 말고.」

미미는 그제야 긴장이 풀렸는지 얼굴에 생기가 넘쳤다.

「지금이 몇 시야? 이제 끝날 시간인데.」

담임선생님이 시계를 보고 놀라 학생들을 불러모았다. 그러자 학생들이 허겁지겁 뛰어왔다.

「애들아, 오늘 봉사활동은 여기까지야. 딴 데 가지 말고 곧장 집으로 가. 내일 학교에서 만나자. 이만, 종례 끝.」

학생들은 삼삼오오 모여서 집으로 향했다.

「이걸 어떻게 한다. 내가 결정할 일은 아닌 것 같은데……. 일단 회사에 가자.」

미미는 마음이 무거운지 어깨가 축 처졌다.

「저, 미미 왔어요.」

「미미야, 오늘 무슨 일 있어? 표정이 왜 그래?」

「아니, 오늘 학교에서 봉사활동을 나갔는데, 수녀님이 다음에 올 때 공연해줄 수 있냐고 물어보더라고요. 어떻게 해야 할지 몰라서…….」

「음……. 미미야, 어떻게 하고 싶은데?」

미미는 머릿속이 복잡한지 고개를 푹 숙이고 말을 하지 못했다.

「그럼, 오늘 봉사활동은 어땠는데?」

「솔직히 봉사활동 가는 거 별로 안 좋아하거든요. 학교에서 가라고 하니까 간 거지 저는 가고 싶지 않았어요.」

「봉사는 아무나 할 수 있는 일이 아니지.」

「선생님은 하기 싫으면 하지 말라고 했어요.」

「이 문제는 나중에 이야기하고. 일단 체험 먼저 하는 거 알지.」

「네. 체험하러 갈게요. 실장님.」

남 실장의 말에 미미는 4층으로 올라갔다. 그러나 마음이 좀처럼 놓이지 않는지 발걸음이 무거웠다. 체험실에 들어간 미미가 기계를 가동시켰다.

「이마누엘 칸트와의 대화를 시작하겠습니까? 예, 아니오로 대답해주시기 바랍니다.」

「예.」

미미의 말에 화면이 바뀌자 강의실이 보였다.

「저기 들어가라는 건가? 음……. 누구 강의실이지. 어디 적혀 있을 텐데.」

미미는 주변을 두리번거리며, 무언가를 찾고 있었다.

「아! 여기 있다. 칸트의 강의실. 일단 들어가보지 뭐. 어떻게 되겠지.」

미미가 망설임 없이 강의실에 들어가자 웬 사내가 신문을 보고 있었다.

「저기, 칸트라고 아나요?」

미미가 사내에게 다가가 묻자 사내는 미미의 말을 전혀 듣지 못한 거 같았다.

「저기, 혹시 칸트라고 아세요?」

미미가 다시 큰소리로 사내를 부르자, 그제야 사내가 미미를 쳐다보았다.

「아! 학생 그 소식 들었나? 프랑스에서 혁명이 일어났다는 거야. 흠……. 전혀 생각을 못했는데.」

「프랑스혁명이요? 그거는 들어본 것 같은데. 그게 왜요?」

「자네도 프랑스혁명이 일어난 거 아나? 요즘 세상은 참 빨라. 그나저나 지금이 몇 시야? 아이쿠.」

사내가 시간을 확인하더니 화들짝 놀라 호들갑을 떨었다.

「무슨 일 있어요?」

「이런이런, 내가 시간 하나는 잘 지키는데, 산책 나가는 걸 까먹었네. 내가 『에밀』을 읽었을 때를 빼고 없었는데.」

「저, 그런데 이마누엘 칸트 맞아요? 유명하다고 해서 멀리서 찾아왔는데. 저 혹시 뭐 하나 물어볼 수 있을까요?」

「내가 칸트 맞아. 내 수업에 대해서 물어볼 게 있나?」

미미가 무슨 말을 하려는지 뜸을 들이며 한참 동안 아무 말도 못했다.

「뭐, 아무거나 물어봐. 나 칸트는 모르는 게 없어.」

「저, 그게. 제가 봉사활동을 나가는데 수녀님이 공연해줄 수 있냐고 하는데, 어떻게 해야 할지 몰라서요.」

미미가 조심스럽게 말을 꺼냈다.

「음……. 봉사라. 자네는 봉사활동 가는 게 즐겁나? 아니면 고통스러운가?」

「학교에서 가라고 해서 가는 거지 딱히 가고 싶지 않았어요.」

「음……. 그럼 봉사활동은 어땠나?」

「뭐, 단순한 거 시켜서 그렇게 어렵지 않았어요. 거기 시설에 있는 사람들을 보면 안쓰럽기는 한데, 그렇다고 자주 가서 봉사하고 싶은 마음은 생기지 않더라고요.」

미미의 말을 차분히 듣고 있던 칸트는 생각에 잠겨 아무 말도 하지 않았다.

「자네가 내 수업을 들었는지 모르지만, 나는 정언명령과 가언명령을 강조해서 말하지. 혹시 들어본 적 있나?」

「저, 그게. 아직 고등학생이라서 잘 모르겠는데요. 교수님.」

「아……. 그럼, 뭐……. 모를 수도 있지.」

미미의 말에 칸트는 살짝 당황했는지 말을 더듬었다.

「음……. 일단 정언명령부터 시작하자. 자네, 봉사활동을 왜 갔지?」

「학교에서 가라고 하니 어쩔 수 없이 간 거죠.」

「봉사활동 자체는 이로운 행동이야. 그야 두말할 것도 없지. 자네의 행동은 정언명령이라 볼 수가 없어. 왜냐면 마음속에서 우러나오는 순수한 마음에서 했다고 볼 수 없거든.」

「학교에서 안 하면 왜 안 하냐고 난리 칠 게 분명한데, 저도 어쩔 수 없었어요.」

칸트의 말에 미미가 분한지 억울함이 가득 찬 목소리로 말했다.

「고등학생이라고 했지? 내가 너무 수준을 높게 봤나? 다른 걸로 예를 들어봐야겠군. 자네 부모님이 친구들과 사이좋게 지내라고 말하지?」

「그렇죠. 친구들과 싸우라고 하지 않죠.」

「친구들과 친하게 지낸다고 해서 자네가 얻는 게 뭐가 있겠나? 당장에 무언가를 얻는 건 아무것도 없겠지?」

「그것도 교수님 말이 맞죠.」

「자네가 무역상이라고 치자. 무역상이라고 하면 아무래도 이곳저곳을 돌아다니겠지?」

「그렇겠죠. 무역상이라면 계속 돌아다닐 수밖에 없겠죠.」

「그런데 길이 워낙 울퉁불퉁해서 무역상들이 애를 먹는 거야. 그러다가 비슷한 처지의 무역상들이 의기투합해서 길을 만들어달라고 하지.」

「뭐, 그럴 수 있겠네요. 시골길 갈 때 자갈밭이 있으면 두 번 다시 가기가 싫은데.」

「그래. 이때 길을 만들어달라고 하는 사람들끼리 모이는 걸 가언명령에 따라 모인 거라고 하는 거야.」

미미는 칸트의 말을 머릿속으로 정리하는지 아무 말이 없었다.

「그러니까 길을 만들어달라고 요구하는 게 어떤 결과를 바라고 하는 거니 가언명령이라는 거죠?」

「그렇지. 무역상은 돈을 더 벌기 위해 그런 주장을 하는 거지. 그런데 서로 목적이 같을 때에만 뭉치려는 경향이 있어.」

칸트는 미미가 자신의 설명을 이해하자 뿌듯한지 미소를 지었다.

「길을 내려는 사람이 있으면 반대하는 사람이 있을 수 있지. 그 무역상들이 길을 내려는 곳이 하필 그 지역에서 제일 비옥한 땅이야. 그렇게 되면 거기에 살고 있는 사람들이 가만히 있을까? 서로 뭉치겠지.」

「듣고 보니 가언명령은 자신의 목적을 위해 행동하는 것을 말하는 거네요.」

얌전히 듣고 있던 미미가 머릿속으로 정리한 다음에 말했다.

「맞아, 맞아. 바로 그거야. 이제야 내 말을 이해하는구나.」

칸트는 기쁨에 겨워 혼자 춤을 추기 시작했다.

「내가 흥분을 하면 이런 다니까. 자네가 봉사활동 때문에 고민한다고 했지? 그렇게 고민하는 건 자네의 마음속에도 여러 개의 인격이 있기 때문이야.」

「인격이 여러 개라고요?」

「흠……. 그러니까 자네의 마음속에 3개의 인격이 있어. 이걸 편의상 유리, 로마노프, 안나라고 하자. 유리와 로마노프가 봉사활동을 해야 한다, 하지 말아야 한다고 토론해. 그런데 어쩌다 보니 너무 격렬해진 거야. 보다 못한 안나가 와서 중재하게 되지. 여기까지 이해가 되나?」

「음……. 그러니까 교수님 말은 인격이 여러 개 존재하는데 그중 2개가 해야 한다, 하지 말아야 한다고 말하는 거죠. 그걸 보다 못한 안나가 와서 중재하는 거고?」

미미는 말하면서도 칸트에게 맞는지 되물었다.

「맞아. 안나가 중재하자 그 둘이 중재안을 받아들이지. 다른 사람들도 이런 내면의 갈등을 겪는 게 흔해.」

칸트는 자책하지 말라고 했지만, 미미는 아직도 마음속에 걸리는 게 있는지 표정이 어두웠다.

「음……. 다른 예를 들어볼까? 세상에는 손재주가 있는데 좀 어수룩한 사람들도 있지. 그런 사람들을 이용한다면 아주 나쁜 행위지? 안 그래?」

「괜히 남 좋은 일만 엄청 시켜주는 거죠. 저도 그런 경우 몇 번 있었는데, 학교에서 조별 과제를 주는 거예요. 그래서 엄청 열심히 했는데, 손가락 까딱 안 한 애가 자기가 다 했다고 떠벌리고 다니는 거 있죠. 열 받아서, 진짜.」

미미는 억울한지 입을 삐죽 내밀었다.

「자네가 말한 일도 있을 수 있고. 음……. 조금 전의 그 무역상 이야기를 해보자.」

「아직 할 말이 남아 있어요?」

「내가 말하는 데에는 다 이유가 있어. 무역상은 돌아다니면서 사람들에게 물건을 파는 일을 하지. 그런데 사람들이 처음 보는 물건일 수도 있지?」

「그럴 수 있겠네요. 처음 본 물건일 수 있죠. 그게 왜요?」

「무역상이 물건에 대해서 아무래도 더 잘 알겠지?」

「그게 일인데 당연히 더 잘 알겠죠.」

「무역상이 물건을 보여줄 때 멀쩡한 것만 보여주는 거야. 사실은 보여주지 않은 부분은 다 썩어들어가는데. 사람들은 물건이 좋다고 생각할 거 아니야. 그래서 덥석 사버리는 거야. 자네가 보기에 정당한 모습이라고 생각하나?」

「그건 사기 치는 건데. 물건을 팔 거면 제대로 된 걸 팔아야죠.」

칸트가 미미의 말을 유심히 듣더니 갑자기 자리를 박차고 일어나 종이 몇 장을 가져왔다.

「그럼, 방금 내가 한 행동은 뭔가?」

「바닥에 떨어진 종이를 가져온 거죠. 그건 또 왜요?」

「내가 바닥에서 종이를 주었다고 해도 나에게 좋을 건 없지. 이처럼 결과와 무관하게 행동하는 걸 정언명령이라 하지. '약속을 지켜라'는 말처럼.」

「그러니까 교수님 말은 결과에 상관없이 행동하는 걸 정언명령이라 하고, 어떤 결과를 위해 행동하는 걸 가언명령이라고 하는 거죠?」

「그래. 바로 그거야. 이제야 이해를 하는구나.」

미미가 대견스러운지 칸트가 호탕하게 웃으면서 말했다.

「거리에서 할머니가 무거운 짐을 낑낑대며 들고 가는 거야. 그걸 본

한 건장한 사내가 안쓰러운지 할머니의 짐을 대신 들고 가는 거야. 이때 이 사내의 행동은 정언명령일까? 가언명령일까?」

「그거야, 정언명령이죠.」

미미는 일말의 망설임도 없이 말했다.

「이 사내가 누군가에게서 인정 받기 위해 할머니의 짐을 대신 들어준 거라면 그때도 정언명령일까?」

「그것도 옳은 일을 한 거 아니에요? 그러니 정언명령이 맞죠.」

이번에도 미미가 칸트의 질문에 망설임 없이 말했다.

「아니지, 아니야. 정언명령은 결과와 상관없이 하는 행동이라고 누누이 강조했지. 사내는 인정을 받기 위해 할머니의 짐을 들어준 거라고 말하지 않았나?」

미미의 말을 들은 칸트가 물을 한 모금 마시고 다시 설명해주었다.

「뭐, 칭찬 받을 만한 일인데 그게 어때서요. 그 할머니는 누가 도와주지 않는다면 집에도 가지 못할 텐데.」

「음……. 사내가 좋은 일을 한 건 맞아. 양심에 따른 행동을 한 거지. 이번에도 옳은 일을 한 건 맞지. 그런데 칭찬을 받기 위해서라는 결과를 생각해야지.」

「왜 이리 깐깐해요. 잘한 건 잘했다고 속 시원하게 말해주면 어디 덧나나?」

칸트가 감정을 추스르고 설명하자 미미는 뭐가 불만인지 딴지를 걸었다.

「이렇게 엄격하게 해야지. 진짜 선한 행동은 어디까지나 양심에서 우러나와야 해.」

「하긴 뭐, 정치인들은 선거철만 되면 어디 가서 봉사활동을 하던데. 그런 거 하나는 엄청나게 잘하는 거 같은데.」

「뭐? 아무튼 내 말을 이해한 것 같으니 다음으로 넘어가자. 자네, 양심이라는 말 들어봤지?」

「당연하죠. 양심에 따라 행동을 했다. 양심선언. 그런 거 말하는 거죠?」

미미는 칸트가 갑자기 왜 물어보는지 의아해했다.

「자네에게 양심이 없다면, 지성만 남아. 그런데 그 지성이라는 게 문제가 뭐냐? 바로 사람이 충동적으로 행동하게 돼. 그 무역상 이야기로 다시 돌아가보자.」

「지성만 있으면 충동적으로 행동할 텐데 양심이 있으니 정직하게 물건을 팔려고 한다. 그거 말하려는 거죠?」

「음……. 그래 맞아. 우리의 양심 때문에 충동적으로 행동하지 않는다는 거야. 다음으로 넘어가볼까? 자네, 의무라는 말을 들어보았나?」

「납세의 의무, 근로의 의무, 그런 거 말하는 거예요? 그런 거라면 지겹도록 들어보았죠.」

이번에도 무슨 어려운 걸 물어보느냐는 듯이 망설임 없이 미미가 대답했다.

「어느 정도 알고 있구나. 방금 자네가 말한 건 법의 의무라고 할 수 있지. 그런데 법의 의무라는 게 따지고 보면 개인의 자유를 제한하는 것 같지 않나?」

「내 돈 못 쓰게 하고 나라에서 가져가는데……. 그럴 바에는 차라리 길거리에 돈을 버리는 게 낫지. 안 그래요?」

「개인의 자유를 빼앗기 때문에 억울할 수도 있어. 그런데 정부에서 세금을 걷는 것은 공공의 이익을 위한 것도 있지. 개인이 도로를 만들 수 있나?」

칸트의 말에 미미는 하고 싶은 말이 있었지만, 참는 것 같았다.

「누군가는 해야 하는 거죠. 그럼, 덕의 의무는 뭐예요?」

「이제는 말하지 않아도 이해하는구나. 법의 의무가 세금처럼 강제하는 부분이 있다면, 덕의 의무는 개인의 자유에 맡기는 거야. 나보다 어려운 사람들을 돕거나 쓰레기를 줍는 것도 덕의 의무에 포함시킬 수 있겠지.」

「교수님이 말하는 건 초등학교 도덕 시간에 배운 것을 그대로 실천에 옮기라는 거네요. 그건 쉽네요. 이 세상에 초등학교 안 나온 사람은 없으니까요.」

미미의 말을 잠자코 듣고 있던 칸트의 표정이 영 좋지 않았다.

「법은 사람들의 행동을 강제하는 거라고 생각해. 세금을 누가 내고 싶어서 내는가? 그런데 덕의 의무는 아무도 강제하지 않지. 마음속에서 우러나오는 선한 마음으로 행하니까. 그렇다 보니 진정으로 행복한 사회가 되려면 선한 마음으로 움직이는 사회, 즉 윤리가 기반이 되는 사회가 되어야지.」

무언가 할 말이 있는지 미미는 잠시 머뭇거렸다.

「어려운 사람을 도와야 한다는 것은 누가 몰라요. 아무 대가 없이 봉사활동을 하는 사람들이 대단한 건 알지만, 저는 그렇게 못하겠는데요.」

「음……. 그래. 이걸 어떻게 설명해야 하나. 자네 어렸을 때 위인전 같은 거 읽어본 적 있나?」

미미의 말에 칸트는 무언가 생각이 났는지 말했다.

「어렸을 때 엄마 아빠가 사다준 위인전집을 읽었어요. 그때는 억지로 읽은 거라 대충 읽고 말았다는 게 문제지만요.」

「어쨌든 위인전집을 읽어보았다는 거지? 위인전이라는 게 사람들이 존경하는 위인의 이야기를 담고 있는 책이지.」

「범죄자 이야기를 써놓고 그걸 위인전이라고 할 수 없죠. 그런데 위인전 이야기는 왜 한 거죠?」

「위인전을 보면 존경심이 절로 솟지? 그런 이야기들을 어렸을 때부터 읽으면 나중에 어른이 되어 양심에 따라 행동할 수 있는 거라고.」

칸트의 말에 미미가 대뜸 팔짱을 끼고 무언가를 곰곰이 생각했다.

「음……. 그 말을 들으니 어릴 때 맨날 책 읽어라 소리 지르던 엄마 아빠 생각이 나네요. 나한테는 책 읽으라고 하면서 아빠는 누워서 손 하나 까딱 안 하고 텔레비전만 보고 있고. 모범 좀 보여주시지.」

「선의지(선을 행하고자 하는 순수한 동기에서 나온 의지)라는 게 누군가 가르쳐서 나타나는 게 아니야. 위인전에 나오는 인물들을 보면 자기만을 위해 인생을 산 사람들은 아니지, 그렇지?」

「그건 그렇죠. 나라를 위해 장렬히 싸우다 죽은 사람도 있고. 어떤 의사는 아프리카 오지에서 의료 봉사활동을 하다가 전염병에 걸려 죽었어요.」

「그런 사람들이 자기 자신을 위해 그런 행동을 했을까?」

칸트가 묻자 미미가 진지하게 무언가를 생각하기 시작했다.

「그 사람들이 엄청나게 노력한 건 있죠. 사회를 위해 열심히 노력하다 보니 나중에 위인전에 실린 게 아닐까요?」

「모두를 위해 노력하다 보니 그렇게 모두의 존경을 받는 자리까지 올라가게 된 거지. 어릴 때 위인전을 많이 읽고 스스로 생각하고 또 그걸 행동으로 옮겨야지. 선의지는 그렇게 해서 생기는 거야.」

「저도 어릴 때부터 엄청나게 주입식 교육을 받았어요. 정말 하고 싶은 건 따로 있었는데……. 집에 가면 왜 공부 안 하니, 얼른 공부 해라, 공부를 해야 학생이지, 정말 지옥이 따로 없었는데.」

미미가 그동안 쌓였던 응어리들을 풀어놓기 시작했다.

「인간과 동물이 다른 점이 뭔지 아나? 어렵게 생각할 건 없네.」

「지능 아닌가요? 저는 여태까지 그렇게 알고 있었는데.」

미미는 자기가 말해놓고도 확신이 서지 않는지 말끝을 흐렸다.

「맞는 말이야. 동물은 시간이 되면 먹고 또 시간이 되면 자고 그러지. 그렇게 욕구에 충실한 삶을 살지. 그런데 사람은?」

「먹고살기 힘들 때에는 그러겠죠. 이제는 배부르고 등 따뜻하고 하니 만족하지 못하고 다른 걸 찾겠죠.」

「맞아. 사람은 고차원적으로 생각하게 되지. 기본적인 것들이 해결되면 다른 것을 찾지. 끝없는 욕망만 추구하는 사람이 있다면, 다른 것을 찾는 사람도 있지. 이제 어느 정도 이해하겠지?」

「무엇을 말하는지 알 것 같아요.」

칸트가 물어봐도 한참을 생각했는데, 이제는 바로 생각이 났는지 미미가 말했다.

「사람이 선의지를 갖는 게 힘들지. 정언명령을 따르는 사람만 모여 산다면 거기가 진정한 지상낙원이지. 자네 아까 나한테 이야기한 거 있지. 이제 마음을 정했나?」

미미의 얼굴이 어두워졌다. 꽤 오랜 시간 칸트와 대화한 것 같은데, 아직도 결정을 못한 것 같았다.

「봉사를 할지 안 할지 아직도 모르겠어요.」

「음……. 억지로 봉사하지 말게. 그건 정언명령이라고 볼 수 없네. 자네의 자율성에 따라 결정하게.」

칸트의 말에 미미의 얼굴이 더욱더 어두워졌다.

「시간이 벌써 이렇게 되었나? 아이고. 저녁에 약속이 있는데, 지금 빨리 가야지. 산책도 빼먹었는데 약속까지 빼먹으면 안 되지.」

칸트가 약속 시간에 늦었는지 부랴부랴 짐을 챙겨서 뒤도 안 돌아보고 강의실을 빠져나갔다. 미미도 자리에서 일어나 강의실을 나왔다.

「이마누엘 칸트와의 대화가 끝났습니다. 다음 장으로 넘어가겠습니까? 예, 아니오로 대답해주시기 바랍니다.」

「아니오.」

평소에는 이때쯤 어린아이처럼 좋아하던 미미가 머릿속이 복잡한지 목소리에 힘이 없었다.

「어떻게 하지? 딱히 봉사활동은 하고 싶지 않은데…….」

미미는 체험실을 나오면서도 중얼거리면서 되물었다.

「이건 뭐지? 이런 쪽지가 있을 리 없는데. 음……. 남 실장님이 왜 내려오라고 하지?」

미미가 체험실 문에 붙어 있는 쪽지를 보고 말했다.

「실장님. 저, 왔어요.」

「미미 왔구나. 여기 와서 잠깐 앉아봐라.」

남 실장이 의자를 꺼내 손짓하면서 미미에게 말했다.

「실장님, 무슨 일 있어요? 쪽지는 왜 붙여놓은 거예요?」

「사장님이 회사 차원에서 봉사활동을 가자고 하시네. 뭐, 강제는 아니고 연습생 중에서 자발적으로 가고 싶은 아이들만 하는 걸로 하제.」

「저 때문에 일이 크게 벌어진 것 같은데. 흠……. 제가 일을 벌려놓고 안 갈 수도 없고 이를 어떻게 하죠?」

미미가 혼자 구시렁거리기 시작했다.

「이 녀석아. 그나저나 사장님께서 우리 미미가 많이 성숙해졌다고 굉장히 좋아하시던데.」

「실장님, 그러면 저 봉사활동 가야 하는 거잖아요.」

「미미가 제일 먼저 봉사활동 신청한 걸로 할게. 그건 그렇고, 미미야. 연습할 시간 되었다.」

「네. 실장님. 3층 올라갈게요.」

미미가 조심스럽게 일어나 연습실로 터벅터벅 올라갔다.
「괜히 말해서 일만 커졌네. 그냥 말하지 말걸.」
미미는 혼자 억울해했다.

이마누엘 칸트의 철학 노트

여러분, 칸트의 철학에 대해 얼마나 아시나요? 칸트는 수많은 분야에 관심이 있어 정말 큰 업적을 남겼습니다. 그중에 하나가 방금 만나본 도덕 윤리죠. 도덕이라는 말을 사전에서 찾아보면 양심 혹은 관습에 따라 마땅히 지켜야 할 행동으로 나옵니다. 그런데 여기서 문제는 어디서부터 어디까지가 양심에 속하는지가 문제가 됩니다. 양심의 기준은 사람마다 달라서 그 기준이 모호해지죠. 그런데 칸트가 도덕과 윤리의 기준을 제시했습니다. 정말 대단한 업적이 아닐까요?

CHAPTER

제러미 벤담 1748~1832 행복이란 무엇인가?

17

「오늘 수업은 이걸로 끝이다. 엉뚱한 데로 새지 말고, 내일 지각하지 마라. 이상, 오늘 종례 끝.」

「박미미, 너 잠깐 이리 와.」

미소가 미미를 불렀다.

「또 왜? 너는 그렇게 할 일이 없냐?」

「누구는 좋아서 너하고 같은 조 하는 줄 알아. 사회 시간에 조별 과제 있지. 자료조사 하는 거 몰라?」

「알고 있거든. 내가 잊고 있을까 봐? 나는 누구처럼 조별 과제 할 때 남 속 썩이지 않거든. 흥!」

「조별 과제만 있으면 남자애 꼬드겨서 때우는 게 누구더라. 교활한 여우 주제에.」

「뭐? 이미소, 너 진짜 이리 와. 제대로 알지도 못하면서.」

「그래. 누가 죽나 해보자.」

미미와 미소가 서로 으르렁거리자 담임선생님이 한걸음에 달려왔다.

「둘이 좀 친해지라고 같은 조에 넣었더니, 너희는 허구한 날 싸우기만 하냐?」

「선생님, 저게 먼저 시비를 걸었어요.」

미미와 미소가 억울한 듯 동시에 말했다.

「뭘 잘했다고. 둘이 서로 못 죽여서 안달이야? 좀 친하게 지내라.」

「알았어요. 선생님.」

미미가 울상을 지으면서 가방을 메고 얼른 교실을 빠져나갔다.

「연습하고 체험하고 과제하고…….」

미미가 터벅터벅 걸으면서 푸념을 했다.

「일단 실장님한테 말하고 과제부터 해야지.」

그렇게 투덜거리면서도 미미는 회사로 향했다.

「저, 미미 왔어요. 안녕하세요. 실장님, 오늘 간곡히 드릴 말씀이 있는데요?」

「또 뭐? 연습하기 싫다고? 아니면 체험하기 싫다고?」

「실장님, 학교 조별 과제가 있어서 그러는데, 오늘은 체험하기 힘들 것 같아요. 사장님께서도 연습만큼 중요한 게 학업이라고 누누이 강조했잖아요?」

「그래서 연습 빼달라는 거네. 숙제가 뭔데. 이야기나 들어보자.」

미미가 이렇게 애원하는데도, 남 실장은 아랑곳하지 않았다.

「산업혁명 시기 영국 청소년들의 삶이 주제거든요. 이것을 조사하려면 시간이 많이 걸릴 거 같아서 그러는데, 오늘 하루만 어떻게 좀.」

「오늘 일찍 갈 필요 없는데? 설정만 좀 바꿔서 하면 되겠네.」

「아, 실장님.」

남 실장이 체험하라고 말하자 미미가 질색하면서 소리를 질렀다.

「미미야, 나 못 믿어? 내가 대학교 때 전공이 철학과 교육인데, 믿어봐.」

「실장님, 꼭 그렇게 할 필요는 없는데요.」

미미가 체험하기 싫다고 말했지만, 남 실장은 들은 척도 하지 않았다.

「미미야, 얼른 가서 체험해. 나는 바빠서 이만.」

미미는 어쩔 수 없이 4층 체험실로 올라갔다

「아, 체험하기 싫다, 싫어.」

미미는 어느새 체험실에 도착해 있었다.

「언제 해. 좀 빨리 끝나게 설정해주는 거 없나?」

「제러미 벤담과의 대화를 시작하겠습니까? 예, 아니오로 대답해주시기 바랍니다.」

「예.」

미미가 말하자 화면이 바뀌었다.

「도대체 이건 무슨 냄새야. 정말 진짜. 어우, 숨도 못 쉬겠네.」

어디서 고약한 냄새가 나는지 미미가 코를 막고 주위를 둘러보았다. 그러자 공장이 보이고, 굴뚝에서 시커먼 연기가 치솟고 있었다.

「여기 또 어디야. 진짜 숨을 못 쉬겠네. 어디 가서 찾으라는 거야. 정말.」

미미가 주위를 돌아보면서 사람을 찾고 있었다.

「저기, 저 사람한테 물어보자.」

미미가 사람을 발견하고 발에 불이 나도록 뛰어갔다.

「저기, 뭣 좀 물어볼게요. 혹시 벤담이라는 분 아세요.」

「오……. 이런, 나에게 말을 걸어주다니. 오호…… 나 어떻게 해야 하지? 일단 심호흡을 하라고? 그래, 숨을 크게 들이쉬고. 오, 흠……. 내가 벤담이라네.」

「아저씨가 벤담 맞아요? 그래도 오늘은 운이 좋네.」

「나를 보고 웃으면서 말하네. 이제 어떻게 해야 하는 거야? 뭐? 이름을 물어보라고? 이름이 뭔가?」

「저요? 저는 이렇게 예쁘게 태어날 줄 알고 아름다운 미를 두 번 써서 미미예요.」

「음……. 이제 어떻게 해야 하는 거야. 나 어떻게 해. 제발 도와줘. 아, 맞다. 이럴 때는 크게 심호흡을 해보라고 했지. 그래. 숨을 크게 들이쉬고. 그런데 여기는 어쩐 일이냐?」

「아, 학교 숙제인데요. 산업혁명 시기 영국 청소년들의 삶에 대해 자료조사 하기 위해 왔는데, 뭔가 알 수 있을까 해서요.」

「흠. 그러니까. 음……. 내가 자네에게 도움을 줄 수 있을 거 같네. 그런데 여기 계속 서서 이야기할 건가? 괜찮다면 우리 집에 가서 이야기할까?」

「아저씨가 괜찮다면, 저야 좋죠.」

「그럼 가세. 조금만 걸으면 된다네.」

벤담이 앞장서서 걷자 미미가 그 뒤를 졸졸 따라 걸어갔다.

「어디서 이야기를 하는 게 좋을까. 뭐? 서재로 가라고? 그래, 서재에 가서 이야기해볼까?」

「그래요, 아저씨. 저는 어디든 상관없어요.」

「여기가 내 서재네.」

「우와, 저 책들 다 아저씨 책인 거예요? 대박.」

미미는 서재에 있는 책들을 보고 놀라서 말했다.

「음. 뭐, 대학교 공부할 때 보던 책과 변호사 공부하던 시절에 읽었던 책들이지. 지금은 변호사 활동은 안 하고 있으니 필요하면 가져가도 돼.」

「에이, 아저씨 농담도 참. 저는 내용이 어려워 읽지도 못할 텐데요.」

「하……. 이제부터는 어떻게 해야지? 자신 있게 말하라고? 알았어. 그렇게 말해볼게.」

벤담은 갑자기 책장으로 가서 혼자 중얼거리다가 다시 미미에게 돌아왔다.

「아까 물어볼 게 있다고 했지. 산업혁명 뭐라고 했지?」

「산업혁명 시기 영국 청소년들의 삶에 대해 자료를 조사하는 게 숙제인데, 좀 도와줄 수 있나요?」

「그렇게 어려운 것도 아닌데 뭐. 내가 알려주지.」

「저야 좋죠. 어디서부터 시작해야 할까요?」

「나, 이제 어떻게 해야 하는 거야? 내가 뭐 도와준다고 하긴 했는데 말이야. 어떻게 해야지? 나 정말 떨려서 미치겠네.」

「저기, 아저씨. 아저씨!」

미미가 벤담을 몇 번을 불러도 대답하지 않자 결국 큰소리로 말했다.

「그게 말이지. 참, 내가 도와준다고 했지. 내가 요즘 공공의 이익에 대해서 연구하고 있네.」

벤담은 잠시 책장을 바라보며 중얼거리다가 말했다.

「내가 처음부터 너무 어려운 이야기를 했나? 음. 제임스 왓트가 증기기관을 발명한 건 알고 있나?」

「에이. 아저씨, 저도 그 정도는 알아요. 그 사람이 만든 증기기관 때문에 산업혁명이 일어났어요.」

「그래. 그러니까 산업혁명이 일어나고 나서 우리의 삶이 너무나도 많이 바뀌었네. 뭐, 그에 따른 문제점도 엄청나게 많이 생겼지만……. 」

「증기기관이 발명되고 공장 주인들이 노동자들을 엄청 고달플 정도로 일을 시켜서 문제가 되는 거라고 알고 있는데, 맞아요? 아저씨?」

「음……. 그래, 자네 말이 맞네. 잠깐만. 나 이제 어떻게 하나? 내가 이

아이를 무시한 거 같은데. 나 때문에 상처받은 건 아니겠지? 뭐? 친절하게 설명해주면 된다고. 아……. 알았네. 한번 해보지.」

벤담이 또다시 책장을 보고 혼자 중얼거리다가 다시 말했다.

「흠. 그러니까. 증기기관으로 인해 영국이 엄청나게 발전한 게 맞아. 그건 부정할 수 없는 사실이네. 그런데 나는 걱정되는 게 있었네. 자본가들의 지나친 탐욕이 문제라고 생각했지. 그래서 이런 문제를 어떻게 해결할지 생각했네. 아직도 연구 중이라 뭐가 맞고 틀리다고 말할 수 있는 정도는 아니네.」

「아저씨처럼 세상을 바꾸려고 노력하는 게 어디예요. 저 같으면 그런 생각을 하지도 못할 텐데.」

미미가 이렇게 말하자 벤담의 얼굴이 갑자기 빨개졌다.

「오……. 지금 나 너무나 떨려. 이럴 땐 어떻게 해야 해? 뭐 평소처럼 하라고? 오오오……. 나 지금 너무나 떨려서 그렇게는 못해. 나 좀 도와줘, 제발…….」

벤담은 책장에 얼굴을 갖다대고 중얼거리면서 몸을 부르르 떨었다.

「아……. 그래, 내가 이야기하다 말고. 이런, 내 정신 좀 봐. 내가 어디까지 이야기했지?」

「그러니까 영국이 엄청나게 바뀌고 있고, 그 때문에 아저씨가 연구하고 있다고 말했죠.」

「아……. 그래그래. 영국 청소년들의 삶에 대해서 물어보았지. 여기 청소년들은 그야말로 처참하게 생활하고 있네. 그것은 몹쓸 자본가들의 탐욕 때문이지 뭐. 자본가들이란 돈이나 벌 궁리만 하고…….」

「왜요? 자본가들이 무엇을 했기에 그래요?」

「그러니까 말이야. 흠 음……. 갑자기 엄청난 발전을 이루다 보니 손이 부족해지는 거야. 그러다 보니 공장에서 물건을 찍어내지 못하는 거야. 그래서 값싼 어린애들을 데려와서 공장에서 일을 시키는 거지.」
「헐……. 진짜요? 어린애들이 학교 안 가고 하루 종일 공장에만 있는 거예요? 아무리 돈이 좋아도 그렇지 그건 진짜 너무했다.」
「돈 밖에 모르는 머저리들. 에휴……. 그래서 내가 생각한 게 있어. 최대 다수의 최대 행복이라고 써놓은 원고가 어디 있더라? 잠시만 기다려라.」
벤담이 책장으로 재빠르게 갔다.
「오우……. 도대체 어디 있는 거야. 분명히 여기 있어야 하는데……. 여기에 있었구나. 어떻게 된 줄 알았는데, 천만다행이다.」
미미는 깊은 한숨을 쉬면서 고개를 절레절레 흔들었다. 이윽고 벤담이 어린아이처럼 해맑게 웃으면서 돌아왔다.
「기다리게 해서 미안하네.」
「아저씨가 미안해할 필요는 전혀 없죠. 그런데 최대 다수의 최대 행복이 정확히 뭐예요?」
「자본가들이 아이들을 공장에서 일을 시킬 때 얻는 행복보다 아이들이 학교에 가서 또래들과 지낼 때의 행복의 총량이 더 크겠지? 나는 이걸 최대 다수의 최대 행복이라고 생각하네.」
「아저씨가 하는 말은 어느 정도 이해가 되는데, 여기 사람들은 어린아이들을 정말 그렇게 일을 시켜요?」
「음……. 귀족이나 자본가 가정에서 태어난 아이들이 아니라면 대다수가 일을 하고 있어. 공장에서 기계를 돌리려면 석탄이 필요한데, 석탄을 캐려면 탄광에 들어가야 해. 다 큰 성인이 들어가려면 탄광을 크게 파야 하지. 그런데 어린아이들이 탄광에 들어간다면 다르겠지? 탄광을 좀 작게 파도 별 무리가 없지. 거기다가 화약 값도 적게 들고, 먹을 것도 적게 들지. 아이들을 하루 종일 그곳에 있게 하는 거지. 그게 문제라는 거야.」

벤담이 얼굴을 파묻고 중얼거리다가 다시 고개를 들어 설명했다.

「네에? 아니, 아무리 그렇지. 그렇게까지 할 필요가 있어요? 아직 어린아이에 불과한데요. 제가 봐도 그건 좀 심했네요.」

「그런데 여기 사람들은 그 심각성을 알지 못해. 참말로 진짜. 탐욕에 대한 광기 때문이지. 정말 세상이 어떻게 되려고 하는지 말세야, 말세.」

「그것을 해결하려면 어떻게 해야 하죠?」

「흠……. 내가 어디에 적어놓았더라.」

벤담이 원고에 얼굴을 파묻고 중얼거리다가 다시 고개를 들었다.

「흠……. 그래, 여기 있었지. 그러니까 기계의 등장으로 생산량은 폭발적으로 늘었지만, 그에 반해 노동자들의 임금은 늘지 않았어. 그것은 출산율이 상당히 늘어났기 때문이야. 또한 노동 관련 법들이 만들어지지 않아 상당수의 노동자들이 고통을 받고 있었지. 빠른 시일에 관련 법을 제정할 필요가 있어. 그런데 이건 아직 완성본이 아니라 나중에 바뀔 수 있으니 그 점은 이해해주게.」

「알았어요. 아저씨. 숙제하는 데 도움이 많이 될 거 같아요. 노동자들이 고통 받는다고 한 거 구체적으로 말해줄 수 있나요?」

「음……. 내가 어렸을 때도 농촌에 사는 아이들은 어느 정도만 되면 일을 해야 했네. 뭐, 그건 예전부터 계속 전해 내려오던 것이니 어쩔 수 없지만, 공장이나 탄광에서 일하는 건 아니라고 생각해. 아까 공장에서 연기 엄청났지? 공장 밖은 그런데 안은 얼마나 심하겠나?」

「왜요? 그게 그렇게 심해요?」

「음……. 여기 런던에서는 공장 매연 때문에 공기가 탁해 죽는 사람이 좀 있네.」

「그 정도예요?」

벤담의 말을 들은 미미가 깜짝 놀라서 눈이 휘둥그레졌다.

「공장 안은 더 심각했지. 하여간 자본가 놈들이란 돈 밖에 몰라 사람이 죽든 말든 신경도 안 써.」

「그건 정말 심각하네요. 이러니 아저씨 같은 사람들이 용기 있게 나서서 세상을 바꿔야 하는 거죠.」

「음? 음……. 그……래, 이럴 땐 어떻게 해야 하는 거야. 나 좀 살려줘, 미칠 것 같아. 정말. 아…… 그래그래, 알았어. 한번 해볼게.」

벤담이 갑자기 자리에서 일어나 혼자 중얼거리다가 자리로 돌아왔다.

「아, 그……래 그래. 내……가 좀 실례를 했네. 그래서 내가 어디…… 어디까지 이야기했지?」

벤담은 안절부절못하고 가만히 앉아 있지 못했다.

「아저씨, 왜 그래요? 무슨 일 있어요? 어디 아파요?」

「그게 그러니까……. 아니, 아니……. 잠시, 잠시……. 어떻게 해야 하는 거지, 나 좀 제발 살려줘. 진짜, 미칠 것 같아.」

벤담이 그새를 못 참고 책장으로 가 중얼거렸다.

「후 우……. 하 흐음……. 아, 이러니 이제 좀 살겠구나. 잠깐 내 정신 좀 봐. 내가 어디까지 이야기했지?」

벤담이 깊게 심호흡을 하더니 그제야 진정이 되었는지 다시 의자에 앉았다.

「아저씨도 참. 자본가들이 노동자들의 고통은 무시하고 돈 벌 궁리만 하고 있을 뿐이라고 말한 걸 까먹었어요?」

「그래, 그랬지. 그것 말고도 영국에는 많은 문제가 있어. 이걸 어떻게 하면 해결할 수 있을지 생각하다가 최대 다수의 최대 행복을 생각해냈지.」

「아까 말했던 내용인 건 알고 있어요.」

「그래그래. 잘 기억하고 있구나. 그런데 나는 행복도 계산할 수 있다고 생각했는데. 내가 그걸 또 어디에 적어놓았더라. 후…… 하…… 후…… 어디 있……지? 내가 계산법을 적어놓은 거 어디 있는지? 혹시 내가 써놓은 원고 어디 있는지 알아? 뭐? 맞다.」

벤담이 갑자기 일어나 책장으로 가더니 오두방정을 떨며 종이 한 장을 들고 돌아왔다.

「그러니까, 이게 방금 말한 거네. 음……. 쾌락을 계산하는 방법이네. 총 7가지야. 첫 번째, 쾌락이 얼마나 강한가? 두 번째, 쾌락이 얼마나 오래가는가? 세 번째, 쾌락이 얼마나 확실한가? 네 번째, 쾌락이 얼마나 가까운 곳에 있는가? 다섯 번째, 쾌락은 또 다른 쾌락을 낳는가? 여섯 번째, 고통이 전혀 없는 쾌락이 있는가? 일곱 번째, 쾌락은 많은 사람에게 영향을 주는가?」

「아저씨. 그런데 저걸 다 어떻게 계산해요?」

「그래. 그건 좋은 질문이야. 한 가지 예를 들어 설명해보자. 나는 사람이 한 가지 행동을 할 때 고통과 행복을 동반한다고 생각했지. 내가 한 가지 행동을 할 때 생기는 쾌락의 양에서 고통의 양을 뺄 때 쾌락의 양이 더 크다면 그 행동은 이로운 행동이라는 거지.」

「그러니까, 아저씨 말은 사람이 행동을 할 때마다 쾌락과 고통이 따라오는데 이때 쾌락이 큰 행동을 하는 것이 좋다는 거죠?」

「그래. 내 말이 그 말이야.」

벤담이 어린아이처럼 해맑게 웃었다.

「그래. 그럼, 다른 예를 더 들어볼까? 음……. 내가 어린아이들이 학교에 갈 나이에 공장에서 일을 한다고 했지? 공장주 한 명과 어린 노동자 100명이 있다고 해보자. 공장을 가동시켜서 얻는 쾌락은 공장주 한 명의 쾌락뿐이겠지. 그렇지?」

벤담이 눈을 지그시 감고 곰곰이 생각하다가 드디어 말문을 열었다.

「그렇죠. 그런데 그게 왜요?」

「반면에 아이 100명이 공장에서 일하는 시간을 조금 줄이더라도 학교에 다닌다면 공장에서 일하는 것보다는 훨씬 행복하겠지.」

「같은 또래 친구들과 생활하는 게 더 좋죠.」

「어린아이들이 공장에서 일하는 시간을 조금만 줄인다면 공장주의 행복은 줄겠지만, 어린 노동자들의 행복은 훨씬 많아지겠지. 그렇기 때문에 행복의 총량으로 따지면 공장 가동 시간을 줄이고 아이들이 학교에 다닐 수 있게 하는 게 더 이로운 행동이지. 이제 좀 이해가 되나?」

「네. 이해가 되네요.」

「아……. 그런데 말이야. 내가 좀…… 잠시만 아주 잠깐이면 되네. 내가 잘하고 있는 거 맞지? 그렇지? 내 설명을 잘 이해한 걸까? 뭐? 잘하고 있다고? 자신감을 가지고 계속 해보지, 뭐.」

벤담은 또 안절부절못해서 원고에 얼굴을 파묻고 혼잣말을 했다.

「흠……. 그러니까 그게……. 아……. 내가 행복의 양과 관련된 공식에 대해 설명해주었지?」

「아저씨가 7개인가? 설명해주었죠. 그거는 또 왜요?」

「아……. 그게 음……. 이제 어려운 예를 들어볼까?」

「좋아요, 아저씨.」

「그 원고를 어디에 둔 거지? 도대체 어디 있는지 알아? 그게…… 그러니까, 어디 있는지 알아? 하…… 어디로 가서 보이지도 않는 거야.」

벤담은 미미의 말을 들은 체도 하지 않고 중얼거리면서 무언가를 찾았다. 그러고는 고개를 절레절레 흔들었다.

「하……. 아저씨. 도대체 누구와 말하고 있는 거예요?」

「그게 있지……. 그게……. 내 말버릇이네. 사실 나도 고치려고 엄청나게 노력하고 있는데, 쉽게 고쳐지지 않아.」

「아저씨, 왜 자꾸 혼자 중얼거려요?」

「그래그래. 내가 아까 다른 예를 들어 설명해준다고 했지? 외딴 시골에 사람이 살고 있다고 하자. 그 사람은 물자가 항상 부족하지. 그런데 그 사람이 밖에는 안 나와서 누군가 물건을 갖고 가야 하는데, 너무 외딴 곳이어서 길이 없어. 그렇다 보니 길을 만들어야겠지?」

「그건 그렇죠. 뭐 길이 없는데, 어떻게 가요.」

「물건을 가지고 가는 사람은 외딴 곳에 사는 사람을 도와주려고 가는 거라고. 자나깨나 어떻게 돈 한 푼 더 벌 생각이나 하는 자본가와는 생각하는 차원이 다르다고. 그러니까 외딴 마을에 사는 사람들을 위해 길을 만들어야 행복의 총량도 늘고 유용성도 있는 거지.」

「그렇구나.」

「이만 하면 내가 자네에게 해줄 수 있는 설명은 다 해주었네. 그나저나 오늘 따라 왜 이리 피곤하지?」

「아저씨, 그럼, 이만 쉬세요. 숙제는 잘할 수 있을 거예요. 저는 이만 갈게요.」

미미는 벤담에게 재빠르게 인사하고 폴짝폴짝 뛰어 방을 나왔다.

「제러미 벤담과의 대화가 끝났습니다. 다음 장으로 넘어가시겠습니까? 예, 아니오로 대답해주시기 바랍니다.」

「아니오.」

미미가 다급하게 말하자 화면이 바뀌었다.

「지금보다 옛날은 먹고살기가 더 힘들었나 봐. 그래도 세상을 조금씩이라도 변화시키려고 노력한 철학자들이 있었으니 좋은 세상이 만들어진 것은 아닐까?」

미미가 체험실을 나오면서 혼자 주절거렸다.

제러미 벤담의 철학 노트

여러분은 학교 다녔을 때 공리주의에 대해 들어본 적이 있을 겁니다. 벤담은 양적 행복에만 치중했죠. 하지만 벤담이 한참 활동할 때는 산업혁명이 막 시작되던 시기였습니다. 산업화 초기이다 보니 아직은 모든 것이 풍족해지기 전이라 많이 모자랐습니다. 이렇게 산업화가 이루어지니 먹고사는 문제가 해결된 다음에 질적 공리주의가 나타난 거죠. 아무리 뛰어난 철학자라도 시대를 뛰어넘을 수 없습니다. 그러니 우리가 벤담이 살았던 시대를 감안해서 생각해야 하는 것 아닐까요?

CHAPTER

프리드리히 헤겔 1770~1831

정신이 모든 것을 지배한다

18

「저, 미미 왔어요.」

미미가 가라앉은 목소리로 말했다.

「오늘은 또 왜 그래? 학교에서 무슨 일 있었어?」

마침 1층에 있던 남 실장이 미미에게 물었다.

「역사 수업 시간에 아무리 선생님 말을 들어도 도통 이해가 안 되는 거 있죠.」

미미가 투정을 부리자 남 실장이 미미의 응석을 받아주었다.

「흠……. 미미는 역사 수업이 왜 힘들어?」

「연도와 사람 이름 외우는 게 너무 힘들어요. 연도를 하나만 잘못 알고 있어도 다 틀리게 되는 거 있죠.」

「암기 과목이라 힘들어. 그래도 전체적인 흐름을 알고 외워야 해.」

「그러면 좀 나아질까요?」

「아무래도 무작정 외우려고 하는 것보다는 낫겠지.」

「전체적인 흐름이라……. 그래도 역사는 어려워요.」

「흠……. 그럼 오늘 체험은 헤겔로 하는 게 어때? 학교 공부에도 도움이 되고.」

「아니, 실장님. 꼭 그렇게 해야 해요?」

「미미야. 오늘 연습도 하려면 빨리빨리 해야 해.」

「네. 바로 올라가서 체험할게요. 실장님.」

남 실장이 타이르자 미미는 체험실로 올라갔다. 그리고 기계 전원 버튼을 엄지손가락으로 꾹 눌렀다.

「프리드리히 헤겔과의 대화를 시작하겠습니까? 예, 아니오로 대답해 주시기 바랍니다.」

「예.」

미미가 말하자 화면이 바뀌고 문이 보였다.

「뭐야? 교수 헤겔이라고 쓰여 있는데? 안에 있을라나? 들어가봐야지.」

미미가 문을 두드렸다. 그런데 아무런 반응이 없자 다시 한번 문을 두드렸다.

「들어오세요.」

문 너머에서 소리가 들리자 미미가 조심스럽게 문을 열고 들어갔다.

「나는 여기 베를린대학에서 역사철학을 강의하는 헤겔이요. 음……. 여기는 무슨 일로 온 건가?」

「저, 그게. 저는 대학생이 아니고, 고등학생인데요. 선생님이 유명하다고 해서 찾아왔어요.」

「음……. 나를 만나기 위해 찾아왔다. 그래. 가만히 있자. 여기가 좋겠네.」

헤겔은 이리저리 널브러진 종이를 한곳으로 치운 후 미미에게 오라고 손짓을 했다.

「내가 수업 준비를 하느라 한동안 치우지 못했더니……. 그건 그렇고 어디서 왔나?」

「저기, 저는 여기 사람이 아니라. 저기 저 멀리 동쪽에서 왔어요. 아마, 교수님은 잘 모를 텐데…….」

미미가 얼버무리자 헤겔이 자리에서 일어나 차 한 잔을 가져왔다.

「그나저나 여기까지 찾아왔는데, 내가 최선을 다해 설명해주겠네.」

「안 그래도 되는데…….」

미미가 혼잣말로 속삭였다.

「여기 있다. 그래. 내가 정리한 강의안이야. 어디서부터 시작해야 좋을까? 자네, 국가의 탄생을 본 적이 있나?」

헤겔이 예상치 못한 걸 물어봐서 그런지 미미가 대답하지 못했다.

「네? 한 번도 못 본 거 같은데요?」

「사실 나도 국가의 탄생을 본 적이 없어. 다른 걸 하나 물어보지. 자네, 가족이 어떻게 생겨났는지 아나?」

「음……. 그거는 남자와 여자가 서로 사랑해서 결혼하고 아이를 낳아 키우면 가족이 만들어지는 거 아닌가요?」

미미는 단번에 말하면서도 자신이 없는지 말끝을 흐렸다.

「맞아. 이 세상의 조직 중에서 가족이 제일 먼저 생겨났지. 가족에 대해서 이야기를 나누어볼까? 가족은 서로 배려해주기도 하지?」

「그건 그렇죠. 뭐, 어려운 일이 있으면 도와주고.」

「자네가 말한 것처럼 가족이 어려우면 서로 도우며 살겠지. 그건 가족의 특성이야.」

「가족의 특성이라…….」

「사실 나는 강의할 때 학생들에게 질문을 못하게 해. 내가 말한 의도를 학생들이 생각해보라는 차원에서 그런 거지. 하지만 자네는 아직 고등학생이니 친절하게 설명해주지.」

헤겔이 미소를 지으며 말했다.

「나는 가족과 사회는 다르다고 생각했지. 가족은 부족한 사람이 있으면 어떻게든 도와주려고 하지만 사회는 달라. 자신의 이익을 위해서만 노력하기 때문이지. 음……. 자네 학교생활을 떠올려보게.」

「가족은 제가 힘들어하면 좀 위로라도 해주는데, 학교에서는 시비 거는 애들만 있고.」

미미는 미소가 생각났는지 화를 냈다.

「그게 바로 가족과 사회의 차이지. 음……. 처음 태어났을 때 부모의 도움 없이는 아무것도 할 수가 없지?」

「그건 그렇죠. 아기가 무엇을 할 수 있겠어요? 배가 고프면 울고 울면 기저귀 갈아주고…….」

「그렇게 보면 동물과 다를 게 없겠지만, 인간은 이성이 있어. 그래서 동물과 다르다고 할 수 있지.」

「이성이라…….」

「이성은 우리 눈에 보이지 않지. 그렇지? 이성은 생각할 수 있는 힘이라고 보면 돼. 그게 인간과 동물의 결정적인 차이기도 하고.」

미미는 어려워서 잘 이해가 안 되는 표정을 지었다.

「그게 그러니까. 교수님 말은 인간이 동물과 다른 건 생각할 수 있는 힘이고 그게 이성이라는 거죠?」

「그렇게 이해하면 될 거 같네. 부모와 함께 살다가 어느 정도 나이가 되면 사회로 나가겠지?」

「그렇죠. 언제까지 부모 밑에만 있을 수는 없으니까요.」

「그때는 나이가 들었으니 훨씬 더 성숙해졌을 거야. 자신이 어떤 일을 할 수 있을지 결정할 수 있겠지.」

헤겔이 자세히 설명해주었지만, 미미는 아직도 완전하게 이해하지 못하는 것 같았다.

「교수님 말은 이제 나이도 어느 정도 되었으니 자기가 알아서 먹고살아야 한다는 거죠?」

「흠……. 아주 중요한 자유가 빠진 것 같구나. 사람은 자유롭게 일을 선택할 수 있어야 해.」

「자유요?」

「음……. 그래. 어떤 예를 들어주는 게 좋을까?」

헤겔이 턱을 긁으면서 한참 동안 생각에 잠겼다.

「나는 20세가 되고 나서 내가 앞으로 어떻게 살아야 할지 많이 고민했지. 그러다가 대학원에 가서 공부를 계속하기로 했지. 그렇게 공부하다 보니 대학교수가 된 거지. 내 자유로 공부를 선택한 거야. 그래서 열정이 생긴 거지. 이해가 좀 되나?」

헤겔의 설명이 이제는 이해가 되는지 미미가 고개를 끄덕였다.

「자유롭게 선택해서 하다 보니 더 잘하고 싶은 열정이 생겼다는 거죠?」

「음……. 맞아. 뭐, 사람마다 다를 수 있지. 그런데 자유에도 제한이 있어야 해.」

「그건 왜요?」

「사람을 죽이고도 자유롭게 다니면? 다른 사람의 물건을 훔치면? 그래서 나는 자유롭게 살려면 자유에 족쇄를 걸어두어야 된다고 생각했지.」

헤겔이 단호한 어조로 말했다.

「그건 그렇죠. 사람을 죽이고도 어떻게 자유롭게 다녀요. 그렇지 않으면……. 생각만 해도 끔찍하네요.」

「음……. 나도 그렇게 생각하네. 그건 그렇고. 이제 본격적으로 역사 이야기를 해볼까?」

헤겔이 다시 한번 단호하게 말했다.

「역사가 막 태동하던 고대 동양으로 가보자. 이제 막 무언가 생겨나기 시작한 시기지. 그래서 나는 유년기 시절이라고도 표현해.」

「고대 동양이라. 교수님은 여태까지 자유를 강조했는데, 그 당시에 자유가 있었나요?」

「자유를 누릴 수 있는 사람은 오직 왕뿐이었지. 왕을 제외하고 아무도 자유를 누리지 못했지.」

헤겔이 미미의 말에 맞장구를 쳤다.

「왕만 자유를 누렸는데, 그게 자유예요? 일반 백성들은 신분제 때문에 하고 싶은 일이 있어도 할 수 없었는데요?」

미미가 이해가 안 되는지 물어보자, 헤겔은 갑자기 미소를 지었다.

「왕은 무소불위의 권력을 쥐고 있었지. 그러니 왕이 하라는 대로 할 수밖에 없는 거야. 만약 왕의 미움을 사면 그때는 정말 큰일 나겠지.」

「못난 왕 밑에 있는 백성들이 무슨 죄야.」

「그래 맞아. 진정한 자유를 누릴 수 있는 사람은 왕밖에 없었지. 사실 모든 사람이 자유를 누리기 시작한 건 얼마 안 돼. 그리고 진정한 자유를 누리는 사람은 제한적이었지.」

「사람이 자유롭게 할 수 있는 게 없었다니 끔찍하네요. 으으으.」

헤겔이 자리에서 일어나 책장에서 책 한 권을 가지고 돌아왔다.

「잠깐만……. 내가 이걸 어디에 적었지? 아, 여기 있네. 그다음 시대는 그리스야. 고대 그리스는 알지?」

「당연히 알죠. 고대 그리스 하면 아테네가 생각나고, 뭐 수많은 철학자가 활동하던 시기인데요.」

미미는 자신이 그동안 만나본 철학자들이 조금씩 생각이 났다.

「고대 그리스에서 그렇게 많은 철학자를 배출할 수 있었던 건 각자의 자유로운 개성을 인정해주었기 때문이야.」

「각자의 개성을 존중한다…….」

「고대 그리스는 시민들이 자유롭게 광장에 모여 토론하면서 민주정치가 싹이 트고 개인의 자유를 존중해주었던 것 같아.」

「아……. 그건 들어보았어요. 아고라에서 자유롭게 토론하고 거기에서 선거를 치른다고 했던 거 같아요.」

미미는 지금까지 만나본 철학자들이 선명하게 기억나는 것 같았다.

「그렇게 자유로운 환경에서 토론할 수 있어 유명한 철학자가 나올 수 있던 거예요?」

「그렇지. 하지만 고대 그리스도 완전히 자유로운 사회는 아니야.」

「왜요?」

「엄연히 신분이 있었지. 시민이라는 계급에 속하면 자유롭게 토론할 수 있었지. 그런데 노예와 여자와 장애인은 자유를 누리지 못했지.」

「저도 책에서 본 것 같은데요. 고대 그리스 사회에서는 시민계급만 자유롭게 생활할 수 있었다고요.」

헤겔도 미미의 말에 수긍하는지 고개를 끄덕였다.

「그건 맞아. 고대 그리스 사회에서도 자유를 제한했거든. 시민계급도 전쟁에 참전해야 한다든지……. 고대 그리스는 이 정도로 하고 다음으로 넘어가볼까?」

「네. 그래요. 교수님.」

「그다음 시대는 로마제국 시기야. 로마제국에 대해서 들어본 적은 있지?」

「가장 큰 영토와 눈부시게 빛나던 황금기를 가진 나라. 어떤 역사책이

든 로마제국에 대해서는 꼭 설명하고 넘어가던데요.」

미미의 말에 헤겔도 동감하는지 여러 번 고개를 끄덕였다.

「그만큼 로마제국이 많은 영향을 끼친 게 분명하니까. 이전 시대보다는 더 성장했지만, 아쉬운 점이 몇 가지가 있어.」

「성장은 했는데, 아쉬운 점이 있다? 그건 무슨 말이에요?」

「고대 그리스 사회에서는 개인의 자유를 전부가 아닌 일부만 누리게 했지? 그런데 로마제국 시대에 와서 자유를 보장해주지. 물론 제한적일 때도 있었지만…….」

「자유를 보장해주기 위해 자유를 제한한다는 거예요?」

「음……. 그래. 로마제국 시기에는 법으로 국민의 자유를 보장해주었지. 단, 법을 만들 때 법에 소외되는 사람이 없어야지.」

「교수님 말은 법을 만들 때 단 한 명도 소외되지 않도록 해야 한다는 거네요.」

「그래. 잘 이해하고 있구나.」

헤겔은 미미가 잘 이해하고 있어 뿌듯한지 미소를 지었다.

「흠……. 그런데 처음부터 모든 시민이 자유를 누릴 수 있었던 건 아니야. 투쟁을 해서 얻어냈지.」

「투쟁이요?」

「어느 사회라도 지배계층이 피지배계층보다 적을 수밖에 없지. 그런데 로마제국 시대는 다른 시대와 달리 시민들이 자신들의 권리 향상을 요구했어.」

「투쟁을 해서 더 많은 자유를 얻었다는 거네요?」

헤겔은 다시 자리에서 일어나 책장을 뒤적이더니 종이 뭉치를 가지고 왔다.

「아, 여기 있네. 이 시기에 지배계층에도 많은 변화가 일어나게 되지.

로마제국 시기에는 평민들이 지배계층에 진입할 수 있게 되었지. 물론 제한적이었지만, 이건 엄청난 변화라고 생각해.」

「그렇게 신분 상승을 할 수 있는 기회가 있다는 것만으로도 어디에요?」

「음……. 그렇게 생각하면 로마시대가 더 나을 수도 있겠구나.」

「평생 일만 하다가 죽을 수는 없죠. 그런데 막상 그렇게 되기는 굉장히 힘들 거 같은데요?」

「지배계층으로 들어가는 사람도 얼마 없겠지. 그렇지만 중요한 건 로마시대에 뿌려진 자유의 씨앗은 쉽게 사라지지 않았다는 거야.」

헤겔이 눈을 감으며 고개를 푹 숙였다.

「뭐 안 좋은 일 있어요? 교수님?」

「아니야. 그러니까 어……. 로마 다음이 암흑기인데, 무슨 일이 있었냐 하면…….」

헤겔이 갑자기 말을 더듬거리기 시작했다.

「후……. 하. 그게 중세 암흑기가 시작돼. 로마 교황청이 면죄부를 팔기 시작한 거야.」

「아! 면죄부 알아요. 그거 때문에 종교개혁이 일어난 거라고 했어요.」

「이건 뭐 거의 맹목적인 믿음을 강요하는 수준이지. 이 시기는 파란만장하고 끔찍한 밤이라고 해.」

헤겔이 울컥했는지 목소리가 격양되었다.

「면죄부를 엄청나게 팔아 돈을 많이 벌었다고 들었어요. 교황의 탐욕 때문에 그런 일이 벌어졌다고요.」

「맞아. 교황의 탐욕 때문에 이 사단이 난 거야. 그리고 이때 마르틴 루터가 나타난 거지.」

「마르틴 루터 알아요. 독일에서 종교개혁을 이끌었던 사람이에요. 그리고 개신교를 만든 사람이라는 것도요.」

헤겔이 마르틴 루터라고 말하자 미미는 기억이 나는지 술술 말했다.

「그래. 아주 잘 알고 있구나. 루터가 95개조 반박문을 들고 나오면서 사람들은 교황의 말을 의심하기 시작했지.」

「그 면죄부가 말도 안 된다는 걸 사람들도 알기 시작했으니까요.」

「그게 다 루터가 성경을 독일어로 번역했기 때문이지. 그래서 모든 사람이 읽을 수 있게 되었지. 사람들은 교황청이 새빨간 거짓말을 한다는 걸 알게 된 거야.」

헤겔이 목이 많이 말랐는지 물을 연거푸 몇 잔 마셨다.

「루터는 꼭 교회에 나가야만 신을 만날 수 있는 게 아니라 일상생활 어디에서나 신을 만날 수 있다고 했어.」

「그럼, 기도하러 굳이 교회에 갈 필요가 없겠네요.」

「이제는 누군가가 통제하는 시대는 지나가고, 시민들이 자유로운 이성으로 도덕 기준을 만들기 시작했어.」

「음……. 사람들이 자유를 되찾는 데까지 엄청나게 오랜 시간이 걸린 거네요.」

「그렇지. 지금 내가 살고 있는 이 나라는 로마보다 폭넓은 자유를 보장해주었네. 어찌 보면 그때 법을 만든 덕분이지.」

헤겔이 책상에서 뭔가 주섬주섬 꺼내더니 미미에게 보여주었다.

「이런 그림 본 적 있나?」

「이거 그 그림인데. 아! 그 프랑스혁명 설명할 때 자주 나오는 그림인데. 그거 맞죠?」

미미가 그림을 보고 단번에 알아맞혔다.

「잘 아는구나. 왕의 폭정에 결국 시민들이 폭발해서 프랑스혁명이 일어났지. 그때 시민들의 자유와 사유재산을 인정해주었으면 혁명은 일어나지 않았을지도 몰라.」

「그건 그렇죠. 그런데 독일에서는 아무 일이 없었나 봐요?」

「그전에 시민들이 자유와 사유재산을 보장해달라고 요구했지. 왕도 그 요구를 받아들였지.」

「그래도 옆 동네는 왕이 탐욕을 부려 쫓겨난 거에 비하면 그래도 양반이네요.」

미미의 말이 웃긴지 헤겔이 웃기 시작했다.

「시민의 요구를 받아들인 왕은 대신 자신의 권위를 많이 잃었지.」

「그렇게 부모 잘 만나서 평생 편안하게 살면 감사하게 여겨야지. 그래도 왕이 어디예요?」

「음……. 여기까지가 나의 역사철학 강의였네.」

「진짜요? 오늘은 조금 일찍 끝난 거 같은데.」

헤겔이 강의가 끝났다고 말하자 미미는 아쉬워했다. 그런데 헤겔은 아직 설명할 것이 남았는지 자리에 그대로 앉아 있었다.

「내 역사철학은 일반 역사가들의 주장과 다르네. 역사철학은 전체적인 흐름과 연관성에 있네. 이걸 마지막에 알려주는 건 처음부터 설명하면 헷갈릴 것 같아 지금 이야기해주는 거야.」

「그건 또 무슨 말인가요?」

미미는 처음 듣는 내용이어서 그런지 이해가 되지 않았다.

「일반 역사가들은 어느 시대에 어느 왕이 있었다고 하지. 그런데 역사철학에서는 그런 세세한 사실보다 전체적인 연관성에 집중하네. 음……. 내가 고대부터 쭉 설명하면서 어떤 왕은 이랬고 어떤 왕은 저랬다고 한 번도 안 했지?」

「그건 그렇죠. 이렇게 역사 이야기를 듣는 것도 처음이네요.」

「아무래도 역사철학에 대해 연구하는 나라가 독일과 이탈리아밖에 없어서일 거야.」

헤겔이 친절하게 설명해주는데도 미미는 잘 이해가 안 되는지 고개를 갸우뚱거렸다.

「아, 이런 게 역사철학이구나. 음…….」

「아무래도 처음 듣는 거라서 어려울 수도 있지. 그래 내가 알려줄 수 있는 내용은 다 알려준 것 같구나. 오랜만에 아주 즐거운 대화였네.」

미미는 강의가 끝났다는 말에 가장 행복한 표정을 지었다.

「교수님, 좋은 시간이었어요.」

「그래. 잘 가거라.」

미미는 헤겔에게 인사하고 강의실을 나왔다.

「프리드리히 헤겔과의 대화가 끝났습니다. 다음 장으로 넘어가시겠습니까? 예, 아니오로 대답해주시기 바랍니다.」

「아니오.」

미미는 발만 동동 구르면서 안절부절못했는데, 기계음이 들리자 안도의 한숨을 쉬었다.

「흐름을 짚으면 공부가 잘되려나? 내가 억지로 외우려고만 해서 역사가 힘들었던 건가?」

미미는 혼자 주절거리면서도 몸은 연습실로 향하고 있었다.

프리드리히 헤겔의 철학 노트

여러분에게 역사철학은 좀 생소하죠? 역사철학은 기존의 역사를 연구하는 방법에 문제가 있다고 해서 나타난 학문입니다. 기존의 역사 연구는 몇 년에 이런 일이 있었고 저런 일이 있었다는 걸 중점적으로 연구했죠. 그러다 보니 역사를 조작하는 일도 일어나죠. 무슨 말이냐고요? 이웃나라 일본에서는 후지무라 신이치(藤村新一)라는 사람이 자기가 만든 유물을 땅에 묻고 그것을 구석기시대 유물이라고 사람들을 속입니다. 그게 거짓이라고 탄로 났을 때 일본 고고학계는 엄청난 충격을 받았습니다. 이것을 보면 우리도 역사를 연구하는 방법에 대해 고민해야 하지 않을까요?

CHAPTER

존 스튜어트 밀 여성 해방을 부르짖다

1806~1873

19

「너, 그 체험이라는 거 아직도 해?」

「아직도 해요. 왜 시키는지. 하……. 진짜 자유가 하나도 없다니까요!」

연습생 중에서 혼자만 체험해서 그런지 미미는 많이 억울한 것 같았다.

「그 이유를 알 것 같은데…….」

「언니 진짜. 언니까지 그럴 거예요?」

라움이는 미미를 놀리는 게 재미가 붙었는지 한마디 했다.

「그래, 그만할게. 카페에 오니까 좋다. 이렇게 웃으면서 여유 부릴 수도 있고.」

「이렇게 여유롭게 쉬는 건 얼마만이에요?」

「모르겠다……. 이렇게 힘들게 일하고도 아직 정산을 못 받았어. 너는 그 좋은 회사 나가지 말고 무슨 수를 써서라도 남아라.」

미미는 잔소리가 싫은지 조각 케이크를 크게 한 입 베어 먹었다.

「이게 다 너를 위해 하는 말이야. 너, 거기 있으면 첫 달부터 정산을 받을걸.」

「알았어요. 언니.」
「너, 연습 가야 할 시간 아니야?」
라움이의 말에 미미가 허겁지겁 시계를 보더니 안도의 한숨을 쉬었다.
「조금만 있다가 가면 돼요.」
「그래 좀 있다가 너 갈 때 나도 나가야지.」
「어디 가게요?」
「일단 영화관에 가려고. 설마 이 대낮에 사람이 많지는 않겠지?」
라움이가 말하는 사이 미미가 다시 시간을 확인하더니 슬슬 짐을 싸기 시작했다.
「이제 갈 시간이 된 거야?」
「네. 언니는 영화관 가게요?」
「그래. 나가자.」
이런저런 이야기를 하던 둘은 짐을 챙겨 카페 밖으로 나왔다.
「언니, 나중에 또 봐요.」
「그래, 또 보자. 오늘 즐거웠고.」
그렇게 서로에게 인사를 한 뒤, 미미는 회사로 향했다.
「저, 미미 왔어요.」
미미는 항상 그랬던 것처럼 활기차게 인사했다.
「미미 왔구나. 시간 딱 맞게 들어오네.」
마침 1층에 있던 남 실장이 미미를 반겼다.
「실장님, 무슨 말씀을. 저는 항상 10분 일찍 왔어요. 약속 시간 하나는 잘 지키는 거 아시면서.」
「그건 알지. 회사 오기 전에 카페에서 신세 한탄 하다가 온 것도 누구보다 잘 알지.」
「실장님, 그 정도면 아주 건전하게 놀다 오는 거죠.」

「그래. 알아. 뭐, 가끔씩 기분전환 할 때도 있어야지. 나는 적어도 너의 자유를 억압하려고 한 적이 없다.」

「알죠. 실장님. 저, 이제 체험하러 갈게요.」

「그래. 오늘 연습도 잘하고.」

「네. 분부대로 하겠습니다.」

미미는 항상 그래왔듯이 4층 체험실로 올라갔다. 그러고 나서 체험 준비를 마치고 기계를 가동시켰다.

「존 스튜어트 밀과의 대화를 시작하겠습니까? 예, 아니오로 대답해주시기 바랍니다.」

「예.」

미미의 말에 기계가 요란한 소리를 내면서 화면이 바뀌었다. 한눈에 봐도 잘 가꾼 정원이 보였고, 예쁜 꽃들이 눈에 들어왔다. 미미는 자신도 모르게 쭈그리고 앉아 꽃들을 뚫어져라 쳐다보았다.

「우와. 완전 예쁘다. 이 꽃 이름은 뭘까? 이렇게 예쁜 꽃은 처음 보는데. 이런 꽃을 하필 체험할 때 보고 있어야 한다니.」

미미는 꽃구경하느라 시간 가는 줄도 몰랐다.

「우현 오빠가 이런 예쁜 꽃 한 다발을 나에게 주면 얼마나 좋을까?」

미미가 혼자 생각하고 나서 웃기 시작했다.

「여기는 무슨 일로 왔는가?」

한 남자가 미미에게 점잖게 말했다. 그런데 미미는 남자의 말이 들리지 않는 것 같았다.

「흠……. 여기는 어쩐 일인가?」

「네? 저요?」

그제야 남자의 말이 들리는지 미미가 고개를 들어 바라보았다.

「음……. 여기 있는 꽃을 보고 있었구나. 꽃 좋지.」

「네, 꽃 보느라……. 이렇게 많은 꽃을 직접 키우는 거예요?」

「내가 좋아하는 게 곤충이고 곤충이 꽃을 좋아하니 겸사겸사 키우기 시작한 거지. 자네는 여기 꽃 때문에 온 건가?」

「맞다. 맞아. 내 정신 좀 봐. 저 그게 유명한 철학자가 있다고 해서 찾아왔는데…….」

미미는 드디어 정신이 번쩍 들었는지 조심스럽게 물었다.

「『여성의 종속』이라는 책을 보고 나를 찾아왔구나. 내가 설명해주겠네. 흠……. 잠시만 여기서 기다리게.」

남자가 말하고 어디로 가서 탁자와 의자를 가지고 왔다.

「자네가 꽃을 좋아하는 거 같으니 앉아서 이야기하지. 우리 아직 통성명도 안 했는데……. 나는 존 스튜어트 밀이라고 하네. 자네 이름은 어떻게 되나?」

「저는 박미미라고 해요. 그냥 미미라고 불러주세요.」

「미미라. 그럼 어디서부터 설명을 해줄까? 흠. 자네 선거라고 아는가?」

「당연히 알죠.」

미미가 기다렸다는 듯이 단번에 대답했다.

「선거는 내가 누구를 뽑을지 순전히 내 자유의지에 따라하는 거지. 그런데 사실 이렇게 선거를 한 지는 그리 오래되지 않았지.」

「영국도 혁명을 거치면서 사회구조가 조금씩 바뀌기 시작했다는 거. 혹시 그거 하고 관련이 있는 건가요?」

미미가 말하자 밀이 미소를 지으면서 바라보았다.

「자네 말이 맞아. 여기 영국에서는 산업혁명이 일어나면서 사람들의 삶이 송두리째 바뀌었지. 뭐, 명예혁명도 한몫했지만 말이야.」

「벤담 아저씨가 뭐라고 했는데. 또, 까먹었네.」

밀의 말에 미미는 벤담과 대화한 게 흐릿하게 떠오른 것 같았다.

「그분은 나의 스승님이자 친구지. 나도 영향을 많이 받았다네. 그분을 안다니 대화가 좀 쉬워지겠는걸.」

「아는 분이구나. 지금은 뭐하고 있을지 궁금해지네.」

「아무튼 산업혁명을 거치면서 사람들의 소득이 엄청나게 늘었지.」

「산업혁명이 엄청나게 생산량을 향상시켰다고 할 수 있겠네요.」

「그래 맞아. 증기기관의 발명으로 생산량이 엄청나게 늘어났지. 그뿐만 아니라 다른 많은 곳에도 변화를 가져왔지.」

「무슨 변화가 있었는데요?」

밀은 어디서 가져왔는지 물을 벌컥벌컥 들이마시기 시작했다.

「내가 좀 목이 말라서. 기존에 의회에 있던 사람들은 귀족이었네. 그들도 더는 시민들의 요구를 무시할 수가 없었던 거야.」

「그러니까 산업혁명으로 인해 소득이 늘기 시작하자, 사람들이 자신의 목소리를 내기 시작한 거죠? 그렇죠?」

「맞아, 맞네.」

미미가 부끄러운지 수줍게 미소를 지었다.

「자네 혹시 왕위 계승이 어떻게 되는지 아나?」

「그건 뭐 자기 자식 있으면 그 자식이 우선적으로 계승되고 자식이 여러 명일 때는 첫째가 계승하는 거 아닌가요?」

「맞아. 왕위 계승은 그렇게 되지. 그런데 시민들은 왕이 자기 욕심을 채우기 위해 그들의 의사와는 전혀 상관없이 침략 전쟁을 일으킨다고 생각하네.」

「음……. 그것도 맞는 말인 것 같네요. 그런데 왕은 왜 그렇게 욕심이 많을까요? 가만히 있어도 다 자기 것인데 왜 자꾸 전쟁을 일으키죠?」

「자네도 그렇게 생각하나? 그래서 시민들은 왕의 권력을 제한해야 한다고 생각했지.」

「권력을 제한해요?」

미미는 밀이 자세하게 설명해주는데도 이해가 되지 않는 것 같았다.

「왕이 마음대로 할 수 없게 일정한 선을 그어버리는 거야. 여기 사람들은 그걸 자유라고 하던데.」

「자유를 제한하는데, 그게 어떻게 자유가 되지?」

「잘 이해가 안 되는 것 같구나. 사람들은 법으로 왕의 권력을 제한해 행동에 제약을 만들어놓는다는 거지.」

「헉……. 우리나라 정치인이 좀 본받았으면 좋겠다. 이런 것 좀 보고 배우지.」

「이것도 한순간에 이루어진 게 아니야. 음……. 그건 그렇고 왕의 행동을 법으로 제한한다고 말했지?」

「네. 그랬죠.」

「시간이 지나면서 사람들은 권력을 제한하는 게 꼭 능사는 아니라고 생각했네. 일정 기간 권력을 줘서 일을 하게 하는 그런 제도를 만들게 된 거지.」

「그게 국회의원이죠? 그런데 솔직히 국회의원이 꼭 필요한가 싶어요. 뭐, 일은 코딱지만큼 하는 것 같은데 맨날 어디 놀러가고 또 어디 놀러나가는 것 같던데.」

미미의 말을 들은 밀은 뭔가를 곰곰이 생각하는지 팔짱을 끼고 아무 말도 하지 않았다.

「음……. 자네 말이 맞아. 시민들이 보기에는 그렇게 보일 수 있지. 그런데 보통 사람들을 위해서는 일꾼이 필요해. 하지만 그 일꾼들이 제대로 일을 하지 못한다면, 다음 선거에서 그 사람을 뽑지 말아야지.」

밀이 점잖게 말했다.

「능력이 없는 사람들은 다음 선거에서 뽑지 말아야 하는 거네요.」

「그렇기 때문에 선거에서 뽑히기 위해서 부단히 노력해야지. 나를 포함한 모든 하원의원도 마찬가지고.」

「네? 하원의원이요?」

밀의 말을 듣고 미미가 깜짝 놀랐다.

「나도 하원의원이네. 몇 년 주기로 선거를 통해 사람들에게 선택을 받아야지.」

「우리나라 정치인들도 좀 열심히 일하면 좋을 텐데.」

미미가 혼자 속삭였다.

「국회의원이라고 해서 무소불위의 권력을 갖는 건 아니야. 의원이 가질 수 있는 권력을 법으로 제한해놓았지. 그 법의 테두리 안에서만 권력을 행사할 수 있네.」

「그러니까 의원이라고 해서 아무렇게 막 나가면 안 된다는 거네요.」

「그렇지. 그건 그렇고 의원이 있으면 정부도 있겠지? 그럼, 정부가 개인의 자유를 제한하는 건 옳을까?」

「꼭 필요할 때가 아니면 제한하지 않는 거 아니에요? 자유롭게 사는 게 더 좋은 걸로 알고 있는데?」

「음……. 여기 사람들은 미성년자들은 자유를 제한해야 한다고 생각해.」

「아니 미성년자가 나이가 어린 게 무슨 죄도 아니고 그런 게 어디 있어요.」

미미가 화를 내기 시작했다.

「아……. 여기 사람들은 완전히 성숙한 사람들만이 자유를 누릴 수 있다고 생각해.」

「에이, 나이 들어도 나잇값 못하는 사람이 얼마나 많은데.」

「사람이 성숙해지려면 일정 기간은 학교를 다녀야지. 그 후에 자유를 누려도 전혀 늦지 않아.」

「그래도.」

「물론 성인도 자유를 제한할 때가 있어. 음…… 예를 들어보자. 자네가 혼자 집에서 요리를 해서 먹고 있는데, 그걸 뭐라고 할 수 있을까?」

「그것까지 뭐라고 하면 그건 진짜 너무한 거 아닌가요?」

미미는 목소리가 격앙되어 있었다.

「그것을 뭐라고 할 수는 없지. 타인의 자유를 침범하지 않았으니까. 그런데 다른 사람에게 피해를 주는 행동을 한다면 그때는 어떻게 해야 좋을까?」

「당연히 그 사람이 잘못한 거죠. 그때는 뭐 자유를 제한해야죠.」

「그래, 맞아. 타인의 자유를 침해했으니 문제가 되지.」

미미가 수줍게 미소를 지었다.

「흠……. 그런데 자네는 자유의 종류에 대해 생각해본 적 있나?」

「자유의 종류라……. 출판의 자유. 뭐, 종교의 자유 그런 거 말하는 건가요?」

「맞네. 어느 정도 알고 있는 것 같구나. 흠……. 이번에는 조금 깊게 들어가보자. 자네, 식당에 갔는데 먹고 싶은 게 너무 많아 고민일 때가 있지?」

「당연하죠. 다 먹고 싶은데 돈은 없고. 또 살찐다고 뭐라고 할까 봐 마음대로 먹지도 못하는데.」

「그런데 누군가가 나타나서 딱 한 가지 음식으로 통일하라고 하면 기분이 어떨 거 같나?」

「그 사람이 사는 거면 그렇게 기분이 나쁘지는 않을 것 같은데요. 뭐, 사주지도 않을 거면서 그러면 완전 꼴불견인데.」

밀의 표정이 굳어졌다.

「아……. 나는 어떠한 경우에도 사람의 기호를 존중할 필요가 있다고 생각하네. 그러니까 내 말은 내가 먹고 싶은 음식을 자유롭게 먹을 수 있어야 한다는 거지.」

「그런 자유가 있는 줄은 여태 몰랐네.」

미미가 혼자 속삭였다.

「내가 방금 전에 하원의원이라고 했지? 나를 지지하는 사람들의 모임은 어떻게 생각하나? 그것도 자유라고 생각하나?」

「뭐, 지지자들 모임 말하는 거죠? 그런 모임은 문제없는 거로 알고 있는데요. 지지자들 모임이 문제될 게 있어요?」

「문제는 없네. 이것도 집회의 자유로 볼 수 있거든. 이렇게 지지자 모임뿐만 아니라 운동을 좋아하는 사람끼리 모여서 만든 동호회나 나처럼 곤충을 좋아하는 사람들끼리 모여서 만든 동호회도 집회의 자유로 인정을 받을 수 있네.」

「뭐, 운동 좋아하는 사람끼리 만나서 노는 것만큼 건전한 건 없는 거 같은데요. 그것까지 문제 삼으면 진짜 법이 문제죠.」

밀은 미미의 말이 그렇게 재미있는지 갑자기 웃기 시작했다.

「그런가? 진정 자유로운 사회라면 이것들이 지켜져야 하지 않을까?」

「음……. 그건 그러네요. 뭐, 남에게 피해를 주는 행동도 아니고.」

「자네는 장래 희망이 뭔가?」

「네? 갑자기…….」

「내가 실례를 했네. 사실 진정한 자유라면 자신의 삶도 자기가 설계할 수 있어야 하지 않겠는가?」

밀은 어색한 상황을 넘기려고 일부러 호탕하게 웃으면서 말했다.

「그건 그렇죠. 그런데 현실은 전혀 그렇지 않아 문제가 되는 거죠.」

「음……. 나는 누가 강요해서 하는 것보다 자기가 선택한 길을 가는 게 맞다고 생각해.」

「왜요?」

「자기 자신이 선택했으니 아무래도 끝까지 책임을 지려고 하지. 설사 결과가 만족스럽지 못해도 억지로 한 것보다는 남는 게 더 많을 거야.」

「하……. 진짜 현실도 그러면 좋은데. 집에서는 딴따라 한다고 소리 지르기만 하고 오빠하고 비교나 하고. 끔찍하다 끔찍해.」

밀의 말을 가만히 듣고 있었던 미미가 깊은 한숨을 내쉬었다.

「고민이 많은가 보네.」

「에휴……. 뭐 사는 게 다 그렇죠.」

「개개인의 자유를 존중해줘야 하는데, 사람들이 하도 강요하니까 못 이기고 어쩔 수 없이 따르게 되지.」

「뭐, 그런데 그건 어디를 가도 다 있는 거 같기는 해요. 자기 생각이 무조건 옳으니 너는 내 말을 따르라고 하는 사람을 만날 때마다 얼마나 힘든지.」

「사실 내가 봐도 다수의 힘을 이용해 강요한다는 느낌이 많이 들어.」

「네, 진짜요?」

밀의 말에 미미는 믿기지가 않는지 어안이 벙벙해졌다.

「의원들 사이에서 그런 문제가 있는 것 같기는 해. 워낙 다수의 힘이 강하니까 그저 따를 수밖에 없는 거지.」

「여기도 그렇구나.」

「내가 입이 닳도록 여성들에게도 선거권을 줘야 한다고 주장하거든. 그런데 사람들은 정말 내 말을 듣기나 하는 건지…….」

무슨 속상한 일이 있었는지 밀이 땅이 꺼질 듯 깊은 한숨을 쉬었다.

「여자한테 선거권이 없어요?」

「그게 사실이야. 사람들은 여자보다 남자가 지적으로 우월하다고 생각하지.」
「아니, 그게 말이 돼요? 얼마나 잘났다고.」
「나는 그 말에 동의하지 못해. 엘리자베스 1세처럼 능력 있는 여성도 있는데, 그렇게 단정 짓는 건 말이 안 돼.」
「누구는 여자로 태어나고 싶어서 태어났나?」
「맞아. 여자로 태어나고 싶어서 태어난 게 아니지. 남자와 동등한 기회를 준다면 여자도 충분히 남자와 대등해질 수 있다고.」
밀의 말에 미미가 흥분해서 거친 숨소리를 냈다.
「그러면 여자라는 이유로 제대로 교육도 못 받고 있는 거네요.」
「그건 그렇지. 여자와 남자가 모두 사회에 진출하면 자연스럽게 더 경쟁도 치열해지기 때문에 인류의 발전이 빨라질 수가 있지.」
「그렇죠. 그게 왜 안 돼요?」
「그게 말이지. 하원에서 이런 주장을 하는 사람은 나밖에 없어. 나 혼자 이런 주장을 하니 법이 만들어질 수가 있겠나? 일단 법으로 어느 정도 보장해줘야 하는데…….」
밀은 이렇게 말했지만, 표정이 점점 어두워졌다.
「법으로 무엇을 보장하려는 거예요?」
「선거권이나 의무교육이 우선이지. 여기는 선거도 남자만 할 수 있고 교육도 오로지 남자만 받을 수 있거든.」
「그건 너무 심했다. 이왕 할 거라면 남자 여자 다 같이 해야지. 치사하게 어떻게 남자만 해줘요?」
「그러게 말이다. 그런 게 법률로 제정되어야 여자들이 더 자유롭게 능력을 보일 수 있을 텐데.」
밀은 답답한지 한숨만 연거푸 쉬면서 설명했다.

「참, 여기도 문제가 많네요.」

「그런 모습을 볼 때마다 편견에 사로잡혀 있는 것 같아 안타까워. 이럴 땐 자유 토론이 필요한데.」

「자유 토론이요?」

「그래, 자유 토론. 자유롭게 토론하다 보면 서로의 주장에 대해 이해할 수 있거든. 물론 처음에는 많이 힘들겠지. 하지만 토론을 거듭할수록 편견이 사라지게 되겠지.」

「아……. 그렇구나.」

「이제 알겠나? 내가 왜 이렇게 자유를 중요시하는지. 일선 학교에서도 이렇게 하면 좋겠지만, 영국에서는 거의 다 주입식으로 공부를 시키거든.」

밀은 씁쓸한지 표정이 점점 어두워졌다.

「다 똑같네 뭐. 사실 제가 사는 세상에서도 그러거든요. 수업 시간에 질문 안 하면 안 한다고 뭐라고 하고 막상 질문하면 이상한 소리한다고 구박하고.」

「그런가? 나는 이 세상의 사람 수만큼 의견이 존재한다고 생각해. 뭐, 어렸을 때부터 주입식으로 공부시키니 자유롭게 말할 수 있는 분위기가 아니지.」

「맞아요. 학교의 주인은 학생이라면서 막상 이래라 저래라 시키는 거 있죠. 사실상 노예나 다름없죠.」

미미가 불만이 많이 쌓여 있었는지 이렇게 말했다.

「그래. 그게 주입식 교육의 폐해야. 어릴 때부터 자유롭게 생각하는 습관을 들여야 하는데, 그게 안 되고 있지. 자유롭게 의사표현을 할 수 있어야 하는데.」

「맞아요. 솔직히 하루 종일 수업하고 공부하다가 모르면 물어볼 수도 있는 거지.」

「그래, 질문 중요하지. 그런데 학교에서 배우는 내용들이 전부 다 완벽한 진리일까?」

「뭐, 잘난 사람들이 머리 싸매고 만든 것이니 완벽하겠죠.」

「아니 아니야. 그런 생각은 굉장히 위험해. 학교에서 배우는 거라도 한 번쯤 의심해봐야 하네.」

미미의 말에 무슨 문제가 있는지 밀이 갑자기 격양된 목소리로 말했다.

「무슨 말이에요? 학교에서 배우는 건데 틀린 게 있어요?」

「누군가가 허무맹랑한 주장을 하지? 그런 사람들의 말을 들으면 의심하게 해.」

「왜요? 뭐, 저 사람 어떻게 생각하길래 저렇게 이상한 말을 하나 그런 생각이요?」

「아니야. 가끔씩 그런 말 속에 진리가 있을 수 있어. 소수의견이라 하더라도 진리일 수 있으니 끝까지 귀담아들으라는 거지.」

「흠……. 그런 적이 있었나?」

「그것뿐만 아니라 이미 진리라고 증명된 것들도 다시 한번 의심해봐야 해.」

밀의 말에 미미는 이해가 안 되는지 혼자 곰곰이 생각해보았다.

「음……. 뭐지?」

「우리는 여태까지 너무 당연하게 받아들이거나 학교에서 설명하는 대로 곧이곧대로 받아들였어. 이럴 때 우리의 머릿속에 편견이 자리 잡게 되지. 그렇게 되면 이미 증명된 진리라 하더라도 쓸모가 없게 되지.」

「아……. 그러니까 너무 당연하게 받아들여서 쓸모가 없어진다는 거죠?」

「그래 맞아.」

미미가 자신의 말을 이해하는 것 같아 밀은 온화한 미소를 지었다.

「자네. 나 급한 일이 있어 먼저 가봐야 할 것 같네. 꽃구경 더 하고 싶으면 좀 더 있다가 가도 되네.」

「아……. 집주인이 자리를 비우는데 제가 어떻게 계속 있어요? 저도 이제 가봐야 할 것 같아요.」

미미는 꽃밭에서 눈을 떼지 못했다.

「그래, 그럼 나중에 언제 시간될 때 꽃구경하러 오게.」

밀이 말하고 허겁지겁 어디로 달려갔다. 그러자 기계음이 들리기 시작했다.

「존 스튜어트 밀과의 대화가 끝났습니다. 다음 장으로 넘어가시겠습니까? 예, 아니오로 대답해주시기 바랍니다.」

「아니오.」

미미는 마음껏 꽃구경을 못해서 그런지 아쉬워했다. 그렇게 체험이 끝나고 연습실로 향했다.

「자유를 쉽게 얻은 게 아니구나. 먼저 고생한 사람들이 있어 지금 우리가 이렇게 자유를 누릴 수 있었네. 그나저나 꽃구경 못한 건 아쉽다.」

미미는 아쉬워했지만, 그래도 연습실로 들어갔다.

존 스튜어트 밀의 철학 노트

여러분, 혹시 선거 해보신 적 있으신가요? 존 스튜어트 밀은 『여성의 종속』에서 여자에게도 참정권, 즉 선거를 할 수 있는 권리를 주자고 합니다. 민주주의가 처음 출발한 곳이 영국인데, 영국에서조차 여성들에게 투표권을 주지 않았다는 사실이 이해가 안 되죠? 영국에서 여성들에게 참정권이 생긴 건 1918년입니다. 만 30세 이상의 여성만 선거에 참여할 수 있게 제한적으로 참정권을 줍니다. 서구에서는 참정권을 얻기 위해 수많은 사람이 피를 흘리며 투쟁했습니다. 후대를 위해 피를 흘리며 투쟁한 분들을 위해서라도 우리는 꼭 투표해야 하지 않을까요?

CHAPTER

카를 마르크스
1818~1883

노동자는 왜
항상 고통을 받는가?

20

「안녕하세요. 저, 미미 왔어요.」

미미는 회사에 들어오면서 힘없이 인사했다. 그러자 남 실장이 다가왔다.

「오늘은 왜 이렇게 기운이 없어? 어디 아프니?」

남 실장이 걱정이 되는지 물어보았다.

「아니, 사회계약론 숙제한 지 얼마나 되었다고 또 조별 과제를 받았어요. 마르크스에 대한 건데 저희 조가 인물을 조사하고 제가 자료조사를 맡았거든요. 다른 것도 할 게 얼마나 많은데, 이걸 언제 해요.」

「음……. 그거라면 내가 해결해줄 수 있을 거 같은데?」

「진짜요, 실장님! 어떻게요?」

미미가 남 실장의 말에 눈빛이 초롱초롱해져서 말했다.

「그게 말이지. 저번에 체험 기계 무료로 업데이트한 거 알지? 이제는 우리가 상황도 통제할 수 있어. 어떤 걸 알고 싶은지 설정도 할 수 있고. 내가 관리자 권한으로 인물을 설정해놓으면, 숙제도 하고 체험도 하고 말이야. 이걸 일석이조라 하던가?」

「아, 실장님…….」

남 실장의 말에 미미의 어깨가 처졌다. 미미의 심정을 아는지 모르는지 남 실장은 스마트폰을 꺼내 이리저리 눌렀다.

「마르크스로 바꾸어놓았어. 미미야, 체험 잘하고 연습하러 가!」

남 실장은 미미에게 신신당부를 하고서 홀연히 사라졌다.

「진짜, 하기 싫다. 그래도 어떻게 해.」

미미는 축 처진 몸을 이끌고 간신히 체험실로 올라갔다.

「이리 치이고 저리 치이는 내 인생. 다람쥐 쳇바퀴 도는 일상도 이제 끝났으면 좋겠다.」

미미는 어느새 체험실에 들어왔다.

「카를 마르크스와의 대화를 시작하겠습니까? 예, 아니오로 대답해주시기 바랍니다.」

익숙한 기계음이 들렸다.

「예.」

미미가 말하자 화면이 바뀌고 한적한 교외가 보였다.

「음……. 사람 하나 보이지 않네. 이런 시골에 집 한 채만 있고.」

고개를 돌려 주위를 살펴본 미미가 그 집을 향해 걸어갔다.

「설마, 사람이 없는 건 아니겠지. 거기 누구 없어요?」

미미가 혹시나 하는 마음에 문을 두드리자 우당탕 소리가 나더니 이윽고 문이 열렸다.

「여기는 어쩐 일로 왔나요? 혹시 선생님과 약속을 하셨나요?」

한 여자가 미미에게 다짜고짜 물어보았다. 미미가 약속하지 않았다고 하자, 여자는 뒤도 안 돌아보고 문을 닫아버렸다.

「아니, 저기, 약속은 안 했는데요. 여기 마르크스가 사는 거 맞죠? 그 사람 좀 만나고 가면 안 될까요?」

「안 됩니다. 선생님은 약속을 하지 않으면 아무도 안 만납니다.」

「아니, 저기, 그렇게 가면 어떡해요. 제 말 좀 끝까지 들어봐요. 아니, 뭐 이렇게 가버리는 게 어디 있어?」

미미가 골이 났는지 발로 문을 탕탕 찼다.

「안에 사람 있나? 설마 사람 하나 없을까?」

미미가 가만히 있어서는 안 되겠다고 생각했는지 창문으로 가 슬그머니 집 안을 들여다보았다. 그런데 구석에 책이 수북하게 쌓여 있고, 그곳에 수염이 덥수룩한 남자가 보였다.

「사람이 있네. 그리 바빠 보이지도 않고 한가롭게 책을 읽고 있는데? 그래도 사람이 있으니 다시 한번 문을 두드려봐야지.」

미미가 크게 심호흡을 하고 있는 힘껏 문을 두드렸다.

「거기 사람 있는 거 다 알고 있거든요! 그러니까 빨리 문 좀 여세요! 빨리 문 좀 열어봐요.」

미미는 문이 열리지 않자 목소리가 점점 커졌다. 그런데 갑자기 아무리 두드려도 열리지 않던 문이 열렸다.

「우리 선생님은 이 시간에 아무도 안 만납니다. 정 만나고 싶으시면 약속을 하고 오세요.」

여자는 목에 핏대를 세워 쏘아붙이고 나서 문을 닫아버렸다.

「진짜, 어이가 없네. 아, 열 받아. 이대로 있을 내가 아니지. 누가 이기나 해보자고.」

미미도 독기를 품었는지 소리를 크게 지르려고 하는 순간 등 뒤에서 누군가의 발걸음 소리가 들렸다.

「혹시 마르크스를 만나러 왔나?」

「아저씨는 누구세요?」

「나 말인가? 나는 프리드리히 엥겔스라고 하네. 마르크스와는 둘도 없는 친구라네. 뭐, 편하게 엥겔스라고 부르게. 거기 누구 없는가?」

「갑자기 선생님이 어쩐 일이십니까? 평소엔 편지로 방문 사실을 알려주지 않으셨습니까?」

엥겔스가 문을 몇 번 두드리자 여자가 문을 열고 엥겔스를 맞이했다.

「별일 아니네. 흠, 그건 그렇고. 이 아이도 마르크스를 만나러 왔다는군. 함께 들어가도 되겠나?」

「그러시죠. 차는 무엇으로 준비할까요? 평소처럼 준비하면 될까요?」

「차는 필요 없네. 잠깐 볼일만 보고 갈 테니. 마르크스는 어디에 있는가?」

「서재에 계십니다. 저는 그럼 이만 가보겠습니다.」

미미는 엥겔스가 안내해주는 곳으로 따라갔다. 마르크스는 아랑곳하지 않고 책만 읽고 있었던 듯했다.

「마르크스, 나 엥겔스네. 자네와 할 이야기가 있어 급히 왔네.」

「엥겔스, 여기 무슨 일인가? 이렇게 갑자기 오다니. 무슨 급한 일이라도…….」

엥겔스가 마르크스를 부르자 인기척을 느꼈는지 마르크스가 엥겔스를 맞이했다. 그런데 둘 사이에 무슨 일이 있었는지 분위기가 영 심상치 않았다.

「내가 저번에 편지를 보내지 않았나? 답이 없어서 이렇게 직접 왔네. 그리고 여기 이 아이가 자네 집 앞에서 서성이던데, 내가 데리고 왔네.」

「흠……. 편지라……. 내가 깜빡하고 있었네. 정말 미안해. 엥겔스, 나도 나이가 들었나 봐. 깜빡하고 있었네.」

「잊지 말고 빠른 시일 내에 답을 주게, 친구. 이 아이가 자네와 할 이야기가 있는 것 같은데……. 자네만 믿고 나는 가보겠네.」

「그럼, 친구 나만 믿게나.」

마르크스는 엥겔스를 문 앞까지 배웅해주었다. 그러고 나서 한숨을 내뱉었다.

「저기, 아까부터 어떤 여자가 불쑥 찾아와서 선생님을 만나려고 하는데, 저렇게 안 가고…….」

「내가 음악 감상하는 시간에는 엥겔스 빼고 아무도 들이지 말라고 했지 않나. 이런 제기랄.」

여자는 마르크스에게 굽신거리며 말하는데, 마르크스는 집이 떠나갈 정도로 소리를 질렀다.

「그래 너는 여긴 어쩐 일로 왔나? 내 책을 감명 깊게 읽어 나를 직접 만나러 왔나?」

「뭐, 그런 셈이죠. 아저씨 책 사람들이 정말 많이 읽는 거 같은데. 지금은 없어졌지만, 국가도 하나 생겼죠.」

「영국에서 가장 빨리 혁명이 일어났겠지?」

「아저씨, 지금 김칫국 장독채로 마시고 있어요. 오히려 혁명은 러시아에서 일어났어요.」

마르크스가 미미의 말을 듣자 당황한 듯 얼굴이 붉게 타올랐다.

「뭐라고? 그 촌구석에서 혁명이 일어났다고? 러시아 사람들 중에 몇몇이 나에게 자문한 적은 있지만, 혁명이 일어날 줄은 생각도 못했네.」

「그럼, 아저씨는 혁명이 어디서 일어날 줄 알았는데요? 설마 영국을 생각하신 거예요?」

미미가 신경을 살짝 긁자 마르크스가 금방이라도 화를 낼 것 같았다.

「지금, 장난하는가? 도무지 이해가 안 되네. 나한테 시비 거는 거냐?」

「무슨 말 같지도 않은 말을 하는 거예요. 러시아에서 혁명이 일어난 건 초등학생도 아는 사실이라고요.」

마르크스는 잔뜩 열이 받아서 소리를 질렀다. 미미도 이에 질세라 한 걸음도 물러서지 않았다.

「아저씨는 대단히 뭔가 착각하고 있네요.」

「나 약 올리는 거냐? 어쩌고 어째? 여봐라. 빨리 안 오고 뭐하느냐?」

마르크스가 쩌렁쩌렁하게 소리를 질렀다.

「아이고, 죄송합니다. 제가 못 들었습니다. 무슨 일 있습니까?」

여자가 후다닥 뛰어나와 고개를 푹 숙인 채 말했다.

「아저씨, 왜 그래요. 아무리 그래도 그렇지, 차근차근 설명해주시면 될 걸 이렇게 소리를 지르나요?」

마르크스가 눈을 질끈 감고 덥수룩한 수염을 만지면서 생각에 잠겼다. 그러고 나서 하녀에게 가보라고 말했다.

「그럼, 내 서재로 따라 들어오게. 조용히 따라와.」

마르크스가 서재로 들어갔다.

「노동자라는 말이 왜 생겨났는지 아나?」

「증기기관이 생기고, 기계가 생기고, 노동자라는 말이 생긴 거…….」

「산업혁명을 말하는 것 같은데, 러시아는 아직도 농경사회야. 내가 말하는 혁명은 고도로 발전되어 있는 사회에서 깨어 있는 다수가 일으키는 혁명이야. 농사나 짓는 곳에서 좀 배웠다 하는 사람들이 있으면 얼마나 있겠나? 좀 뭘 알고 말하게.」

미미는 잘 이해가 안 되는지 마르크스의 얼굴만 멍하니 쳐다보았다.

「내가 지금 약 파는 걸로 보이나? 도대체 이 마르크스가 왜? 아까부터 내 말을 못 믿는 거냐?」

「저는 학교에서 레닌이라는 사람이 아저씨 책 보고 감명을 받아서 혁명을 일으켰다고 배웠어요. 흠, 뭐가 뭔지 모르겠네요. 아저씨는 어쩌다가 그런 생각을 한 거예요?」

「오래전부터 이 더러운 세상을 어떻게 하면 바꿀 수 있을지 생각해왔지.」

「아저씨, 멋있는데요. 그런데 아저씨를 싫어하거나 굉장히 위험하다고 여기는 사람도 많던데요.」

「나를 싫어하는 사람을 만나본 게 한두 번이 아니라서 말이야. 그건 그렇고, 내 과거에 대해 알고 싶은가?」

「어느 정도 들은 게 있는데, 왜 그런 파란만장한 인생을 산 거예요?」

마르크스는 미미에게 무언가를 보여주려고 책장 이곳저곳을 뒤적였다.

「내가 17세 그러니까 딱 자네만 할 때 쓴 글이지. '우리가 지위를 선택할 때 주요한 기준으로 삼아야 할 것은 인류의 행복과 우리 자신의 완성이다.'」

마르크스가 헛기침을 하고 나서 글을 읽었다. 그런데 미미는 마르크스의 말을 이해하지 못하는 것 같았다.

「이게 무슨 어려운 내용이라고 이해를 못하나?」

「아니, 좀 쉽게 설명해줘요.」

「이걸 어떻게 더 쉽게 설명하라고. 이 정도면 웬만한 어린애도 이해할걸?」

마르크스는 미미가 이해를 하지 못하자 못마땅한지 꾸짖었다.

「그래, 알았다. 그러니까 우리가 직업 선택의 기준을 어떻게 정할 거냐 이 말이지. 나는 기준을 두 가지로 생각했지. 인류의 행복과 자기 자신의 완성.」

「자기 자신의 완성은 알겠는데, 인류의 행복은 도대체 뭐예요? 일반인들은 하루 벌어 하루 먹고사는데, 그건 사치 같은데요.」

「인류의 행복이라고 한 것은 이기적인 행동을 하지 말라는 거야.」

「아니 모를 수도 있지. 뭐, 공부 못하는 게 죄는 아니죠.」

마르크스의 말에 미미가 서운했는지 억울해했다.

「흠……. 나는 이 글을 쓴 뒤에 베를린대학에서 박사학위를 받으려고 했지.」

마르크스가 미미의 눈치를 살피며 말을 이어갔다.

「그 대학에서 무슨 일 있었어요?」

미미는 마르크스에게 무슨 일이 있었다는 걸 지레짐작으로 알고 물어보았다.

「나는 거기에서 대학생활을 마치고 교원으로 일하고 싶었어.」

「박사학위 따는 게 보통 일은 아니죠.」

「그때 내가 청년헤겔학파에 들어가서 활동한 걸 문제 삼았어.」

마르크스가 안쓰러운지 미미의 표정도 좋지 않았다.

「청년헤겔학파에서 활동한 게 문제가 되는 거예요? 그 헤겔이라는 사람은 교과서에도 나오던데요?」

마르크스는 옛날 생각이 났는지 창밖을 보며 크게 한숨을 쉬었다.

「그 당시 프로이센 정부는 헤겔 좌파 운동을 하던 사람들을 눈엣가시처럼 생각했거든. 그래서 베를린대학에서는 박사학위 심사가 제대로 안 될 거 같아 어쩔 수 없이 예나대학에 논문을 제출했지.」

「거기에서는 뭐라고 하던가요?」

「박사학위 심사에는 아무런 지장이 없었지. 데모크리토스와 에피쿠로스의 자연 철학의 차이라는 논문으로 심사받았지. 결국에는 예나대학에서 박사학위를 받는 데 성공했다네.」

「아저씨도 세상 살면서 이런저런 고생을 엄청 했네요. 이제부터는 고생 끝 행복 시작인 건가요?」

「거기서 내 인생의 동반자를 만났지. 귀족 집안 출신인 예니 폰 베스

트팔렌과 결혼했네.」

「듣던 중 반가운 소식이네요. 그런데 왜 표정이 좋지 않아요?」

마르크스의 표정이 점점 어두워졌다.

「무슨 일이 있었나요? 그렇게 고생하다가 결혼했는데.」

「내가 그녀를 너무 고생시킨 것 같네. 그녀는 원래 잘나가는 귀족 집안 출신이었네. 나를 만나고 나서 정착하지 못하고 이리저리 떠돌이 생활을 계속했지.」

「아저씨, 떠나고 후회하는 것보다 지금 당장이라도 잘해주면 굉장히 좋아할걸요?」

「그녀는 이미 세상을 떠났네. 그녀를 위해 해준 게 아무것도 없는 거 같아 정말 후회되네. 혁명을 외치느라 떠돌이 생활을 하면서 살아왔는데……. 그녀 생각만 하면 참 가슴이 아프네.」

마르크스는 옛 생각에 잠겼는지 슬픈 표정을 지었다.

「내가 어디까지 이야기를 했나? 어디 보자. 그다음에 『라인신문』에서 편집장으로 일했지.」

마르크스는 슬쩍 눈물을 닦으면서 말했다.

「편집장이요? 아저씨, 신문사에서 굉장히 높은 자리에 있었던 거네요?」

「그렇지. 그런데 여기저기서 나를 못마땅하게 여기는 사람이 얼마나 많은지. 내가 글을 써서 신문에 보도하기만 하면 기다렸다는 듯이 나를 쏘아붙이더군.」

「무슨 일이 있었어요?」

「머저리 같은 프로이센 검열관들 때문에 내 글이 전부 다 검열을 당했거든.」

마르크스가 화를 내며 말했다.

「깜짝이야. 아저씨, 왜 갑자기 화를 내요? 간 떨어질 뻔했잖아요.」

「아니, 그 프로이센 정부에서 일하는 머저리들은 내 글을 이해했는지 의문이 들기도 해.」

마르크스는 씩씩거리면서 눈앞에 보이는 것들을 죄다 집어던졌다.

「생각하면 할수록 억울하네.」

아직도 마르크스는 그때가 생각이 나는지 씩씩거리면서 말했다.

「한 번은 프로이센 정부에서 농노들이 나뭇가지 줍는 것을 금지해서 비판적인 기사를 썼는데, 이 머저리들이 주제 파악도 못하고 나에게 그런 잔혹한 처사를 내리더라고.」

「프로이센 정부에서 무엇을 했길래…….」

눈이 뒤집혀서 아무것도 안 보이는 마르크스에게 미미가 조심스럽게 말했다.

「러시아 황제 니콜라이 1세에 대해 비판을 했지. 그런데 그놈들이 내가 쓴 글을 프로이센 정부에 고자질을 했네. 그리고 내가 근무하던 신문사를 경고도 없이 폐간시켜버렸네.」

마르크스는 분노가 극에 달했는지 온갖 핏대를 세우며 고래고래 소리를 질렀다. 미미는 쥐 죽은 듯이 가만히 앉아서 마르크스를 쳐다보기만 했다.

「그래서 나는 가족을 이끌고 파리로 건너가기로 했네. 거기라면 자유가 있을 거라고 생각했지.」

조금 전까지만 해도 노발대발하던 마르크스가 이제는 힘에 부쳤는지 점잖은 목소리로 말했다.

「흠……. 아저씨 이야기를 들어보니까 다른 나라로 갈 만하네요. 그래서 파리에서는 무슨 일이 있었어요?」

「파리에 있었을 때 제일 기억에 남는 건 바로 내 친구이자 혁명 동지인 엥겔스를 만난 거지. 그때 엥겔스와 깊은 토론을 못했다면 아마도 지금의 나는 없었을 거야.」

마르크스는 그때 그 시절이 떠올랐는지 흐뭇한 미소를 지었다.

「아저씨, 말 하다가 갑자기 졸아요. 아저씨 일어나 봐요.」

「나 안 죽었거든.」

「이렇게 말을 많이 한 것도 오랜만이네. 목 좀 축여야지. 여봐라, 거기 누구 없나?」

마르크스가 벨을 사정없이 누르자 미미는 귀를 막고 얼굴을 찡그렸다.

「선생님, 죄송합니다. 제가 다른 일을 하다가 못 들었습니다.」

「와인 한 병 좋은 걸로 갖고 와라.」

마르크스의 불호령에 다급하게 뛰어온 여자는 어디선가 와인을 갖고 다시 왔다.

「그래그래, 좋은 걸로 갖고 왔구나.」

하녀는 황급히 사라졌다.

「평생 혁명을 부르짖던 사람이 이렇게 사람을 막 대해도 되는 거예요?」

미미는 깜짝 놀랐지만, 마르크스는 별 일 아니라는 듯 태연하게 와인을 마셨다.

「흠……. 와인 맛 떨어지게 자꾸 그럴 거냐? 내가 잘못한 거 있나?」

미미는 많이 놀랐는지 가뜩이나 큰 눈망울이 더 커졌다.

「평생 노동자의 혁명을 부르짖었던 사람이 어떻게 그럴 수가 있어요?」

「내가 뭘 했다고? 세상이 이제야 내 진면목을 알아준 거지. 지금 내 책을 보고 후원하는 사람이 얼마나 많은데.」

「집에서 일하는 사람은 노동자가 아닌가요? 너무 한 거 아니에요?」

미미가 마르크스에게 따지고 들었다. 그런데 마르크스는 취기가 올라오는지 약간 눈이 풀려 있었다.

「아니 내가……. 아니지. 화를 내면 나만 손해 보는 거지. 내가 참아야지. 이제 이상한 소리 하기만 해봐.」

「네…….」

마르크스는 연거푸 와인을 마셨다.

「흠. 그래 내가 어디까지 이야기했더라? 아, 술 참 달다.」

「자유 때문에 파리로 갔다고 했어요.」

마르크스는 갑자기 와인 잔을 책상에 놓고 책장으로 가서 무언가를 찾았다.

「잠깐만 기다려봐라. 내가 젊은 시절에 쓴 글이 있는데, 읽어보지. '사람들의 의식이 한 방향으로 향할 때 역사에서 큰 방향이 생기고, 사람들의 동기에 가장 큰 영향을 미치는 것은 경제력이다.'」

「경제 문제가 커지면 노동자들이 엄청나게 고통 받고, 그 때문에 집안이 풍비박산이 날 수도 있고, 사회 문제가 엄청 커지게 될 수도 있다는 거죠?」

「그래. 사실 파리에서 엥겔스를 만나기 전까지 제대로 대화가 통하는 사람을 만나지 못했어. 그런데 엥겔스를 만나 엄청난 기쁨을 느꼈네. 우리는 이 더러운 세상을 바꿀 혁명을 꿈꾸었지. 그러고 나서 본격적으로 『자본론』을 썼네.」

마르크스는 다시 일어나 책장에서 책 몇 권을 가져왔다.

「잘 들어봐라. '근대 사회의 경제적 운동 법칙을 폭로하는 것이 이 저작의 최종 목적이다.'」

「그건 무슨 말이에요?」

「그러니까 나와 엥겔스의 경제학이 어떻게 생겨서 발전하고 종말을 맞이할지 설명하겠다는 말이야.」

마르크스는 미미가 못마땅한지 다그쳤다.

「나는 자본주의라는 게 16세기 유럽에서 발생했다고 생각하네. 시간이 지나 영국에서 산업혁명이 일어나지. 내가 이 내용을 책 어딘가에 써 놓았는데, 음……. 여기 있네. '자본주의적 생산은 자본에 있다. 즉, 자본주의 사회에서는 모든 목적이 자본이라고 할 수 있다. 이러한 자본의 증식에 대한 욕심은 노동자들의 생활에 아무런 도움이 되지 않는다.' 너 넋 놓고 뭐해. 내 말은 듣고 있는 거냐?」

마르크스가 신이 나서 설명하고 있는데, 미미는 넋이 나간 듯 심드렁한 표정을 짓고 있었다.

「사람들의 경제활동의 최종 목표는 자본 증식이지. 그러니까 그냥 돈벌이로 생각을 해라. 물건을 하나 만들어서 돈을 벌려면 어떻게 해야 할 것 같나?」

「적어도 돈값은 해야 하죠. 그러지 못하면 누가 돈을 쓰나요? 돈 버는 게 쉬운 것도 아니고.」

「어느 정도는 이해를 하는구나. 자본가들은 더 많은 물건을 팔고 싶어서 여러 가지 궁리를 하겠지. 그런데 여기서 문제가 생기는 거야. 최종 목표가 자본 증식이기 때문이지.」

「노동자들이 제대로 된 대우를 못 받는다는 거 말하려는 거죠. 그 외에 여러 가지 사회 문제가 발생하고 있고요.」

「그래. 나와 엥겔스도 그 문제에 대해 연구를 했네. 어떻게 하면 우리의 삶을 더 나아지게 만들 수 있을까 하고 생각하다가 결국엔 혁명을 꿈꾸게 되었지.」

「아저씨가 말하는 건 프랑스혁명이나 미국독립전쟁처럼 무기를 들고 싸우는 거예요?」

마르크스는 한숨을 쉬면서 고개를 절레절레 흔들었다.

「내가 말한 혁명은 그게 아니라 그러니까 뭐라고 설명해야 하나? 너 선거는 아냐?」

「뭐 선거에 대해서는 익히 알죠. 그건 또 왜요?」

「보통 선거는 영국 노동자 계급에게 정치적 권력과 동일한 의의를 갖는다. 무슨 말인지 이해할 수 있나?」

「알거든요!」

미미가 갑자기 소리를 질렀다.

「흠. 그래 뭐. 내가 구상한 공산주의 사회라는 게 『자본론』 1권에 적어 두었는데, 어디에 적었더라. 그래 여기 있네. '공동의 목표를 위해 공동의 생산 수단으로 노동을 하며 노동자들의 노동력을 하나의 노동력으로 모아 노동하는 자유로운 노동자들의 연합체.'」

마르크스는 생각이 안 나는지 머리를 긁적이면서 책을 이리저리 뒤적이며 말했다.

「흠……. 아저씨 그건 또 무슨 말이죠?」

「딱 한 번만 설명해줄 테니 잘 들어라. '자본주의 사회에서는 공장의 설비를 소유하고 있는 자본가의 말에 따라 노동자가 행동해야 한다면, 공산주의 사회에서는 강제성이 아니라 자발성에 의해 노동자들이 일을 한다.' 무슨 말인지 알아듣겠나?」

「억지로 일을 시키면 오히려 생산성이 떨어진다는 거예요? 어느 정도는 맞는 말인 것 같네요.」

「그래. 이제야 말이 통하네. 휴. 나이를 먹으니까 내가 써놓은 게 기억이 안 나네.」

「아까 와인을 마셨으니 기억이 안 나는 거죠. 그리고 노동자들은 지금도 뼈 빠지게 일하고 있는데, 아저씨는 한가롭게 값비싼 와인이나 마시고 있고……. 거기다가 하녀까지 두고 있고.」

미미가 마르크스에게 돌직구를 제대로 날렸다.

「너 지금 나한테 말 다 한 거냐? 아주 저걸 진짜. 내가 참아야지. 그나저나 이건 또 어디 가서 이렇게 안 보여.」

마르크스가 죄 없는 책상에 주먹질을 했다.

「오늘 따라 왜 이렇게 피곤하지. 나도 이제 나이 들어서 힘드네.」

「그러게 평소에 관리 좀 하시지.」

마르크스는 심호흡을 몇 번 하고 나서 진정이 되었다.

「너, 내가 말할 때 이상한 소리 하지 말고 조용히 듣기나 해라.」

「네. 알았어요.」

마르크스는 어금니를 꽉 깨물며 말했다.

「'현재의 자본주의 사회에서 토지를 소유하는 방법과 규칙은 노동자들의 협동 노동과 사회경제를 통해 공산주의 사회를 실현할 수 있다.'」

「아저씨 말은 깨어 있는 다수가 같은 곳을 향해 움직일 때 변화된다는 거 맞죠?」

「음……. 그래 그 정도로 끝내자. 그리고 아까 러시아 이야기했지? 사실 거기서도 혁명이 일어날 것 같기는 해. 그 아랫동네인 중국에서도 혁명이 일어날 것 같기도 하고. 오늘은 이제 그만 쉬어야겠네. 너는 이제 여기서 나가라.」

「아니 궁금하게 해놓고 그렇게 말하는 게 어디 있어요. 끝까지 설명을 해줘야죠.」

미미는 복장이 터지는지 마르크스에게 한마디 했다.

「몰라. 이 나이가 되면 가만히 앉아 있는 것도 힘들어. 하여간 요즘 것들은 정말.」

「아 휴, 정말. 그냥 이 집에서 빨리 나가고 싶다.」

미미는 안절부절못했다.

「카를 마르크스와의 대화가 끝났습니다. 다음 장으로 넘어가시겠습니까? 예, 아니오로 대답해주시기 바랍니다.」

차가운 기계음이 들렸다.

「아니오.」

미미가 말하자 화면이 바뀌었다.

「그래도 힘없는 노동자들의 편에 서서 그들을 대변해주는 건 좋은데……. 마르크스는 정말 모순되는 삶을 살다 가신 것 같네.」

미미는 자석에 끌리듯이 연습실로 향했다.

카를 마르크스의 철학 노트

여러분, 마르크스는 자본가 계급의 탐욕 때문에 노동자들이 고통을 받는다고 생각했습니다. 마르크스가 살아 있을 당시에 산업화가 이루어져서 공장에서 일하는 노동자가 정말 많았습니다. 그런데 노동자들은 일을 하면 할수록 가난해진다는 거죠. 그 이유는 공장을 소유하고 있는 자본가들의 탐욕 때문이었습니다. 그 시절에는 지금과 같은 노동법이 제정되어 있지 않았기 때문에 노동자들을 보호할 수 있는 수단이 없었습니다. 그 결과 자본가들은 노동자들을 말 그대로 쥐어짜기 시작합니다. 노동자들은 일에 대한 보상을 충분히 받지 못했죠. 이런 현실을 보고 노동자의 삶이 조금이라도 더 나아지게 해보려고 마르크스는 책을 집필합니다. 여러분은 마르크스를 어떻게 생각하시나요?

CHAPTER

21

막스 베버
1864~1920

자본주의는 어떻게 발전했는가?

「나현아, 어디 가?」

미미가 나현이를 보고 냅다 소리 지르면서 뛰어갔다.

「학원에 가. 그런데 왜?」

「우리 카페에서 좀 쉬다가 갈까?」

「안 돼. 이번 주말에 십일조를 내야 한단 말이야.」

나현이도 카페에 가고 싶지만, 용돈을 아껴야 했다.

「십일조? 한 주만 쉬면 안 돼? 그럼, 오늘은 내가 낼게.」

「그래. 오늘만 네가 사줘.」

미미는 웃으며 나현이와 함께 카페로 갔다.

「나현아, 마시고 싶은 거 먹어. 오늘은 이 언니가 쏠 테니까.」

둘은 주문한 음료를 들고 창가에 앉았다.

「십일조는 강제로 내는 거 아니지?」

「원래는 소득의 10분의 1만 내는 거야. 하지만, 자기 마음속에서 우러나오는 만큼 내도 돼.」

「그럴 줄 알았다.」

「어디까지나 자발적으로 내는 거야. 그런데 이번 주에 매점에서 이것저것 사먹느라고 용돈 거의 다 썼거든.」

나현이가 늘어난 뱃살을 보면서 말했다.

「너는 좋겠다. 뱃살 걱정 없어서.」

「우리는 왜 제대로 마음껏 먹지도 못할까?」

「오늘 아침에 내 뱃살을 보고 깜짝 놀랐잖아.」

「부모님한테 헬스클럽에 다니겠다고 한번 말해봐.」

「우리 부모님 몰라? 내가 아마 헬스클럽에 다니겠다고 하면 집에서 쫓겨날걸?」

「진짜? 그 정도야?」

「그나마 교회 가는 날이 좋더라.」

「왜?」

「어릴 때부터 교회에 다니다 보니 안 가면 허전해. 유치원도 교회에서 운영하는 곳에 다녔거든.」

「모태 신앙인 거야?」

「그래. 부모님 두 분 다 열렬한 신자여서 자연스럽게 교회에 다니는 게 일상이 되었지.」

「평일에 학원 빵빵이 돌고 주말에 하루 종일 교회가 있으면 언제 쉬어?」

「그래도 집에서 공부하라고 들들 볶이느니 차라리 교회에 있는 게 훨씬 나아.」

한참을 마음 놓고 이야기하던 나현이가 갑자기 자리에서 벌떡 일어났다.

「미미야, 나 지금 가야 할 것 같다. 덕분에 오늘 잘 마셨다.」

미미는 아직 시간이 남았는지 여유롭게 한가한 시간을 만끽하고 있었다.

「이제 천천히 나가볼까?」

미미가 느릿느릿 짐을 챙겨 카페에서 나와 회사로 향했다.

「저, 미미 왔어요. 이 실장님, 여기 계셨네요.」

미미가 회사에 들어가자 이 실장이 무슨 서류를 확인하고 있었다.

「미미 왔구나. 나 잠깐 여기 볼 일이 있어서.」

「실장님, 바빠요?」

「뭐, 물어볼 거 있어?」

「실장님, 교회 다니죠? 십일조는 꼭 내야 하는 거예요?」

「음……. 십일조는 강요하는 게 아니야. 그건 왜 물어보는 거야?」

이 실장이 온화한 미소를 지으며 말했다.

「그게. 제 친구는 용돈 받은 걸로 꼭 십일조를 낸다고 하더라고요.」

「그 친구가 신앙심이 엄청 깊나 보네. 내가 알기로 교회에서는 절대 강요하지 않아.」

「음……. 그럼 꼭 낼 필요는 없다는 거네요?」

「십일조라는 게 소득이 있어도 형편이 좀 어려우면 안 내도 돼. 그 대신 하나님께 진심을 담아 기도해야지.」

「그렇구나. 실장님, 저 체험하러 올라가보도록 하겠습니다.」

미미는 인사하고 4층 체험실로 뚜벅뚜벅 올라갔다.

「오늘은 누구를 만나든지 그냥 빨리 끝났으면 좋겠는데…….」

미미는 전원 버튼을 엄지손가락으로 꾹 눌렀다. 그러자 기계음이 들리기 시작했다.

「막스 베버와의 대화를 시작하겠습니까? 예, 아니오로 대답해주시기 바랍니다.」

「예.」

기계음이 들리면서 화면이 바뀌고 정원이 보였다.

「여긴 또 어디야. 맨날 이렇게 숨바꼭질해야 해?」

미미는 정원을 둘러보며 기웃거렸다. 그리고 저 멀리 흔들의자에 앉아 있는 사람이 보이자 잽싸게 뛰어갔다.

「거기 누구 켁…… 하……. 없나? 없……어? 물……물 좀 줘.」

미미는 소리가 나는 쪽으로 슬금슬금 걸어갔다.

「아……, 목이 목…….」

머리가 하얀 남자가 자신의 목을 부여잡고 고통스럽게 말했다.

「아……, 물 좀 주……게나.」

남자가 물병을 가리키자 미미가 건네주었다.

「이제야 살 것 같아. 고맙네, 젊은이. 그런데 자네는 어쩐 일로 왔나?」

「저, 만나고 싶은 사람이 있어 왔는데, 혹시 막스 베버라고 알아요?」

남자는 놀라서 눈을 똥그랗게 뜨고 멀뚱멀뚱 바라보았다.

「내가 막스 베버네. 자네가 다 죽어가는 노인네를 만나러 왔다고?」

「그러니까 유명한 사람이라고 해서 직접 보고 싶었죠.」

「으…… 음. 그래. 이런 곳까지 나를 찾아와주다니…….」

베버가 탁자 위에 놓인 책을 뚫어져라 쳐다보았다.

「젊은이, 언제까지 그렇게 서 있을 건가? 여기에 앉게나. 내가 자네에게 이 책 내용을 들려주겠네.」

베버가 손짓으로 미미에게 앉으라고 하자, 미미가 의자에 앉았다.

「그게……. 책 이름이…… 이런 단어는 처음 보는데. 프로테스탄트?」

미미가 한참 동안 책 표지만 보고 있었다.

「『프로테스탄트 윤리와 자본주의 정신』이라고 적혀 있네.」

미미가 멍하니 있자 베버가 책 제목을 알려주었다.

「글 좀 못 읽는 게 무슨 대수인가?」

미미가 약간 어리둥절해했다.

「자네, 프로테스탄트가 뭔지는 아나?」

「아뇨. 그게 뭐예요. 아저씨?」

「그게 말이지. 마르틴 루터부터 종교개혁이 시작되었는데, 그때 갈라져 나온 종파를 여기서는 프로테스탄트라고 하네.」

「그게 자본주의와 무슨 상관이 있어요.」

「음……. 아주 좋은 질문이야. 프로테스탄트가 생겨나면서 그 교리가 신도들의 사회생활에 어떤 영향을 주었는지 연구한 책이야.」

「종교와 사회생활이요?」

「맞아. 바로 그거야. 아…… 근데…… 왜 갑자기 가슴이 또 막…… 아프……냐? 젊……은이 물 좀 한 잔만 주게.」

베버가 설명하다가 갑자기 가슴을 부여잡았다. 그 모습을 본 미미가 얼른 물을 따라주었다.

「하……. 이제야 살 것 같네.」

「아저씨, 몸이 많이 안 좋아요?」

「소문난 의사들도 딱히 이렇다 할 치료 방법이 없다고 하더군. 그래서 이렇게 요양 온 거지.」

「요양 와서 책을 쓰고 있는 거예요?」

「그런 셈이지.」

베버가 다시 책을 이리저리 뒤적이기 시작했다.

「종교가 사회생활에 영향을 끼친다는 거지. 자네 유대인이라고 아나?」

「몇 번 들어보았어요. 유대인 하면 대체로 돈이 많다고 하던데요.」

「유대인이 예수를 죽였지. 그러니 뭐 이쪽 동네 사람들은 유대인 하면

치를 떠는 거야.」

「그 정도예요?」

「그렇다니까. 사람들이 얼마나 유대인을 싫어하는지……. 그러다 보니 사람을 믿지 않고 돈을 믿게 된 거지.」

「그렇게 동네북처럼 맞고 다니면 어떻게 사람을 믿어요.」

「그러니까 내가 이 책에서 종교와 사회생활이 얼마나 밀접한지 설명하려고 한 거야.」

베버가 책을 미미에게 보여주면서 말했다.

「종교개혁이 있기 전에는 큰돈을 벌면 죽을 때 모두 성당에 기부해야 해. 그게 원칙이야.」

「네에?」

미미는 깜짝 놀라 눈이 커지고 입이 다물어지지 않았다.

「왜요? 힘들게 번 돈을 다 기부해요?」

「그래. 자네가 내 말에 놀라는 건 어쩌면 당연해. 그 당시 천주교는 금욕을 엄청나게 중요시했어.」

「어떻게 그 돈을 기부해. 말도 안 돼.」

미미는 혼자 부르르 떨면서 말했다. 그 모습을 보고 베버는 혼자 껄껄 웃었다.

「그런데 루터는 다르게 해석했지. 자네는 혼자서 사회생활을 할 수 있다고 생각하나?」

「그건 아니죠. 뭐 재수 없는 사람과도 같이 일을 해야 할 때도 있죠.」

「그래, 그거야. 루터는 일을 할 때 서로를 생각해야 한다고 주장했어.」

「네에?」

「서로를 사랑하는 마음으로 일을 해야 한다는 거지.」

미미는 입이 다물어지지 않았다.

「어떻게요? 솔직히 일을 같이하다 보면 제멋대로 구는 사람이 얼마나 많은데. 저는 절대 그렇게 못할 것 같아요.」

「음……. 그런 개인주의자가 많지. 그 사람들은 칼뱅의 영향을 많이 받은 거야.」

「칼뱅이요? 그분이 개인주의자라고요?」

「그래. 같은 종교라도 교리를 어떻게 해석하느냐에 따라 조금씩 달라져. 크…… 헉…… 가슴이 왜 이렇게 아프냐? 아이고, 나 죽겠네.」

갑자기 베버가 주먹으로 가슴을 치자 미미가 물을 따라주었다.

「이제야 좀 살 것 같다.」

베버가 물을 마시자 안도의 한숨을 쉬었다.

「칼뱅은 대단히 금욕적이었지. 이 금욕적인 교리를 받아들인 게 영국의 청교도고.」

「청교도요? 영국에서 청교도들은 모진 핍박을 받자 배를 타고 미국으로 건너갔어요.」

「그래. 바로 그 사람들을 말하는 거야. 그들은 타인에게 기대지 않고 독립적인 생활을 원했지.」

「와. 엄청 다르네. 저는 솔직히 교회는 다 똑같은 줄 알았어요.」

「그래? 교회에 대해 잘 모르는구나. 청교도가 다른 교회와 다른 것은 탈주술화야.」

「탈주술화? 그건 또 뭐예요?」

미미가 고개를 갸우뚱하면서 물었다.

「그러니까 음……. 의식 같은 게 없다는 거야. 그런데 청교도는 아예 교회도 없어.」

「아니, 교회가 없어요?」

미미는 놀라서 입이 다물어지지 않았다.

「그래. 교회가 없으니 의식 같은 게 없지. 심지어 장례 의식조차 없다니까. 뭐, 그러니 개인주의적으로 변할 수밖에 없지.」

「그건 그러네요. 그렇게 혼자서 다 하는데, 개인주의자가 안 되는 게 이상한 거죠.」

「그래. 그런데 영국이 국교를 성공회로 정하자 그때부터 청교도들은 엄청 핍박을 받기 시작했어.」

「그 사람들이 왜 핍박을 받아요?」

「음……. 아주 독실한 청교도인인 올리버 크롬웰이 통치하면서 금욕을 엄청나게 중요시한 거야.」

「아, 뭔지 알겠다. 놀고 싶어도 놀지 못하게 하고 오로지 일만 시킨 거죠?」

「그런 셈이지. 그러다가 크롬웰이 물러나자 이제는 청교도인들이 핍박을 받기 시작했고, 그래서 배를 타고 미국으로 건너간 거지.」

「메이플라워호 말하는 거죠?」

「그래 맞아. 그들이 떠났…… 크 흑…… 하 아.」

베버가 또다시 주먹으로 가슴을 치기 시작했다. 그러자 미미가 물을 따라 건네주었다.

「하, 살 것 같아. 그래 내가 어디까지 이야기했지?」

「청교도인들이 미국으로 떠났다고 말했어요.」

「그래. 그런데 청교도들이 왜 미련 없이 미국으로 간 줄 아나?」

「그건 잘 모르겠어요.」

「칼뱅은 사람이 구원을 받을지 저주를 받을지는 태어날 때부터 정해졌다고 하더군.」

「그건 또 무슨 말이에요?」

베버는 어떻게 설명해줘야 할지 몰라 하늘을 쳐다보면서 곰곰이 생각했다.

「음……. 아기가 태어날 때 구원을 받을지 저주를 받을지 하나님이 정했다는 거야. 칼뱅은 한 번 정해진 건 절대 바뀌지 않는다고 말했어.」

「태어날 때부터 저주를 받았을 수 있다는 거네요.」

「그렇지만 칼뱅은 그런 의심을 갖는 것 자체가 우리의 마음을 좀먹는 거라고 했어.」

「그럼 어떻게 하라는 거예요?」

「자기가 구원을 받았다는 확신이 있으면 의심을 물리칠 수 있다고 본 거야. 어떤 시련이 닥쳐도 이겨낼 수 있다는 의지만 있다면……. 그래서 청교도인들이 저 멀리 미국까지 간 거지.」

「아무것도 없이 미국에 간 거예요?」

「옛날보다 훨씬 항해술이 발달했다고 하더라도 바다에서는 죽는 게 부지기수야. 아마 사람들도 그것을 알았을걸.」

「아니, 목숨을 운에 맡긴 건데, 어떻게 그렇게 할 수가 있지?」

「확실한 믿음만 있으면 어떤 역경도 헤쳐나갈 수 있다는 게 청교도 교리야.」

미미는 도저히 믿기지 않는지 머리를 흔들었다. 그러자 베버가 책을 이리저리 살펴보기 시작했다.

「미국에 도착한 청교도들은 아주 다른 삶을 살았어. 영국 사람들과는 전혀 딴판이야.」

「왜요? 거기서 무엇을 했길래요?」

「미국에서는 사람을 뽑을 때 이력서를 보고 뽑는다고 하더라.」

「그게 왜요?」

「일가친척이나 이웃 사람을 뽑지 않고, 이력서만 보고 뽑는대.」

「아무래도 그게 더 낫죠. 능력 있는 사람이 있어야 회사가 돌아가죠.」

「이게 청교도만의 특징이야. 청교도들의 이런 방식이 미국의 경제발전에 영향을 준 거야. 모든 결정을 합리적으로 할 수 있으니까.」

「합리적? 그게, 뭐예요?」

베버는 뭐라고 말해야 할지 머리를 긁적거렸다.

「일가친척끼리 사업장을 운영한다고 해보자. 그러면 때로 싫은 말도 해야 해. 아무리 허울 없이 지내는 친척이라도 싫은 말을 쉽게 할 수 있을까?」

「아무래도 하기 힘들겠죠.」

「그러다 보니 위험한 상황에서도 결정을 못하고 어물쩍 넘어가게 되지. 그런 일이 여러 번 일어나면 사업장이 망할 수도 있지.」

「그런데 미국은 다르겠네요?」

「그래. 미국은 달라. 서로 모르는 사람이니 합리적인 결정을 내릴 수가 있지.」

「그건 그러네요. 합리적인 결정을 내릴 수 있으면 오랫동안 운영될 수 있죠.」

「거기다가 애덤 스미스가 주장한 분업까지 시행되면 아주 금상첨화야.」

「분업, 그거 알아요.」

「어떤 사업장에서 책을 찍어낸다고 해보자.」

베버가 탁자에 있는 책을 들고 설명하기 시작했다.

「애덤 스미스는 책을 여러 가지 부분으로 나누어 작업하면 훨씬 더 많은 양을 생산해낼 수 있다고 했어. 거기에 자기 적성에 맞는 일을 하면 그 생산량은 더 많이 늘어나겠지?」

「자기가 합리적으로 결정할 수 있으니, 자기 적성에 맞는 곳에서 일을 하게 되니까요.」

「그래. 이쯤에서 내가 질문을 하지. 마리오와 빌헬름 두 사람이 있어. 마리오는 아주 열정적으로 자기 일을 하지. 그러나 다른 사람을 돕는 일에는 좀 소극적이야. 그런데 빌헬름은 그렇게 열심히 일을 하는 것 같지 않지만, 주말이나 시간이 날 때마다 주위에 어려운 사람들을 돕지. 그럼 두 사람 중 누가 청교도적이라고 할 수 있겠나?」

미미는 고민이 좀 되는지 곰곰이 생각했다.

「아. 음……. 아무래도 청교도도 종교이니 어려운 사람을 돕는 사람이 맞죠. 하나님이 남을 사랑하라고 했는걸요.」

「아니야. 마리오가 청교도 교리에 입각한 사람이야.」

「왜요?」

미미는 믿기지 않는지 눈이 휘둥그레졌다.

「아. 그게 그…… 그…… 말…… 무……물 좀 주……주게.」

베버가 다시 통증을 느꼈는지 가슴을 두드리기 시작했다. 그러자 미미가 물을 건네주었다.

「아. 하, 살 것 같다.」

베버가 안도의 한숨을 쉬었다.

「칼뱅은 직업으로서의 소명을 중요시했지. 그러니 투철한 직업 정신을 갖고 있는 사람을 더 좋아할 수밖에 없지. 이제 좀 이해가 되나?」

「제가 아는 거와 많이 다르네요. 솔직히 오늘 아저씨하고 이야기하면서 처음 듣는 게 정말 많았어요.」

「자네가 영국 사람이나 미국 사람이 아니라서 생소할 수도 있어. 음……. 내가 사는 독일에서는 종교개혁이 일어났기 때문에 개신교 신자가 엄청나게 많은데, 프랑스는 아직도 천주교 신자가 월등히 많아. 이렇게 국경을 맞대고 있는 나라도 다른데, 바다 건너에 있는 나라는 말할 것도 없지.」

「아, 그렇구나.」

베버가 갑자기 종이에 뭔가를 쓱싹쓱싹 그리기 시작했다.

「내 그림 실력이 별로인데, 이 정도는 알아볼 수 있겠지?」

「왼쪽에 있는 사람은 금화가 가득한 곳에 한가롭게 누워 있는 것 같고, 반대편에는 열심히 농사를 짓는 것 같은데요. 제가 잘 본 거 맞죠?」

「자네 말이 맞아. 청교도에서는 돈이 많아도 일을 하지 않는 사람을 굉장히 싫어해. 이유는 이제 내가 말 안 해도 알 거야.」

「네. 알 것 같아요.」

베버가 묻자 미미가 고개를 끄덕이면서 말했다.

「그런데 사람이 하루 종일 일만 하나?」

「사람이 기계도 아니고. 뭐, 취미 같은 것도 즐겨야죠.」

미미가 손사래를 치면서 말했다. 그러자 베버가 책을 다시 한번 이리저리 살펴보았다.

「음……. 그래. 즐길 게 필요하지. 그런데 청교도 사람들은 쾌락에 대해 부정적이야.」

「네에?」

「젊은 남녀가 서로 사랑에 빠질 수도 있는 것 아니냐?」

「그건 그렇죠. 연애도 하고 좀 즐기면서 살면 안 돼요?」

「청교도 사람들은 엄청 금욕적이야. 그게 일상생활에서도 자연스럽게 나타나.」

「어떻게요?」

「음……. 사랑을 나눌 때도 아이를 갖기 원한다는 목적이 있어야 해. 그때만 사랑을 나눠야지. 그게 청교도의 교리야.」

베비의 말을 들은 미미가 놀라서 멍하니 바라보았다.

「아니 무슨. 그런.」

미미가 많이 놀랐는지 말문이 막혔다.

「그 정도로 놀라면 안 되지. 사람이 일을 하고 집에 들어오면 휴식을 취해야지? 그래야 다음 날 일을 할 수 있으니까.」

「그렇죠. 잠도 푹 자고 먹을 것도 좀 먹어야 기운내서 일하죠.」

「그런데 휴식을 취할 때도 철저히 금욕적이야. 잠도 적당히 자고, 먹는 것도 최소한으로만 먹어야 해.」

「아니. 무슨 그런 사람들이 있어요. 기계도 아니고. 저 같으면 절대 그렇게 못하는데.」

베버가 책을 펴서 미미에게 보여주었다.

「잠을 최소한으로 자는 것은 사람이 죽으면 영면을 취하기 때문에 굳이 살아 있을 때 많이 잘 필요가 없다는 거지.」

「어떻게 사람이 인생을 그렇게 살지. 와. 진짜.」

「한참 팔팔한 나이엔 충분히 그럴 만하지. 이 내용을 보면 문화 활동도 부정적으로 여겼다고 내가 적어놓은 게 있지?」

「진짜요? 그 사람들은 정말 일만 하는 개미들인가?」

「아…… 학 하…… 윽…….」

베버가 갑자기 통증을 느꼈는지 가슴을 움켜잡았다. 그러자 미미가 재빠르게 물을 따라 건네주었다.

「요양을 몇 년 동안 하고 있는데, 병이 낫지 않아. 아무것도 못하고 이렇게 지내야 한다니.」

「일단 건강이 먼저죠.」

「그 말이 맞기는 한데, 내가 어디까지 말했지?」

「문화 활동도 안 한다고 했어요.」

「그래 그랬나? 그 사람들은 문화 활동 자체를 부정적으로 여겨. 시간 낭비라고 생각하지.」

「그럼, 그렇게 아끼고 아끼면 돈은 어디에 쓴다는 거지?」
「그 사람들은 일하는 것 말고 다른 나머지 활동은 전부 부정적으로 여겨. 예를 들면 영국의 청교도혁명 이후를 들 수 있지.」
「왜요?」
베버가 재빨리 책을 살펴보기 시작했다.
「그래 여기 있네. 문화는 사회상을 반영하지. 그런데 크롬웰이 영국 사람들에게 금욕을 요구했지.」
「그럼, 거기서 일하던 사람은 하루아침에 직업을 잃잖아요. 청교도 사람들 너무 모순적인데요.」
「문화 활동 자체를 부정적으로 여겼으니까. 그러니 영국 문화가 쇠퇴하기 시작했지. 크롬웰이 쫓겨나기 직전까지 말이야.」
「쫓겨날 만했네. 사람이 놀기도 해야지. 어떻게 일만 해요?」
베버가 또다시 통증을 느끼는 거 같자 미미가 재빠르게 물을 건네주었다.
「하. 좀 살 것 같네. 그래 그것 때문에 크롬웰이 쫓겨나자 영국 사람들은 국교를 성공회로 정했지. 그리고 청교도를 핍박한 거야.」
「그래서 미국으로 도망치듯 떠났네요.」
「그래. 그들은 미국을 기회의 땅으로 여기고 성공할 수 있다는 확신을 가지고 떠난 거야.」
「그래서 보란 듯이 성공했고……. 그 사람들은 돈을 벌어서 어디에 써요?」
「그걸 내가 어디에 적어놓았지. 그게 어디 있더라.」
베버가 미미에게 책을 펴서 보여주었다.
「여기 보이나? 그들은 일을 해서 번 돈으로 자기 사업장에 다시 투자하기 시작한 거야.」

「다른 데 돈 안 쓰고 자기네 사업장에만 써요?」

「그래. 그런 셈이지.」

「아저씨가 아까 책 제목이 자본주의 정신이라고 했는데, 돈을 벌고 안 쓰면 그게 자본주의 맞아요?」

미미가 팔짱을 끼면서 말했다. 그러자 베버가 갑자기 웃기 시작했다.

「그런가? 내가 아까 천주교에 대해 말할 때 노동에 부정적이라고 분명히 말했지? 기억나지?」

「네. 뭐, 기억나죠. 그건 왜요?」

「청교도가 등장한 이후 직업에 대한 개념이 생기기 시작했어.」

「음……. 칼뱅의 직업 소명설 때문에 자본주의가 생겼다는 거예요?」

「음. 그…… 그게. 어 우…… 큭…… 큭…….」

베버가 다시 가슴을 부여잡자 미미가 자동적으로 물을 건네주었다.

「이제, 좀 났네.」

미미는 걱정스러운 눈빛으로 베버를 쳐다보았다.

「칼뱅 이후에 직업에 대한 개념이 생기고 나서 자본주의에 대한 개념이 생겼지. 그래서 내가 청교도를 중심으로 자본주의를 연구한 거지.」

「돈 하나 안 쓰는 사람들에게 자본주의라는 말을 붙이니 정말 안 어울리네요.」

「나는 칼뱅의 교리를 적극적으로 받아들여 미국이 이렇게 급속도로 성장했다고 봐.」

「정말 연구할 만한 가치가 있는 사람들이네요. 맞다. 물어볼 게 있는데, 십일조 같은 거 아세요?」

전혀 예상치 못한 질문인지 베버가 약간 당황한 것 같았다.

「갑자기 십일조 이야기는 하, 흑…… 윽…….」

베버가 가슴을 부여잡았다. 그런데 물병에 물이 하나도 없었다.

「하. 물이 없나? 아…… 이거 어떻게 하……지 자……네 미…….」

베버가 떨리는 목소리로 말했다.

「내……가 자네에게 설명해줄 건 웬만한 건 다……다 했네. 그러……니.」

「알았어요, 아저씨. 아저씨는 그냥 집에 들어가세요.」

「아…… 아. 그…… 그래 젊은이 난 들…… 들어갈게.」

베버는 엉금엉금 기어 집으로 들어갔다. 그 모습을 보고 미미가 베버를 부축해주려고 하자 베버가 가로막았다.

「나, 아직 파……팔팔……해.」

「팔팔은 무슨. 다 죽어가는구만.」

미미의 귓가에 기계음이 맴돌기 시작했다.

「막스 베버와의 대화가 끝났습니다. 다음 장으로 넘어가시겠습니까? 예, 아니오로 대답해주시기 바랍니다.」

「아니오.」

기계가 요란한 소리를 내자 화면이 바뀌었다.

「영국은 미국에 영향을 주고 미국은 한국에 영향을 주고……. 꼬리에 꼬리를 물고 영향을 준 거네. 이런 게 말로만 듣던 세계화인가?」

미미는 연습실로 터벅터벅 내려갔다.

막스 베버의 철학 노트

여러분은 혹시 뉴스를 보시나요? 뉴스에서는 미국과 관련된 소식이 많이 나오죠? 미국이 어떤 결정을 내리느냐에 따라 큰 영향을 미치기 때문입니다. 그래서 제가 막스 베버의 명저인 『프로테스탄트 윤리와 자본주의 정신』을 소개한 겁니다. 청교도들이 핍박을 피해 메이플라워호를 타고 미국으로 이주한 이후 어떤 일이 일어났죠? 그들은 영국과의 독립전쟁에서 승리하고 미국을 초강대국으로 만듭니다. 그 과정에서 미국에 청교도적 사상이 뿌리 깊게 자리를 잡습니다. 미국을 이해하기 위해서는 이 청교도 정신을 알아야 합니다. 앞으로는 미국에 대한 뉴스가 나올 때 이 점을 참고해 들으시면 훨씬 이해하기 쉬울 겁니다.

CHAPTER

22

조지프 슘페터
1883~1950

자본주의의 한계를 어떻게 극복할까?

「안녕하세요. 저, 미미 왔어요.」

「미미 왔구나. 오늘 일찍 왔네.」

미미가 인사하자 남 실장이 반겼다. 그런데 남 실장과 유 실장이 간식을 먹고 있었다.

「방금 먹기 시작했는데, 조금 먹어볼래?」

「진짜요? 그럼 사양하지 않고 잘 먹겠습니다.」

남 실장의 말에 미미가 달려들어 간식을 먹었다.

「어째, 요즘 애들은 가방이 가벼운 거 같아. 나 때는 가방에 바리바리 싸가지고 다녔는데.」

「그러게 말이에요, 남 실장님. 지금은 스마트폰이나 노트북만 가지고 다녀도 돼요.」

남 실장의 말에 유 실장이 맞장구를 쳤다.

「미미는 진지사전 모르지? 나 학교 다닐 때는 하나씩 가지고 다녔는데?」

「남 실장님, PMP도 생각나네요. 그때는 그걸로 인터넷 강의를 들었는데…….」

남 실장과 유 실장은 옛 추억이 새록새록 나는지 얼굴에 웃음꽃이 피었다.

「미미, 너, 혹시 MP3는 아니?」

미미가 고개를 좌우로 흔들었다.

「이런 게 세대 차이구나.」

「실장님, 저 체험하러 가야 해요.」

미미가 자리에서 일어나 4층으로 올라갔다.

「전자사전? PMP? MP3? 그게 뭐지?」

미미는 혼자 곰곰이 생각해보았지만, 도통 모르겠는지 고개를 갸우뚱거렸다. 4층 체험실에 올라온 미미가 기계 전원 버튼을 누르자 기계음이 들렸다.

「조지프 슘페터와의 대화를 시작하겠습니까? 예, 아니오로 대답해주시기 바랍니다.」

「예.」

미미가 말하자 화면이 바뀌면서 복도가 보였다. 미미가 복도를 걸어가는데 대문짝만한 문이 보였다.

「저기에 뭔가 있을 것 같은데.」

미미는 문에 뭐라고 쓰여 있는지 유심히 읽어보았다.

「흠……. 하버드? 여기 하버드대학 경제학 교수 뭐……뭐지? 슘……아, 슘페터 여기 맞나 보다.」

미미가 조심스럽게 문을 두드려보는데 아무 소리가 나지 않았다.

「아무도 없나? 어떻게 하지? 한 번 더 두드려볼까?」

미미가 다시 한번 문을 두드리던 찰나 문이 열렸다.

「우리 학교 학생인가?」

정수리에 머리가 없는 남자가 미미에게 물었다. 미미는 순간 얼음장이 되어 한마디도 못했다.

「음……. 학생, 언제까지 거기에 서 있으려는가? 안으로 들어오게.」

슘페터가 미미에게 들어오라고 손짓했다.

「아, 아. 저 들어가도 돼요?」

「그래 들어오게. 뭐, 나한테 질문할 게 있나?」

「저기, 그게 저 대학생이 아니라 고등학생인데요.」

「음……. 고등학생이라. 여기는 내 연구실인데, 많이 지저분하지? 일단 저기에 앉아라.」

미미는 수북하게 쌓인 책을 지나 소파에 앉았다.

「먼저 통성명이라도 하자. 나는 하버드대학 경제학과 교수 조지프 슘페터라고 하네. 이름 부르기 뭐 하면 그냥 편하게 부르게.」

「네. 교수님.」

「그건 그렇고, 고등학생이라고 했지? 흠……. 어디서부터 설명을 해줘야 좋을까? 그래, 그게 좋겠다. 자네 부모님이 준 용돈으로 과자 사먹어 본 적이 있지?」

슘페터가 손을 턱에 괴고 한참을 생각하다가 겨우 말했다.

「과자 사먹은 적이 있죠. 그게 왜요?」

「자본주의에 대해 설명하려고 하는 거야. 자본주의 사회에서는 돈을 지불해야 물건을 구매할 수 있지?」

「네. 뭐, 밖에 나가면 다 돈이라 돈 없으면 아무것도 못하죠.」

「음, 그래. 잘 알고 있구나. 여기 올 때 걸어왔는가? 아니면 무엇을 타고 왔는가?」

미미가 얼굴색 하나 안 변하고 당당하게 말했다.

「저 걸어오지 않았고 기차 타고 왔는데…….」

「그래. 그것도 돈 내고 탔는가?」

「그렇죠. 집 나가면 다 돈인데. 돈 내고 타고 왔죠.」

「그런데 그게 옛날부터 지금까지 이어져온 걸까?」

슘페터의 질문에 미미는 생각할 시간이 필요한 것인지 쉽게 대답하지 못했다.

「음……. 글쎄요. 전차 그런 거 있기 전에 말 타고 다닌 적이 있지 않아요?」

「맞아. 그럼, 한 번 더 물어볼게. 모스 부호라고 알지?」

「그게 뭐예요?」

미미는 처음 들어보는 단어라 생소한지 되물었다.

「아직 고등학생이라 모를 수 있어. 모스 부호는 전신선을 이용해서 보내는 건데, 이게 얼마나 편리한지 몰라. 편지보다 훨씬 편리하지.」

미미는 그저 멍하니 슘페터만 쳐다보았다.

「이거 나 혼자 신나서 떠들었네. 그런데 내가 모스 부호를 이야기한 것은 창조적 파괴를 설명하려고 그런 거야.」

「창조적 파괴요?」

「마차는 말이 수레를 끌고 가는 걸 말하지? 옛날에는 돈이 많은 사람만이 탈 수 있었어. 그런데 전차가 생겨나면서 마차보다 가격이 훨씬 싸서 많은 사람이 탈 수 있었지.」

「음……. 아무래도 싸면 많은 사람이 탈 수 있죠.」

「그러자 사람들이 마차를 점점 안 타게 되는 거야. 아마 요즘 애들은 엄청 특별한 경우가 아니면 마차를 보지 못할 거야. 이처럼 새로운 기술이 등장하면서 옛날 기술이 몰락하는 걸 나는 창조적 파괴라고 보았어.」

「창조적 파괴라…….」

갑자기 슘페터가 책이 수북하게 쌓여 있는 곳으로 가더니 책 한 권을 가지고 왔다.

「창조적 파괴가 자본주의를 움직이는 동력이야. 자본주의라는 큰 기계를 움직이게 하기 위해서는 동력원이 필요하지. 창조적 파괴는 많은 기술을 만들어내지.」

「음…….」

슘페터가 책을 보면서 말했다. 그런데 미미는 아직 이해가 안 되는지 슘페터의 얼굴만 쳐다보았다.

「내가 다시 설명해줄 테니 잘 들어봐. 옛날에는 말이나 사람이 직접 끌어서 물건을 옮겼지?」

「그렇죠. 그런데 얼마 못 갔죠.」

「그런데 영국에서 제임스 와트가 증기기관을 상용화한 덕분에 운송량을 극대화할 수 있었지.」

「이제 알 것 같아요. 증기기관 덕분에 영국이 폭발적인 성장을 할 수 있었다고 들었어요.」

「그래, 맞아. 그 증기기관을 이용한 열차가 엄청나게 운송량을 늘렸지. 나는 이것도 창조적 파괴라고 생각해. 이런 창조적 파괴 때문에 산업혁명이 일어났지.」

슘페터는 목이 탔는지 자리에서 일어나 물을 한 잔 마셨다.

「교수님. 우리가 지금 타고 다니는 것도 언젠가는 사라지고 또 새로운 것이 나타날 수 있다는 말인가요?」

「충분히 그럴 수 있지. 요즘 대부분의 비행기는 프로펠러를 달고 있거든. 그런데 나중에는 이 프로펠러들은 사라질 가능성도 있지.」

「옛날 비행기를 말하는 거 같은데요? 요즘 비행기들은 제트 엔진을 달고 있는 걸로 알고 있어요.」

「뭐? 제트 엔진? 그게 뭔가?」

「지금은 프로펠러가 없고 모두 제트 엔진을 사용한다고 했어요. 교수님은 들어본 적이 없어요?」

「나는 뭐 하루 종일 경제학을 연구하는 것만으로도 시간이 부족해. 경제학 말고 다른 것은 잘 몰라. 그건 그렇고 내가 창조적 파괴까지 설명했나?」

미미는 아무 말 없이 고개를 끄덕였다.

「창조적 파괴를 일으킨 기업은 시장에서 압도적인 매출을 올리지. 다른 기업들이 그 기술력을 따라오기 전까지는 말이야.」

「자본주의라는 게 능력 있는 사람이 많은 돈을 가질 수 있는 거죠. 능력이 없으면 그냥 손가락 빨고 있어야 하고.」

「웬만한 고전 경제학자들보다 낫구나.」

슘페터는 미미의 말에 놀라면서 칭찬을 아끼지 않았다.

「사람들은 완전 경쟁이 가장 이상적인 거라고 생각하더군. 그런데 나는 완전 경쟁은 있을 수 없다고 생각해. 어떻게 그렇게 터무니없는 생각을 할 수가 있는지…….」

「왜요, 교수님?」

「창조적 파괴가 일어났을 때, 그 기술을 발명한 기업은 한동안 독점적 지위를 갖게 되고 그 후에 다른 기업들이 그 기술력을 갖게 될 때 비로소 경쟁이 가능하지. 그래서 애초부터 완전 경쟁은 불가능해. 그런데 몇몇 사람은 그 독점적 지위를 갖는 걸 끔찍한 죄를 짓는 거라고 생각하더라.」

「그럼, 교수님은 어떻게 생각하시는데요?」

「나는 독점적 기업이 생기는 건 어쩔 수 없다고 생각해. 어쩌면 실패할지도 모르는 걸 엄청난 시간과 자본을 들여 연구해서 상용화시켰는데, 그 보상을 받지 못한다면 억울하겠지? 내가 볼 때 독점적 지위는 일종의 보상이야.」

슘페터가 애먼 책상을 발로 툭툭 찼다.

「나도 모르게 흥분을 해버렸네. 미안하네. 도전 정신이 있는 사람이 회사를 차려 사업을 하면 항상 성공할까?」

슘페터는 심호흡을 크게 하면서 말했다.

「사업이 항상 성공할 거 같지는 않은데……. 물론 성공하는 사람들은 엄청난 부를 얻겠죠. 그런데 망하면…….」

미미는 무엇을 생각했는지 혼자 소스라쳤다.

「그래, 맞아. 처음 사업을 시작할 때는 자기가 성공할 거라 생각하지. 그런데 그렇게 되는 건 힘들어. 설사 창조적 파괴에 성공을 했더라도 말이지.」

「창조적 파괴에 성공을 했어도?」

「그런 기업이라도 부도가 날 수 있어. 내가 방금 전에 독점적 지위라는 것은 일종의 보상이라고 했지?」

「네. 맞아요. 그런데 그게 왜요?」

「그 보상이 주는 달콤함이 오히려 독이 될 수도 있어. 다른 경쟁 기업들이 두 손 놓고 가만히 있을까?」

「그렇지 않을 것 같은데요. 어떤 사람은 발명품을 똑같지 만들어 시장에 팔기도 한다는데요?」

「음……. 그래, 맞아. 처음에 창조적 파괴에 성공한 기업이라도 그 규모가 작았을 거야.」

「대부분 몇 명이 모여 엄청 열악한 환경에서 시작한다고 하더라고요. 예를 들어 대학교 동아리 같이 작은 곳도 있고…….」

「흠……. 세상 돌아가는 건 잘 아는구나.」

슘페터가 미미를 보고 미소를 띠며 말했다.

「경쟁 기업에서 기술력을 끌어올려 그 제품을 만들었다면 독점적 지위는 잃어버리게 되지.」

「음……. 그렇게 쉽게 망하면 누가 사업을 하고 싶을까요? 사업할 마음이 쏙 사라질 것 같은데요?」

「많은 사람이 독점적 지위를 잘못된 것이라고 생각하지.」

「그러고 보니 대기업에 반감을 갖고 있는 사람도 굉장히 많은 것 같던데요. 대기업 본사 앞에서 시위도 하고. 흠……. 잘나가는 회사가 많아도 문제인가?」

미미가 골똘히 생각하면서 고개를 갸우뚱거렸다.

「아차차. 내가 설명을 안 해준 게 있었구나. 창조적 파괴가 자본주의에 대한 반감을 갖게 할 수도 있어.」

「그게 무슨 뜻인가요?」

미미는 고개를 갸우뚱하면서 물었다.

「내가 너무 어렵게 설명했나? 자네 질투라는 거 아나?」

「말로는 설명하기 힘든데, 그래도 그게 뭔지는 알 것 같아요.」

「그래. 성공한 사람들을 질투하는 사람도 있겠지? 이런 사람은 독점적 지위에 대해 반감을 가질 수 있지.」

「충분히 그럴 수 있죠. 막연히 누군가를 싫어하거나 괴롭히려고 하는 사람이 있죠. 저는 완전 공감해요. 학교에도 그런 아이가 있어요. 걔 때문에 내가 고생을 얼마나 했는데…….」

미미가 주먹을 불끈 쥐면서 격양된 목소리로 말했다.

「이건 어떻게 할 수 없다고 생각해. 성공한 사람은 반감을 갖지 않지만, 실패한 사람은 반감을 갖게 되겠지. 자본주의가 성장할 때 발생하는 성장통이라고 할 수 있지.」

「아……, 어쩔 수 없는 거구나.」

「시장이 너무 불확실하니까. 모든 게 확실하다면 실패할 사람이 없겠지.」

「그럼, 어떻게 해요?」

「방법이 있지. 바로 사회주의야. 흐음…….」

「시장을 확실하게 만들어주는 거 말하는 거예요?」

슘페터는 자기의 말을 이해한 게 기특한지 지그시 미소를 지었다.

「맞아. 그거야. 바로 확실성을 갖게 해주는 거야. 사회주의 사회에서는 정부가 시장을 통제하기 때문에 수요와 공급이 정확하게 일치하지.」

「나라에서 일일이 사람들에게 상품을 나누어주는 걸 말하는 거예요?」

「그래, 그렇지. 기업에서도 정해진 만큼만 상품을 생산하면 되지. 그러니 잉여 생산물이 남지 않지. 사실 기업은 재고 처리가 가장 골치 아픈 일이야.」

「그렇구나.」

「그러면 기업이 망할 위험이 거의 없지. 그리고 실업자 문제도 해결되고.」

「실업자 문제 때문에 엄청 말이 많은 거 같은데…….」

「그래 뭐 더 물어볼 것 있나?」

「그럼, 교수님은 사회주의가 자본주의의 문제를 해결할 수 있다고 보는 거네요?」

슘페터는 머리를 쓱 만지고 물을 한 잔 마셨다.

「그래. 나는 자본주의를 무조건 싫어하는 게 아니야. 자본주의의 한계를 어떻게 극복할지 생각하다가 사회주의라는 결론을 얻었지.」

「이제는 이해할 수 있어요. 친구들 하고 놀러 가더라도 다 돈이니 힘들어요.」

미미가 한숨을 쉬면서 말했다.

「우리에게 창조적 파괴가 풍요로움을 주었지만, 그 풍요로움이 자본주의에 반감을 심어주었지.」

「정말, 맞는 말 같아요.」

「오늘 지루한 설명을 듣느라 힘들었을 텐데, 이제 슬슬 집으로 가야 하지 않겠나?」

슘페터의 말을 들은 미미가 기다렸다는 듯이 망설이지 않고 바로 일어났다.

「맞다. 시간이 이렇게 되었네. 교수님, 고마웠어요.」

「그래. 나도 덕분에 즐거웠다. 나중에 또 보자구나.」

미미와 슘페터는 서로에게 인사했다. 그러고 나자 미미는 잽싸게 연구실을 나왔다.

「조지프 슘페터와의 대화가 끝났습니다. 다음 장으로 넘어가시겠습니까? 예, 아니오로 대답해주시기 바랍니다.」

미미의 귓가에 요란하게 기계음이 들리기 시작했다.

「아니오.」

미미의 말에 기계의 전원이 꺼졌다. 미미는 주변을 정리하고 체험실을 나왔다.

「이제껏 사라지지 않고 살아남은 제품이 대단하네. 나도 시간이 지나도 잊히지 않는 가수가 되고 싶다. 그렇게 될 수 있을까?」

미미는 혼자 주저리주저리 떠들면서 연습실로 향했다.

조지프 슘페터의 철학 노트

여러분, 슘페터는 사회주의가 자본주의의 문제를 해결할 수 있다고 했습니다. 다시 말해 자본주의 사회에서 사회주의 사회로 점차 변할 것이라고 했습니다. 그렇다면 슘페터는 마르크스 학파인가요? 그러나 슘페터가 생각하는 사회주의는 마르크스가 생각하는 사회주의와 많이 다릅니다. 마르크스는 혁명을 통해 사회가 바뀐다고 이야기했습니다. 그런데 슘페터는 선거를 통해 사회가 바뀐다고 주장했습니다. 예를 들어, 러시아 제국 시절 혁명이 일어나서 소련이라는 나라가 생겨났죠? 이 경우가 마르크스 학파에 가깝습니다. 반면에 유럽에서는 선거를 통해 지도자가 바뀌었습니다. 여러분은 슘페터의 사회주의와 마르크스의 사회주의가 어떻게 다른지 이해하셨나요?

CHAPTER

마르틴 하이데거

1889~1976

자신이 좋아하는 삶을 살아라

23

「언니, 무슨 일 있어요? 왜 그렇게 표정이 안 좋아요?」

미미가 걱정스러운 듯 다미에게 물어보았다. 다미는 땅이 꺼질 듯 한숨만 연거푸 쉬었다.

「하……. 나이는 먹는데 데뷔는 못하고……. 이렇게 나라는 존재는 잊히는 건 아닐까 싶다.」

「저도 지난번 데뷔조에 들어가지 못했어요. 우리는 이렇게 연습만 하다가 잊힐까요?」

「그러게 말이다. 나도 데뷔조에 들어갈 줄 알았는데……. 이제 다시 그런 기회가 오기는 할까?」

다미가 마음고생을 많이 했는지 한숨을 쉬며 말했다.

「미미, 너는 좋겠다.」

「네? 왜요?」

「사장님 얼굴 못 본 지도 꽤 된 것 같은데…….」

「언니, 왜 그래요. 언니만큼 노래 잘하는 사람이 있어요?」

「그러면 뭐해. 요즘 대중들은 노래보다는 나이 어리고 예쁜 아이돌을 좋아하지.」

다미는 갑자기 울 듯한 표정을 지었다.

「언니, 그래도 힘을 내야죠.」

미미가 조심스럽게 말했다.

「집에서는 공부 안 한다고 뭐라고 하고, 학교에서는 시비 거는 애들만 있고…….」

「우리 집도 맨날 공부 안 한다고 구박해요. 솔직히 엄마와 아빠는 나를 공부하는 기계로 봐요.」

「너는 그나마 공부 잘하는 오빠가 있어 낫지. 나도 오빠가 있었으면 좋겠다.」

다미가 이렇게 말하자, 미미는 스마트폰만 쳐다보았다.

「지금 시간이……. 왜 이렇게 시간이 빨리 가는 거야. 언니, 우리 늦었어요.」

「그래. 회사에 들어가자.」

미미와 다미는 카페에서 나와 종종걸음으로 회사로 갔다.

「저, 미미 왔어요.」

「저도 왔어요.」

마침 1층에 있던 남 실장이 미미와 다미에게 다가왔다.

「너네 둘, 오늘은 같이 오네. 요 앞 그 카페에 있다가 온 거지?」

「실장님이 어떻게 알아요?」

미미가 살짝 당황했는지 떨리는 목소리로 말했다.

「나도 가끔 가거든. 거기 사장님이 고등학생 두 명이 종종 와서 신세한탄을 한다고 하더라.」

「카페에서 수다 떨 수도 있죠. 우리가 뭐 이상한 짓 한 것도 아닌데.」

미미가 괜히 얼굴이 붉어졌다.

「그래 뭐. 너희도 많이 힘들겠지. 나도 고등학교 때 시험 한 번 망치면 인생이 끝나는 줄 알았는데, 그런 건 아니더라. 시간이 지나면 알게 될 거야.」

남 실장의 말에 위로가 되었는지 미미의 얼굴이 다시 밝아졌다.

「실장님. 저는 그냥 빨리 시간이 가서 어른이 되고 싶은데요? 그러면 이런 고생은 안 할 텐데.」

「어른이 되면 더 큰 고생이 기다리고 있을 텐데. 나는 할 수만 있다면 고등학생으로 돌아가고 싶어.」

남 실장이 실없이 웃으며 말했다.

「나는 할 일이 산더미처럼 쌓여 있어서 그만 가야겠다.」

남 실장이 이렇게 말하고 사무실로 들어갔다.

「언니도 시간이 빨리 갔으면 좋겠죠?」

「나는 그냥 이 지긋지긋한 연습생에서 벗어나고 싶어. 뭐 하긴 그것도 시간이 빨리 지나야 가능한 거니까. 올라가자, 미미야.」

다미는 3층 연습실로 올라가고, 미미는 4층 체험실로 올라갔다.

「이따 보자, 미미야.」

「네. 이따 봐요, 언니.」

4층 체험실에 들어온 미미는 기계 전원 버튼을 엄지손가락으로 꾹 눌렀다.

「마르틴 하이데거와의 대화를 시작하겠습니까? 예, 아니오로 대답해 주시기 바랍니다.」

「예.」

미미가 말하자 화면이 바뀌었다. 그런데 사람은 하나도 보이지 않고, 울창한 숲만 보였다.

「진짜, 뭐야. 이건 무슨 보물찾기 하라는 것도 아니고. 체험할 때마다 이 고생을 언제까지 해야 하는 거야.」

미미는 화를 내면서도 사람을 찾기 시작했다.

「젊은이, 길을 잃었나?」

온화한 표정을 가진 노인이 다가와 물었다.

「저, 사람을 찾는데 혹시 하이데거라는 분 아세요?」

「내가 그 사람에 대해 아주 잘 아네. 마침 그 집에 가는데 같이 가면 되겠구나.」

「진짜요? 그럼, 저야 좋죠.」

「그 사람 집은 여기에서 그렇게 멀지 않아. 금방 도착할 거야. 그런데 하이데거를 왜 만나러 온 거지?」

남자가 이마에 흐르는 땀을 닦으면서 말했다.

「엄청 유명한 사람이라고 해서 만나보고 싶었어요.」

「요즘 자네 또래의 젊은이들이 하이데거를 찾아온다네. 그 양반이 인기가 얼마나 많은지 강의 듣기가 하늘의 별 따기보다 어렵다고 하더라.」

「그 정도예요? 그럼, 지금 가도 얼굴도 못 보고 오는 거 아니에요?」

「아마 늦지 않았을 거야. 이러고 있을 게 아니라 어서 가자고.」

노인이 발걸음을 재촉했다. 그러자 얼마 지나지 않아 작은 오두막집이 보였다.

「이제 다 왔구나. 젊은이, 저기가 바로 하이데거가 사는 집이야. 오늘은 자네보다 먼저 온 사람은 없는 것 같구나.」

「다행이다. 하이데거가 집에 있을까요?」

「젊은이, 사실은 내가 하이데거야.」

「네? 아니, 그걸 왜 지금 말해요?」

미미가 격양된 목소리로 말하며 하이데거를 뚫어져라 쳐다보았다.

「젊은이, 그렇게 화내지는 말게.」

「진작에 말씀을 해주지. 진짜.」

미미는 속이 부글부글 끓어오르는지 얼굴이 새빨개졌다. 하이데거는 그런 미미의 속도 모르고 집으로 들어가버렸다.

「젊은이. 여기 이 의자에 앉아서 이야기하지.」

하이데거는 능글맞게 웃으면서 의자에 앉았다. 미미도 의자에 앉았다.

「나는 요즘 현상학을 연구하고 있네.」

「그게 뭔데요? 현상학? 처음 들어보는데요?」

미미가 난생 처음 듣는다는 표정을 짓자 하이데거가 생각에 잠겼다.

「흠……. 자네, 과학에도 여러 갈래가 있다는 거 알지? 이를테면 물리, 화학, 생물 이렇게 갈리는 거. 아차차, 수학을 빼먹었구나.」

「그건 알죠. 설마 제가 그것도 모를까 봐요?」

하이데거가 미미에게 물었다.

「이것들은 서로 다르지만, 겹치는 부분도 꽤 있지. 뭐, 과학을 잘 모른다 해도 그 정도는 알겠지?」

「당연하죠. 저도 그 정도는 알아요.」

「이렇게 겹치는 부분을 나는 영역 존재라고 정의했어.」

「영역 존재요? 그건 또 뭐예요?」

미미는 처음 듣는 단어라 이해가 되지 않았다.

「자네만 그렇게 어려워하는 게 아니야. 내가 천천히 설명해줄 테니 잘 들어봐.」

「네, 알았어요.」

「우리 인간은 이성이 있어 생각할 수 있지. 그러니까 나는 인간은 존재의 이유를 알 수 있는 존재자라고 정의했어.」

「존재자요?」

「존재하는 것을 연구해서 답을 찾을 수 있는 사람이 존재자지.」

「그런데 그 존재자는 사람만 해당되는 거예요?」

미미가 질문하자 하이데거가 호탕하게 웃었다.

「이 지구상에 있는 존재 중에서 우리 인간은 가장 고차원적인 생각을 할 수 있어.」

「그러니까 사람이 동물들보다 좀 더 고차원적인 생각을 할 수 있어 존재자가 된다는 거네요.」

「내 말이 그 말이네. 이제 존재자라는 의미를 이해한 것 같으니 다음으로 넘어가자.」

하이데거는 미미가 어느 정도 이해한 것 같자 거침없이 말했다.

「그 존재자가 연구하기 시작하면 그것들이 하나씩 모여 영역 존재가 생기는 거야. 여기까지는 이해했지?」

「네, 뭐. 그 정도는 알 것 같아요.」

「그래그래. 맞아. 나는 이 존재에 대해서 어떤 방법으로 연구하면 좋을지 생각했어. 그래서 내린 결론이 현상학이야.」

「현상학이요?」

하이데거가 당황했는지 쉽게 말을 하지 못했다.

「그러니까 음……. 자네 기자 아나? 신문 기자 말이야.」

「뭐, 알죠. 그게 왜요?」

「신문 기자가 기사를 쓰려면 취재를 해야지. 음……. 어디에서 무슨 사건이 벌어졌다고 해보자. 그럼, 기자가 취재를 위해서는 어떻게 해야 할까?」

「뭐, 별수 없죠. 사건 현장으로 가야죠.」

「그래, 바로 그거야. 현장에 직접 가서 무슨 일이 일어났는지 확인해야지. 그리고 나서 사무실로 들어와 사건 현장에서 있었던 일들을 분석

해야지?」

「그건 그렇죠.」

「아무리 뛰어난 기자라고 해도 사건 현장만 보고 모든 걸 파악할 수 없어. 사건과 관련된 인물들에게 무언가를 물어볼 수도 있겠지?」

「그거야, 뭐, 어쩔 수 없죠. 뉴스에서 보면 기자들이 그렇게 취재하는 것 같던데.」

미미는 말하면서도 알쏭달쏭한지 말끝을 흐렸다.

「그런 일이 허다하지. 이렇게 사람들에게 물어볼 수 있는 것은 우리가 '세계 내 존재'이기 때문이야.」

「뭐라고 한 거예요? 무슨 존재?」

미미는 이해가 안 되는지 되물었다.

「우리는 살면서 여러 사람과 관계를 맺으며 살지? 아까 말한 기자가 주위 사람들을 취재하는 것도 '세계 내 존재'이기 때문에 가능한 거고.」

「잠깐만요. 존재는 뭐고, 세계는 또 뭐예요?」

「좋은 질문이야. 나는 우리가 살고 있는 이곳이 바로 세계라고 정의했네. 우리가 다른 사람들과 교류할 수 있는 것도 다 같은 세계에 존재하기 때문이라고 보았지.」

「어느 정도는 알 것 같아요.」

「역시 이해력이 빨라. 그런데 나는 세계 내 존재가 관계를 맺는 건 오로지 사람뿐이라고 생각해.」

미미가 당황했는지 멍하니 하이데거만 쳐다보았다.

「그래, 너무 어려운 거 같구나. 내가 이성은 오로지 사람만 갖고 있다고 말했지?」

「그건 기억나요. 사람만이 생각할 수 있는 존재라고 했어요.」

「그래. 사람만이 이성을 가지고 있어. 저기 저 나무라든가 저기 저 풀은 이성이 없어. 이런 것들은 세계 내부적 존재라고 생각했어.」

「그럼, 사람만이 관계를 맺을 수 있다고 보는 거네요.」

「그렇지. 인간은 이 세계에서 유일하게 관계를 맺을 수 있는 존재지. 그렇다고 세계 내부적 존재를 하찮게 보는 건 아니야.」

미미는 어려운지 제대로 집중하지 못하는 것 같았다.

「자네, 학교 다니면서 여러 사람을 만나봤지? 예를 들면 친구나 선생님이 존재자야.」

「그중에 한 명은 정말 꼴도 보기 싫어요.」

미미가 하이데거와 진지하게 이야기하다가 갑자기 목소리를 높였다.

「흠. 뭐, 타인과 지내다 보면 만나기 싫을 때도 있지.」

「진짜 얼굴만 봐도 화나게 하는 사람이 있는 것 같아요.」

「타인이 화나게 할 수 있지. 하지만 자네도 누군가의 타인이라는 걸 명심하게.」

「저는 가만히 있는 사람한테는 시비를 걸지 않아요. 아니 왜 자꾸 나한테 시비를 거는지 이해가 안 가요. 진짜.」

「그 정도인가?」

「네. 말도 마요. 저는 가만히 있는데, 먼저 시비를 걸고 가고. 진짜, 짜증 나.」

미미는 양쪽 주먹을 꽉 쥐고 힘주어 말했다.

「사회생활을 하다 보면 그런 일이 흔하게 일어나지. 그러고 보니 여태까지 내 이야기만 한 것 같은데, 자네 이야기를 해줄 수 있나?」

「저요?」

「그래. 자네 이야기가 듣고 싶구나.」

미미는 하이데거의 말에 잔뜩 놀라 어쩔 줄 몰라 했다.

「제 이야기는 별로 재미없을 것 같은데. 워낙 다람쥐 쳇바퀴 도는 인생이라서요.」

「요즘 젊은 사람이 어떻게 생활하는지 궁금해서 물어본 거야?」

「아침에 일어나서 밥 먹고 학교 갔다가 노래 연습 춤 연습 하러 가요. 이렇게 5년 동안 살았어요.」

미미는 어렵사리 자신의 일상을 이야기했다.

「음……. 다른 애들과 다른 거라면 춤과 노래를 한다는 거? 그럼, 춤이나 노래는 누구의 선택인가?」

「제가 하겠다고 한 거죠. 저는 솔직히 공부에는 별로 흥미가 없어요. 왜 공부를 해야 하는지 잘 모르겠어요. 차라리 제가 하고 싶은 것을 하는 게 낫겠다고 생각했어요.」

「흠……. 그렇구나. 혹시 자네의 선택을 후회한 적이 있나?」

「시간이 가면서 자신감이 없어지는 거 같기는 해요. 남들처럼 평범하게 즐기고 싶은 거 즐기면서 사는 게 낫지 않았을까 하는 생각을 하기는 해요.」

미미의 표정이 점점 어두워지더니 목소리에 힘이 없어졌다.

「젊은이가 고생이 많구나. 그럼, 앞으로 어떻게 할 건가?」

「어떻게 해요. 이미 5년을 이렇게 생활한 걸요. 주말에도 놀지 못하고 연습만 하고 살았어요. 어떻게 포기해요. 저는 끝까지 할 거예요.」

「우리가 어떤 자세로 인생을 사는지도 중요하거든.」

「어떻게 살아야 한다고 생각하는데요?」

「이 세계는 우리가 태어나기 전부터 쭉 이어져왔지. 그러는 동안 알게 모르게 고정관념이라는 게 생기기 시작했지. 우리가 어떻게 행동해야 할지 그런 거.」

하이데거는 미소를 띠고 목소리를 가다듬으며 설명했다.

「내가 우리 인간은 사회 속에서 살아가는 존재라고 말했지. 타인은 우리에게 어떻게 행동해야 할지 강요하기 시작해. 그런데 그 행동에는 정말 심각한 문제가 있어.」

「무슨 문제가 있는데요?」

「타인은 큰 일이 벌어지면 침묵하지. 책임을 전혀 지지 않는 거야.」

「무슨 말인지 알겠다. 실컷 배 놔라 감 놔라 해놓고 문제가 생기면 숨는 거 말하는 거죠?」

「그래 맞아. 이렇게 타인의 강요에 의해 행동하면 자기 자신을 잃게 되지. 그러면 정말 큰일이야.」

하이데거는 마지막 말을 유난히 크게 했다.

「타인의 말에 휘둘리면 자기 자신을 잃게 된다는 거죠. 음……. 그럼, 저는 춤과 노래는 계속해야겠는데요.」

「젊은이. 선택은 온전히 자네 몫이야. 자네가 결정해야 하지.」

그런데 갑자기 하이데거가 가슴을 움켜잡고 고통스러워했다.

「아니, 왜 그래요? 괜찮아요?」

하이데거는 숨도 제대로 쉬지 못했다.

「젊은이. 미안한데, 나 좀 쉬어야 할 것 같아. 오늘은 여기까지만 하지. 이만 들어가봐야 할 것 같아.」

하이데거가 집으로 들어가자 미미는 그의 뒷모습만 하염없이 바라보았다. 그러자 기계음이 귓가에 맴돌기 시작했다.

「마르틴 하이데거와의 대화가 끝났습니다. 다음 장으로 넘어가시겠습니까? 예, 아니오로 대답해주시기 바랍니다.」

「아니오.」

화면이 바뀌자 미미는 체험실을 나왔다.

「어떻게 해야 하지? 내가 선택한 길이니 계속 가야 하나? 모르겠다.」

미미가 크게 한숨을 쉬고 연습실로 내려갔다.

마르틴 하이데거의 철학 노트

여러분, 친구 따라 강남 간다는 말을 한 번쯤 들어보셨죠? 하이데거가 이 말을 들으면 굉장히 화를 낼 것 같습니다. 하이데거는 다른 사람의 행동을 아무 비판 없이 받아들이고 따라하는 것을 비본래적 삶이라고 했습니다. 그럼 우리는 어떻게 비본래적 삶에서 벗어날 수 있을까요? 하이데거는 일상에서 벗어나 자신의 삶으로 들어가라고 말했습니다. 우리도 한 번쯤 비본래적 삶에서 벗어나 보는 게 어떨까요?

CHAPTER 24

존 롤스
1921~2002

어떻게 나누어야 정의로운가?

「안녕하세요. 저, 미미 왔어요.」

미미가 들어오면서 밝고 명랑하게 인사했다.

「미미 왔구나. 오늘이 마지막이지?」

「아, 진짜요? 길고 길었던 체험도 이제 끝나는구나.」

미미는 체험이 끝난다는 말에 그렇게 좋은지 얼굴에 한가득 웃음꽃이 피었다.

「이제 체험이 마무리가 되어가는데, 어렵지는 않니?」

「이해할 수는 있는데, 철학은 알다가도 모르겠어요.」

「철학은 보통 어려운 게 아니지. 철학을 전공한 나도 잘 모르는데, 네가 모르는 건 어쩌면 당연해.」

남 실장이 미미에게 처음으로 따뜻하게 말했다.

「지금까지 만난 철학자들이 무슨 이야기를 했는지 곰곰이 생각해봐. 어쩌면 그들이 말한 게 그 시대에서 가장 중요한 문제였을 거야.」

「음……. 시대적 배경이라…….」

미미가 팔짱을 끼고 곰곰이 생각하는 것 같았다.

「음……. 중세 시대를 예로 들어볼까? 그때는 교황의 권위가 엄청나게 강했지. 당연히 철학의 중심도 신학 중심으로 흘러가고.」

「어디서 들어본 것 같아요. 너무 신학 중심이라 중세 철학이 암흑기라고 했어요.」

미미는 어렴풋이 기억이 났지만, 자신이 없어 말끝을 흐렸다.

「현대에서는 무엇을 가장 중요하게 생각할까요?」

「아무래도 정의가 아닐까? 그런데 나도 철학을 전공했지만, 이 주제는 가장 힘들더라. 그러고 보니 오늘 체험할 사람이 존 롤스인데, 이분이 정의라는 화두를 세상에 던진 철학자야. 아차차, 나는 회의가 있어 이만 가야겠다.」

남 실장이 급히 엘리베이터를 타고 올라갔다. 미미도 4층 체험실로 올라갔다.

「존 롤스와의 대화를 시작하겠습니까? 예, 아니오로 대답해주시기 바랍니다.」

「예.」

미미가 말하자 익숙한 기계음이 들리고 화면이 바뀌었다.

「존 롤스 교수? 이 방으로 들어가면 되는 건가? 오늘이 마지막이라 찾기 쉽게 문 앞으로 보내준 건가?」

미미가 조심스럽게 문을 두드리자 발걸음 소리가 들렸다.

「여기 어쩐 일로 온 건가?」

엄청나게 두꺼운 안경을 낀 중년의 남성이 물었다.

「저는 여기 대학생이 아니라 고등학생인데요. 궁금한 게 있어 찾아왔는데…….」

「질문은 환영이네. 그렇게 서 있지만 말고, 이리 와 앉게.」

롤스는 미미를 미소로 반겨주었다.

「그래. 어디 여기 매사추세츠에서 학교를 다니나?」

「그게…… 저기…… 엄청 멀리서 왔는데. 교수님이 되게 유명한 사람이라고 해서 보고 싶었거든요.」

미미는 잘못이라도 했는지 식은땀을 뻘뻘 흘리면서 말했다.

「그래? 나에 대해 궁금한 게 많은 것 같구나. 그래, 내가 연구하고 있는 정의에 대해 궁금한 게 있나?」

「저, 그 정의가 이해가 잘 안 돼요.」

미미가 실없이 웃으며 말했다.

「고등학생이라서 이해하기는 힘들겠지. 내가 설명을 해줄게.」

「진짜요? 교수님, 정말 감사합니다.」

「어디서부터 설명해줘야 이해하기 쉬울까? 혹시 공리주의라고 아나?」

미미가 고맙다고 하자 롤스가 손사래를 치며 물었다.

「제러미 벤담이 주장한 최대 다수의 최대 행복, 그게 공리주의 아닌가요?」

「맞아. 벤담이 공리주의 이론을 만들었지. 그런데 그 이론에는 아주 커다란 문제가 있어.」

「무슨 문제가 있는데요?」

「최대 다수의 최대 행복은 알게 모르게 소수의 희생을 강요하지.」

「흠……. 그런가? 소수의 희생이라…….」

「이렇게 생각해보자. 백인 45명이 사는 마을이 있었지. 그런데 어느 날 흑인 가족 5명이 이사 온 거야.」

미미는 롤스의 말이 이해가 안 되는지 머리를 긁적였다.

「그런데 갑자기 도둑이 생기고 마을 인심이 흉흉해지기 시작한 거야.

그래서 마을 사람들이 대책 회의를 했지.」

「온 마을이 뒤숭숭해졌겠네요. 대책 회의는 어떻게 된 거예요?」

「사람들은 다수의 행복을 위해 흑인 가족을 마을 밖으로 내보내자고 결정했어.」

「네? 흑인 5명을 내보내는 건 아닌 것 같은데요. 확실한 증거가 있는 것도 아니고…….」

「너무 터무니없는 말로 들리는가? 지금 미국 사회에서는 인종 차별이 비일비재해서 그다지 대단한 일도 아니지. 이게 공리주의 허점이라고 생각했어.」

롤스의 말에 미미는 믿지 못하겠던지 자신도 모르게 큰소리로 말했다. 그러자 롤스가 차근차근 설명해주었다.

「아무리 그래도 그렇지, 다수의 행복 때문에 흑인 5명을 마을에서 떠나라고 한 건 억울한데요?」

「나도 문제가 있다고 생각했어. 다수를 위해 소수가 희생해야 한다? 그래서 어떻게 하면 모두가 행복할 수 있을지 연구하기 시작했지.」

「모두의 행복을 위해서라. 음……. 사회적 약자까지 다 포함이 된 거예요?」

「어떻게 하면 모두가 행복해질지 고민해보았네. 잠깐만 있어봐라.」

롤스가 말을 하다 말고 책장으로 가서 인형을 가지고 왔다.

「말로 설명해주는 것보다 직접 실험하는 게 이해하기 빠를 것 같아.」

「그런데 인형으로 무슨 실험을 해요?」

미미가 의아한 표정을 지으며 바라보았다.

「사고실험을 할 거야. 머릿속으로 하는 실험 말이지.」

「좋아요. 교수님, 같이 해봐요.」

「내 사고실험에는 필요한 게 있는데, 그게 바로 무지의 베일이야.」

「무지의 베일, 그게 뭐예요?」

「이 인형을 사람이라고 하자. 개인 정보는 하나도 모르는 상태에서 시작하는 거야.」

「최대한 객관적으로 알아보려고 그렇게 하는 거죠? 교수님?」

「맞아. 무지의 베일이 있으면 인종이나 나이나 성별이 어떻든 좀 더 객관적으로 상황을 판단할 수 있겠지.」

「상대방에 대해 아무것도 모르니 객관적으로 볼 수 있겠네요.」

「그래그래. 금방 이해하는구나.」

롤스가 칭찬하자 미미가 배시시 웃었다.

「어떻게 설명해야 이해하기 좋을까? 흠……. 그래, 여기 이 인형 5개를 5남매라고 하자. 5남매의 엄마가 병원에 입원해서 수술해야 하는데, 수술비를 어떻게 부담하는 게 좋을까? 참고로 엄마의 수술비는 1억 원이라네.」

「수술비가 1억 원이면 1명당 2,000만 원씩 부담하는 게 좋겠네요.」

「아차차. 내가 깜빡 하고 말하지 않았구나. 이 5명은 소득도 다르고 살고 있는 환경도 많이 다르네.」

롤스가 허겁지겁 종이에 뭔가를 적기 시작했다.

「변호사인 큰 아들 존은 연봉 1억 원, 의사인 둘째 아들 데이비드는 연봉 1억 원, 교사인 첫째 딸 엠마는 연봉 3,000만 원, 직업군인인 셋째 아들 크리스는 연봉 3,500만 원, 대학생인 넷째 아들 피터는 소득이 없고. 2,000만 원씩 나누면 안 되겠는데요?」

미미가 종이에 쓰여 있는 것을 보고 나서 말했다.

「수술비를 어떻게 나누면 좋을 거 같나?」

「일단 대학생 피터는 소득이 없으니 수술비를 안 내는 걸로 하면 될 것 같고. 흠……. 존과 데이비드가 억울하겠지만 소득이 제일 많으니 수술비를 내는 게 좋을 것 같네요. 그리고 나머지를 엠마와 크리스가 내는 걸로 하고요.」

「그래, 그런가? 그럼 이번에는 조건을 바꿔서 생각해보자. 자네가 데이비드나 존이라고 하면 어떻게 하겠나?」

「그럼, 이야기가 달라지죠. 솔직히 의사나 변호사도 힘들게 돈을 벌었을 텐데, 망설여질 것 같은데요. 입장을 바꿔서 생각해보니까 많이 달라지네요.」

미미가 한참을 생각하고 나서 겨우겨우 말했다.

「그래서 무지의 베일이 중요한 거야. 생각을 좀 더 객관적으로 할 수 있어 공정하게 분배가 가능하게 되지.」

「교수님은 어쩌다 그런 생각을 하신 거예요? 뭐 특별한 계기 같은 게 있었나요?」

미미가 문득 궁금했는지 롤스의 말이 끝나기도 전에 물었다.

「특별한 계기라……. 정말 오랜 시간이 지났지만 내 뇌리에서 잊히지 않는 사건이 있었지.」

「어떤 일이 있었는데요?」

잠시 옛 생각에 잠겼는지 롤스가 눈을 지그시 감고 말했다.

「내가 제2차 세계대전에 참전했거든. 그때 히틀러는 수많은 수용소를 지어 유대인들을 감금하고 모조리 죽이려 했지. 어떻게 그런 생각을 할 수 있는지 참…….」

롤스는 그때의 기억이 생생하게 나는지 제대로 말을 잇지 못했다.

「그 히틀러라는 사람은 알아요. 전쟁을 일으켜 정말 죄 없는 사람을 많이 죽였어요. 듣는 것만으로도 끔찍한데, 교수님은 두 눈으로 보셨으니…….」

「또 미국에 오니 흑인이라는 이유로 온갖 차별을 하더라고. 피부색이 다르다는 이유 하나만으로 말이야.」

롤스의 얼굴색이 점점 어두워졌다.

「그렇죠. 그런 역사의 아픔을 다 겪으셨으니…….」

「그때 인종이나 나이나 종교나 성별에 상관없이 모두에게 공평한 사회를 만들려면 어떻게 해야 할지 생각했어.」

「그래서 무지의 베일이 나온 거군요. 그렇게 하면 인종이나 성별도 다 가려질 테니까.」

「그런 셈이지. 흑인이라는 이유로 핍박을 받는다는 게 너무 안타깝고 부끄러운 일이야.」

롤스는 씁쓸한지 더욱 표정이 좋지 않았다.

「아차차. 옛 생각에 너무 잠겨버렸네. 어머니의 수술비 말하다가 말았는데, 사람은 누구나 자기의 이익을 극대화하는 존재야.」

「욕심 없는 사람이 어디 있어요? 저도 뭐 이것저것 하고 싶은 게 많은데. 오죽하면 사람은 이기적인 존재라고 하겠어요?」

「그래, 맞아. 사람은 이기적인 존재지. 자네가 무지의 베일을 썼을 때는 존이나 데이비드가 수술비를 더 많이 내야 한다고 했지만, 자네가 당사자가 되니 그러기가 쉽지 않지?」

「맞아요. 의사나 변호사가 돈도 많이 버니 더 많이 내야 한다고 생각한 거죠.」

「그런데 무지의 베일을 쓰지 않으면 그런 생각을 할 수 없지?」

「확실히 선뜻 돈을 더 내겠다고 말하기가 힘들 것 같아요.」

미미가 허탈한 표정을 지으면서 말했다.

「그렇지. 자기 일이 되면 객관적으로 판단하기가 힘들지. 어디 보자. 내가 음……. 그래 피터는 안 내도 된다고 했지?」

「아직 대학생이고 소득이 없으니 안 내는 게 맞는다고 생각해요. 문제 있어요, 교수님?」

「아니야. 무지의 베일을 쓰면 대부분 하위층의 몫을 극대화하는 선택을 하게 돼. 하위층이 될 수도 있다는 불안감을 은연중에 가지게 되거든.」

「음……. 그건 그렇죠. 언제 무슨 일이 일어날지 모르니. 거기다가 다치면 진짜, 생각만 해도 끔찍하네요.」

미미가 잔뜩 찡그린 표정으로 말했다.

「맞아. 한순간에 그런 일이 생기면 참혹하겠지. 우리 주변에는 수많은 위험이 있어. 뭐 사업을 하다가 예기치 못한 일로 부도가 나거나, 믿었던 사람에게 엄청나게 큰 사기를 당하거나, 아니면 테러로 인해 목숨을 잃는다거나.」

「성공하기는 엄청나게 힘들어도 나락에 빠지는 건 한순간이에요.」

「아차차. 내가 중요한 걸 빼놓고 설명했구나.」

롤스가 다급하게 서재로 가서 책을 한 권 가져왔다.

「그러니까 아까 말했듯이 최대 다수의 최대 행복 때문에 소수가 희생되는 일이 없어야 한다는 거지. 다시 말해 정의에 입각한 불가침성을 갖는다는 거지.」

롤스는 책을 보면서 차근차근 설명해주었다.

「처음에 설명해주었어야 하는데, 자꾸 까먹고 잊어버려. 나이를 먹어서 그런 거 같기도 하고. 내가 곧 있으면 팔십이 되네?」

「이제 곧 팔십이에요? 진짜 대단하시네요, 교수님.」

미미는 롤스의 나이가 믿기지 않는지 깜짝 놀랐다.

「교수님은 세계사의 주요 굴곡들을 직접 피부로 느끼면서 살아온 거네요.」

「내가 자네보다 나이가 조금 많았을 때 제2차 세계대전에 참전했고,

전쟁이 끝나 집으로 돌아와 보니 흑인 인종차별 문제가 생겼지. 내가 『정의론』이라는 책을 냈을 때가 베트남전쟁이 한참 진행 중일 때지. 나도 이제 그만 쉬어야 할 것 같기도 하고.」

롤스는 미미의 말에 또다시 추억에 잠겨 옛 생각들을 떠올렸다.

「아차차. 또 이상한 길로 빠졌구나. 내가 어디까지 말했나? 흠. 어디 보자.」

롤스가 책을 보면서 말했다.

「어머니 수술비를 예로 들었지. 이제 다른 예를 들어보자. 같은 지능을 가진 4명이 있다고 하자.」

「그래요, 교수님.」

「흠. 어떤 조건으로 하는 게 좋을까? 흠……. 그래 이렇게 하자. 전제 조건은 모두 여기 매사추세츠에 살고 있고 나머지 조건은 다르고.」

「조건이요? 무지의 베일 그거 쓰는 거 아니고요?」

「이번에는 무지의 베일을 안 쓰는 거야. 내가 깜빡 잊고 말해주지 못했네.」

롤스는 무언가 빼놓고 설명했는지 책을 이리저리 뒤져보고 나서 실없이 웃으면서 말했다.

「존의 부모님은 의사와 변호사. 데이비드의 아버지는 회계사이고 어머니는 가정주부. 피터의 아버지는 평범한 사무직 회사원이고 어머니는 가정주부. 크리스의 아버지는 크리스가 어렸을 때 세상을 떠났고 어머니는 식당에서 일해. 그래서 크리스는 학교가 끝난 후 일을 해야 해. 4명 중에 변호사가 될 확률이 가장 높은 사람은 누구일까?」

「당연히 존이죠. 아빠는 의사이고 엄마는 변호사라서 엄청나게 지원해줄 수 있잖아요? 거기다가 학비 걱정 없이 공부만 하면 되니 당연히 존이 변호사가 될 확률이 가장 높죠.」

미미는 롤스의 말이 끝나기가 무섭게 대답했다.

「그래. 그럴 수 있겠네. 그럼, 나머지 3명은 어떤가?」

「아마도 데이비드겠죠. 회계사가 변호사나 의사 다음으로 돈을 많이 버니 존만큼은 못 도와줘도 충분히 도와줄 수 있을 것 같은데요.」

롤스가 다시 물어보자 미미는 곰곰이 생각한 후에 대답했다.

「그래. 그럴 수 있겠구나. 그럼, 피터와 크리스는 어떻게 생각하나?」

「둘은 힘들 것 같기는 해요. 피터의 아버지가 평범한 회사원이라면 그 비싼 등록금을 어떻게 지원해줄 수가 있어요? 문제는 크리스예요. 집안 사정도 좋지 않고 학교가 끝나면 일을 해야 해서 엄청 힘들잖아요. 변호사 공부라는 게 시간을 많이 투자해야 하니까요.」

「같은 재능이라도 출발선이 다른 것 같다고 느껴지지 않나?」

「확실히 그런 것 같아요. 부모가 얼마나 지원해주느냐에 따라 달라지는 것 같아요.」

미미가 잠시 생각한 다음에 말했다.

「나는 이게 문제라고 생각했다네. 4명은 재능과 동기가 똑같은데 서로의 출발선이 다르지?」

「출발선이 다른 건 맞죠. 어쩔 수 없는 거 아니에요?」

롤스의 물음에 미미는 별 대수롭지 않다는 듯이 말했다.

「그러니까 분배에 대한 정의, 뭐 바꿔서 말하자면 어떻게 나누어야 정의로운지에 대한 문제라네.」

「미국은 자본주의 나라인데, 어쩔 수 없는 거 아닌가요? 제가 알기로는 미국은 돈이 곧 능력이라고 하던데.」

「이걸 어떻게 설명해야 하나. 음……. 그게 어디 있더라. 여기 있네.」

롤스는 서재에서 책을 훑어보고 나서 다시 돌아왔다.

「오일 쇼크가 일어나면서 미국과 영국을 중심으로 신자유주의를 적극적으로 받아들이기 시작했지.」

「그거 알아요. 민영화 같은 것도 많이 시키고, 뭐 여러 가지 문제점도 있었는데. 그중에 하나가 빈부격차가 심해진다는 거였어요.」

「그래. 어느 정도는 알고 있구나. 자네가 미국은 돈이 곧 능력이라고 말했지. 그 말이 맞는 말이기는 해. 하지만 문제점도 있어.」

「돈이 없으면 능력이 없다는 거 말하려고 하는 건가요? 교수님?」

미미가 되묻자 롤스는 물 한 잔을 마셨다.

「교수님, 힘드시면 이제 그만해도 되는데…….」

미미는 걱정스러운지 말했다.

「강의를 다 하고 쉬어야지. 음……. 변호사나 의사가 되려면 공부를 오래 해야 하는데, 부모가 지원을 못 해준다면 어떻게 될 거 같나?」

미미의 표정이 약간 어두워졌다.

「다른 일도 병행해야 할 것 같은데요. 미국의 대학 등록금이 엄청나게 비싸다고 들었는데요?」

「공부하면서 일을 한다는 게 보통 쉽지 않지. 그래서 내가 생각한 게 있는데, 출발선을 같게 만들어주는 거야.」

「그게 무슨 뜻이죠? 교수님?」

「아……. 이걸 어떻게 설명해야 하나? 흠……. 왜 이리 기억이 안 나지.」

대화가 길어질수록 롤스는 많이 힘들어 하는 거 같았다.

「에이, 교수님. 힘드시면 그만해도 되는데…….」

미미가 답답한지 롤스를 떠보았다.

「그러니까 똑같이 공부할 수 있게 해주는 거지. 그러면 집안이 경제적으로 힘들어도 공부하기가 수월할 거야.」

「그게 현실적으로 가능할까요?」

「공부할 수 있는 기회를 주자는 거지. 결과는 하기 나름인 거고.」

「그러니까 교수님 말씀은 출발선이 똑같아도 결과는 바뀔 수 있다는 거네요?」

「그래. 내 말이 그거지.」

미미가 재빠르게 정리해서 말하자 롤스가 온화한 미소로 화답했다.

「이제 중요한 건 다 설명해준 것 같구나. 나도 이제 힘이 벅차네.」

「에이, 힘들면 그만해도 돼요. 저야 괜찮은데…….」

「내가 평생 한 일이 지식을 전달하는 일인데, 그 본분을 잊으면 안 되지.」

「그럼. 교수님도 집에 들어가는 거예요?」

「아니. 책을 써야 해. 이 책이 내 마지막 책이 될 것 같은 느낌이 들어.」

미미가 묻자 롤스는 손사래를 치면서 말했다.

「이제는 가도 되네.」

「진짜요? 교수님, 저는 갑니다.」

「그래. 덕분에 오늘 즐거웠어.」

「네?」

「내가 살아 있다는 걸 느꼈거든. 조심해서 들어가.」

미미가 꾸벅 인사하고 강의실을 나오자 요란하게 기계음이 들렸다.

「존 롤스와의 대화가 끝났습니다. 이상 체험을 마치겠습니다.」

기계음이 들리자 완전히 종료가 되었는지 전원 버튼이 꺼졌다.

「이제 체험이 끝났다. 정말 연습만 해야 한다니……. 깜짝이야. 언제부터 거기 서 있었어요?」

미미가 체험실을 나오는데, 남 실장이 문 앞에 서 있었다.

「뭘 그래? 나 아무것도 안 했다.」

남 실장이 미미를 보고 농담처럼 큰소리로 말했다.

「실장님. 저 체험한다고 얼마나 힘들었는데……」

미미가 불안했는지 다급하게 남 실장을 설득하려고 애를 썼다.

「내가 사장님한테 체험 오늘 끝난다고 하니까 먹을 거 사먹으라고 주더라. 이거 받아.」

남 실장이 카드 한 장을 건네주었다. 미미는 그렇게 좋은지 혼자 히죽히죽 웃었다.

「예. 실장님, 고마워요. 잘 먹을게요.」

「미미야, 먹기 전에 연습은 해야지?」

「아, 실장님.」

미미가 남 실장의 말에 금방 울 듯이 말했다.

「미미야, 연습 열심히 하고 나서 먹으면 더 꿀맛일걸. 그럼 나는 일이 있어 먼저 간다.」

남 실장이 이렇게 신신당부하고 어딘가로 사라지자, 미미는 카드를 보고 세상에서 가장 기쁜 표정을 지으며 연습실로 향했다.

존 롤스의 철학 노트

롤스는 무지의 베일을 쓴 다음에 어머니의 수술비를 나누어야 공평하다고 했습니다. 예를 들어 공리주의식으로 음식을 배분해야 한다면 어떻게 해야 할까요? 일단 음식을 제일 좋아하는 사람에게 많이 줍니다. 그 사람이 많이 먹어야 그만큼 행복의 총량이 커지기 때문이죠. 그래서 음식을 좋아하는 순서대로 나누어야 합니다. 이렇게 나누면 한 사람은 많이 먹게 되고 다른 사람은 조금만 먹게 됩니다. 롤스는 이것에 의문을 제기합니다. 누군가 행복해지기 위해 누군가 희생해야 하는 건 정의롭지 못하다고 했습니다. 그래서 무지의 베일이라는 개념이 등장하게 됩니다. 여러분은 롤스식 분배가 좋다고 생각하나요? 아니면 공리주의식 분배가 좋다고 생각하나요?

저자의 말

미미와 함께한 철학 여행을 마치며

여러분, 미미와 함께 철학사를 길이길이 빛낸 대표적인 철학자 24명을 만나보았습니다. 이제 철학에 대해 감이 잡히시나요? 기존 교과서 혹은 참고서에는 몇 줄로만 철학자에 대해 서술되어 있는데, 그 내용을 제가 소설 형식으로 풀어본 것입니다.

그 당시 시대적 상황을 고려해 철학자들이 왜 그런 생각을 하게 되었는지 이야기로 풀어보면 이해하기가 쉽지 않을까요? 거기에 소설처럼 주인공이 나와 철학자와 직접 대화하면 마치 옆에서 철학자가 이야기해 주는 것 같아 친근하고 재미있게 느껴질 것입니다.

여러분에게 탈레스가 제일 생소하지 않을까 생각합니다. 탈레스는 4원소설을 주장했는데, 많이 낯설지 않았나요? 아마 현대의 과학이 발달해서 과거의 과학과 달라 그런 것 같습니다. 당시에는 자연현상을 신이 분노해서 일어난 일이라고 생각했습니다. 이런 사고방식은 베이컨과 데카르트가 등장하면서 바뀌게 됩니다. 그런데 여기서 고대 그리스 시대의 신과 중세 시대의 신은 다르답니다. 에피쿠로스는 쾌락을 강조한 철학자입니다. 그러나 에피쿠로스는 쾌락을 중시하면서 경계했습니다. 쾌락주의자가 아니라 금욕주의자가 아닐까 하는 생각이 들 정도입니다.

이렇게 고대부터 현대까지 철학자들을 만나보면 제일 큰 난관에 봉착합니다. 바로 마르크스입니다. 마르크스는 공산주의를 선언하면서 열렬한 지지자도 생겼지만, 반대로 엄청난 반대자도 생겼습니다. 그러나 한편으로 보면 마르크스는 자본가들의 탐욕 때문에 고통 받는 노동자들을 대변한 인물이었습니다. 또 벤담은 영국의 산업혁명 초기에 폐해가 발생하자 그것을 지적하고 고치려고 공리주의를 주장합니다.

철학은 현대에 오면서 경제학과 연관이 조금씩 짙어지게 됩니다. 경제라는 게 일반 시민에게는 먹고사는 문제이기 때문입니다. 과거나 현대에는 양극화 문제나 빈부격차가 항상 있었거든요. 스미스도 양극화 문제를 해결하려고 『국부론』을 씁니다. 스미스는 유럽 여행을 하면서 현실을 마주 보게 되었습니다. 당시 유럽 사회는 소수가 부를 독점하고 있었기 때문에 다수가 피해를 보고 있었습니다.

고대부터 현대까지 철학자 24명을 만나보니 당시 그들의 고민을 엿볼 수 있었습니다. 이렇게 여러분이 철학을 접할 때 시대적 상황을 고려하면 이해하기가 훨씬 쉽습니다. 그 시대의 고민이 주로 철학자들이 연구하던 주제였거든요. 여러분, 이제 어렵기만 했던 철학이 쉽게 느껴지지 않나요? 여러분이 이 책을 읽고 더 깊은 철학의 세계로 나아갔으면 하는 바람입니다.

LIVE 철학
아이돌 연습생 미미와 철학자 24명의 팔딱팔딱 철학 생중계

초판 1쇄 발행 2021년 1월 11일

지은이 박희만
펴낸이 서재필

펴낸곳 마인드빌딩
출판신고 2018년 1월 11일 제395-2018-000009호
주소 서울특별시 마포구 월드컵북로 400(상암동) 5층 7호
전화 02)3153-1330 **이메일** mindbuilders@naver.com

ISBN 979-11-90015-30-1 03100

이 도서의 국립중앙도서관 출판예정도서목록(CIP)은 서지정보유통지원시스템 홈페이지(http://seoji.nl.go.kr)와 국가자료공동목록시스템(http://www.nl.go.kr/kolisnet)에서 이용하실 수 있습니다.
(CIP제어번호: CIP2020053020)

- 책값은 뒤표지에 있습니다.
- 잘못된 책은 구입하신 곳에서 바꿔드립니다.

마인드빌딩에서는 여러분의 투고 원고를 기다리고 있습니다. 출판하고 싶은 원고가 있는 분은 mindbuilders@naver.com으로 기획 의도와 간단한 개요를 연락처와 함께 보내주시기 바랍니다.